인간행동과 사회환경

허정철 · 김 병 · 류동수 · 정정란 · 황동섭

KNOWLEDGE COMMUNITY 공동체

Preface

하나님이 인간을 창조한 때부터 인간은 혼자서 살 수 없었다. 더불어 사는 것은 인간의 숙명이라고 할 수 있다. 인간은 함께 살아가기 위해 부단히 경쟁을 하고 연합하면서 삶을 영위한다. 그런 삶의 과정에서 인간들은 문제를 야기하게 된다. 인간들의 문제를 어떻게 해결할 수 있을까? 이를 위해서는 우선 인간행동에 대한 이해와 그에 관한 연구가 선행되어야 할 것이다. 따라서 인간행동과 사회환경은 사회복지사들이 우선적으로 학습해야 하는 과목이라고 할 수 있다. 사회복지와 보육에 있어서 필수과목이 되는 인간행동과 사회환경은 인간들의 내적인 발달과 성장에 대한 주안점을 두게 되는 인간성격에 대한 이론과 인간들의 행위와 행동에 지대한 영향을 미치는 사회 체계와 구조에 대한 이론으로 구성되어 있다.

이 책은 총 4부 제17장으로 구성되어 있다. 제1부에서는 인간행동, 사회환경, 그리고 사회복지실천, 제2부 인간발달과 사회복지실천과의 관계, 제3부 인간행동 이해에 관한 주요 이론, 제4부 사회체계와 사회복지실천으로 구성되어 있다.

제1장에서는 인간행동과 사회환경에 대한 이해를 학습하기 위해서 인간행동의 이해, 사회환경의 이해, 인간-환경의 관계와 사회복지실천, 인간행동 이론과 사회복지실천, 인간성격과 사회복지실천, 인간발달과 사회복지실천을 다루게 된다.

제2장부터 제9장까지는 태아기에서 노년기에 이르기까지 인간발달단계를 습득하게 된다.

제10장부터 제15장까지는 정신분석이론, 분석심리이론과 개인심리이론, 자아심리이론과 교류분석이론, 행동주의이론, 인지이론, 인본주의이론을 학습하게 된다.

제16장에서 제17장까지는 사회체계의 이해와 이론을 공부하게 된다.

좋은 책을 만들려고 하는 열정과 노력에도 불구하고 보완해야 할 부분이 많다고 생각하게 된다. 앞으로도 보다 더 나은 사회복지사들의 기본서가 될 수 있도록 독자들의 지속적인 충고와 격려를 기다리고 있는바이다. 하나님의 크신 은혜와 인도하심에 감사드리며, 사회복지사가 되기 위해 공부하는 학생들 모두에게 도움이 될 수 있는 책이 되었으면 하는 소박한 바람을 갖게 된다.

2017년 2월

저자 일동

Contents

Part 03 인간행동 이해에 관한 주요 이론

Part 1

인간행동, 사회환경 그리고 사회복지실천

Chapter 01 인간행동과 사회환경에 대한 이해

사회복지전문직에서는 인간을 돕는 실천행위를 하기 이전에 반드시 인간에 대한 정확한 이해를 갖추어야 한다. 인간은 환경과 유리된 존재가 아니라 환경에 속해 있는 존재(person in environment)로서, 인간을 이해하기 위해서는 그를 둘러싸고 있는 환경과의 상호작용을 이해하지 않으면 안 된다. 따라서 사회복지학에서는 '인간행동과 사회환경(Human Behavior and the Social Environment)' 과목을 가장 먼저 배워야 할 기초지식(foundation knowledge)으로 규정하고 있다.

제1절 인간행동과 사회환경에 대한 기본 이해

사회복지전문직에서 인간 이해를 위하여 사용하는 방법에는 미시적 방법과 거시적 방법이 있다. 인간 이해를 위한 미시적 방법은 인간 자체에 초점을 두고, 인간이라는 유기체(organism)가 어떤 요인들로 구성되어 있고, 어떻게 변화되고 안정성을 유지하는지, 각 구성요소의 기능은 무엇이며, 이들 요인들 간에 이루어지는 상호작용의 결과로 나타나는 것은 무엇인지를 파악하는 방법으로 주로 인간이 하는 행동을 중심으로 하여 인간을 이해하려 한다. 반면 인간 이해를 위한 거시적 방법은 인간 자체보다는 인간과 환경 사이의 관계를 중심으로 하여 인간을 이해하는 방법으로, 인간이 환경, 특히 사회환경과 어떠한 영향을 주고받는지를 중심으로 인간을 이해하려 한다(권중돈 외, 2008 : 18-19).

1. 인간행동의 이해

사회복지전문직에서 미시적 방법을 활용하여 인간을 이해하고자 할 때 주로 인간행동(human behavior)에 초점을 둔다. 일반적으로 인간행동이라고 하면 겉으로 드러난 신체적 움직임으로 그 의미를 국한하는 경우가 많다. 그러나 사회복지전문직에서 인간행동이라고 할 때는 겉으로 드러난 관찰 가능한 행동뿐만 아니라 개개인의 사고, 감정, 무의식 등의 정신적 요인과 정서적 요인 모두를 포괄하고 있으며, 더 나아가 그 사람이 처해 있는 상황적 요인까지도 내포하고 있다. 그러므로 사회복지전문직에서 사용하고 있는 '인간행동'이라는 용어는 관찰이 가능한 신체적 움직임에 국한되지 않고, 인간의 정신과 정서 등을 포괄하는 심리적 측면과 개인이 처한 상황적 측면까지를 모두 포괄하는 광의의 개념을 의미한다.

인간행동을 더욱 정확히 이해하기 위해서는 인간의 신체, 심리, 사회적 요인 등을 분리하여 파악하기보다는 인간을 신체-심리-사회적 요인이 통합된 전체로서의 인간으로 이해해야 한다. 그리고 인간의 신체, 심리, 사회적 요인과 이들 요인 간의 상호작용은 수정에서부터 사망에 이르기까지의 전 생애에 걸쳐 성장, 성숙, 노화라고 하는 역동적 과정을 통해 변화하게 되는데, 이를 발달이라 한다. 따라서 인간행동을 이해하기 위해서는 먼저 전 생애에 걸쳐 일어나는 인간의 신체, 심리, 사회적 측면이 복합적으로 작용하여 이루어지는 인간발달에 대한 정확한 이해를 갖추어야 한다.

또한 인간행동은 주로 개인의 성격(personality)에 의해 결정되므로 인간의 성격을 이해해야 한다. 개인의 성격을 이해하게 되면 왜 그 사람이 그런 방식으로 행동하는지 그 원인을 이해할 수 있다. 그리고 앞으로의 행동변화를 예측하고 바람직한 행동으로 변화시키는 방법까지도 모색할 수 있게 된다. 따라서 사회복지실천의 기초가 되는 인간행동의 이해를 위해서는 성격에 관한 정확한 이해를 갖추어야 한다.

사회복지실천에서는 개인, 집단, 가족 수준에서 내담자(client)의 이상행동이나 부적응 행동을 보다 바람직한 적응적 행동으로 변화시키고 그의 사회적 기능을 향상시키고자 한다. 이상행동(abnormal behavior) 또는 부적응 행동(maladaptive behavior)이란, 사회문화적 규범에서 벗어나는 행동, 이상적(理想的) 인간행동 유형에서 벗어나는 행동, 통계적으로 보통 사람의 평균적 특성에서 벗어나는 행동, 환경과의 적응능력을 저하시키는 행동, 개인에게 불편감, 고통 또는 심리적 갈등을 유발하는 행동 등과 같은 부적응적 심리특성을 의미한다.

이러한 이상행동은 정신장애와 연관이 있는데, 예를 들면 연쇄살인범이나 아동성폭력범죄자들에게서 나타나는 반사회적 성격장애가 있고, 그 밖에도 부적응 아동에게 나타나는 주의력결핍 및 과잉행동 장애(attention deficit and hyperactivity disorder), 특히 아동기나 청소년기에 경험한 심리적·정신적 충격을 기억과 감정에서 분리해 내는 과정에서 이중인격, 다중인격으로 변해가는 해리장애와 같은 것들이 있다.

2. 사회환경의 이해

'인간'이라는 용어의 정확한 표현은 '환경 속의 인간체계(person in environment system)'라고 할 수 있다. 즉, 인간은 환경과의 상호관계 속에서 이해해야 한다는 것이다. 인간과 환경과의 관계는 |그림 1-1|과 같다.

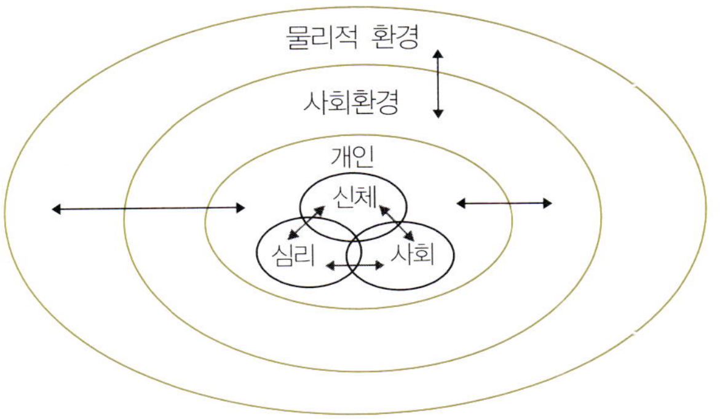

|그림 1-1| 인간과 환경의 관계

출처 : 권중돈(2014), p. 22.

환경은 인간을 둘러싸고 있는 사회환경(social environment)과 물리적 환경(physical environment)을 모두 포함한다. 물리적 환경은 다시 ① 기후와 지리적 조건 등의 자연적 환경(natural world)과 ② 건축물, 대중매체, 교통체계 등과 같이 자연적 환경 내에 인간이 만들어 낸 구조나 대상들을 모두 포함하는 인위적 환경(built world)으로 구분된다. 이러한 물리적 환경이 인간의 생존을 좌우하는 필요조건이라고 한다면, 물리적 환경의 기초 위에 형성된 사회환경은 다양한 인간의 삶이 펼쳐질 수 있게 하는 충분조건이라 할 수 있다.

재스트로 등(Zastrow et al., 2001)은 사회환경이란 인간의 삶과 행동에 직접 혹은 간접적인 영향을 미치는 조건, 상황 그리고 인간 존재 간의 상호관계를 의미한다고 하였다. 이러한 사회환경에는 미시체계(micro system)인 개인이 접촉하는 타인, 가족, 집단, 조직, 이웃 등의 중간체계(mezzo system)와 국가, 문화 등의 거시체계(macro system)가 포함된다. 개인을 둘러싸고 있는 사회환경, 즉 다양한 수준의 사회체계는 인간의 삶과 행동에 직접 또는 간접적 영향을 미치며, 인간으로부터 영향을 받기도 한다(권중돈 외, 2008 : 24). 따라서 사회환경은 인간행동과 상호작용하고 인간행동은 서로의 행동에 영향을 주는 사람들이나 사람들의 집단, 조직, 지역사회, 문화 등과 같은 사회환경의 관계에서 이루어진다.

3. 인간-환경의 관계와 사회복지실천

인간과 환경 간의 상호작용은 사회복지실천의 초점영역이다. 인간과 환경 사이의 상호작용에 초점을 두는 환경 속의 인간이라는 관점은 사회복지전문직의 이론적 기반 구축과 실천기술의 발전뿐만 아니라 전문직 자체의 정체성 확립에도 많은 기여를 하였다.

그런데 개인과 환경 중 어디에 강조점을 두는가에 따라 이론적 기반과 실천방법이 크게 달라진다. 사회복지전문직은 19세기에 일어난 두 가지 사회운동에 뿌리를 두고 있는데, 하나는 자선조직협회(charity organization society)로 대표되는 사회운동으로 환경 속의 인간 중에서 인간, 특히 개인, 가족, 집단의 변화에 강

초점을 두는 임상적 접근방법을 주로 활용하였다. 또 다른 사회운동인 인보관운동(settlement movement)은 빈민과 이주민에게 복잡한 환경을 잘 이해시키고, 그 환경을 바람직한 환경으로 변화시키는 데 강조점을 두는 정책적 접근방법을 주로 활용하였다.

1917년 메리 리치몬드(Mary Richmond)가 『사회진단(Social Diagnosis)』을 저술함으로써 전문화의 길을 열게 된 사회복지실천은 1920년대에 정신분석이론의 영향으로 개인의 변화에 초점을 두게 되었다. 그러나 1930년대 미국의 대공황으로 인하여 사회복지전문직에서는 환경에 초점을 두는 정책적 접근방법이 점차 힘을 얻게 되었고, 1940~1950년대에는 미국 사회가 경제적 번영을 되찾음으로써 심리적 역기능을 가진 개인을 치료하기 위한 임상적 접근방법이 다시 우세를 점하게 되었다. 그러나 1960년대에 빈곤문제가 다시 사회적 관심사로 부각되고 빈곤전쟁과 시민권운동이 일어남으로써 1970년대에는 정책적 접근방법이 다시 우위를 차지하게 되었지만, 동시에 사회복지전문직 내부의 모든 분열과 불화가 표출되고 심화됨으로써 통합적 실천에 대한 요구가 높아졌다. 따라서 1980년대부터 사회복지전문직에서는 환경 속의 인간이란 통합적 관점을 다시 회복할 수 있게 되었다. 이와 같이 사회복지전문직 내부에는 아직도 이상(환경 속의 인간)과 현실(인간 또는 환경) 사이의 괴리가 존재하고 있다. 하지만 분명한 것은 사회복지전문직에서는 반드시 환경 속의 인간이라는 이중적 초점하에서 내담자의 욕구와 문제를 사정하고 원조해야 한다는 것이다(권중돈 외, 2008 : 26-27).

4. 인간행동 이론과 사회복지실천과의 관계

사회복지는 이론(theory)이 아니라 실천(practice)이다. 그러나 아무리 실천을 강조한다 할지라도 이론의 뒷받침이 없는 실천은 오류의 가능성이 높다. 따라서 사회복지전문직에서는 심리학, 사회학, 정치학, 경제학 등 다른 전문직의 기초이론을 절충 또는 통합적으로 활용하여 사회복지전문직 나름의 실천이론(practice theory)을 구축하고 이를 근거로 인간을 원조하는 실천행위를 전개해 나간다.

사회복지실천의 근거가 되는 이론은 관찰한 현상을 조직하고 이해할 수 있는 준거틀을 제시해 주는 논리적 개념체계로서, 관찰한 현상의 기술, 설명, 예측 그리고 통제에 필요한 원칙들을 제시해 준다. 그린 등(Greene et al., 1991)은 사회복지사들은 이론을 활용함으로써 인간이 현재와 같은 행동을 하는 이유를 판별하고, 환경과 행동 간의 상호영향을 더 잘 이해할 수 있게 되며, 내담자를 원조하기 위한 개입을 계획하고, 그 개입의 결과를 예측할 수 있게 된다고 하였다. 이론은 사회복지실천에서 인간행동의 역동적 원인관계를 이해하고 앞으로 행동이 어떻게 변화될 것인지를 예측하며, 이를 변화시킬 수 있는 개입방안을 모색하는 데 도움이 된다. 다시 말해, 인간행동에 관한 이론은 인간을 보다 정확히 이해하고, 전문적 실천행동의 방향을 설정하며, 특정한 개입을 위한 지침이 되는 개념적 틀을 제공해 준다는 점에서 사회복지실천에 매우 유용하다.

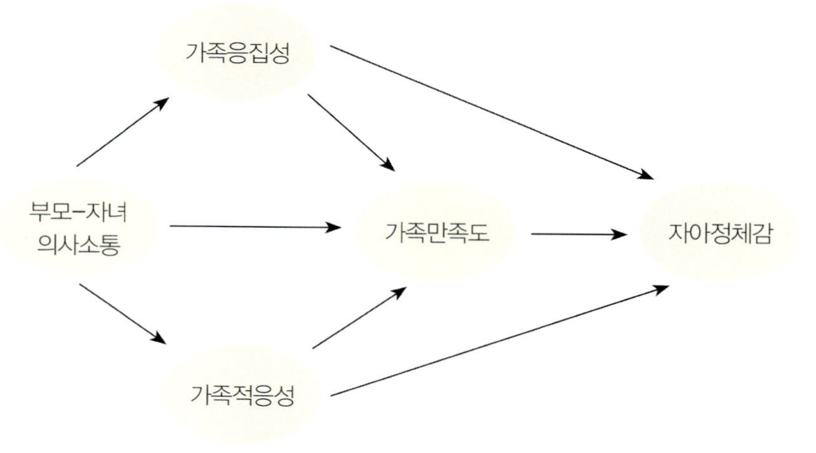

|그림 1-2| 올슨(Olson)의 가족기능이론

예를 들어, 위의 |그림 1-2|에서 가족 간의 긍정적인 의사소통을 할수록 가족 간의 응집성(친밀성)과 적응성(융통성)이 향상되며, 이에 따른 가족만족도가 높아질 것이다. 그리고 올슨(Olson)의 가족기능이론을 활용하여, 청소년의 자아정체감 형성에 어떠한 영향을 미치는가를 기술, 설명, 예측해 볼 수가 있다. 의사소통 기능, 응집성, 적응성 등의 가족기능이 긍정적일수록 청소년의 자아정체감 형성에 바람직한 방향으로 영향을 미칠 것이라고 생각해 볼 수가 있다. 따라서 사회복지사는 환경 속의 인간을 설명할 수 있는 인간행동에 대한 기초지식을 학습하고, 동시에 사회복지실천이론에 대한 지식과 기술을 갖춘다면, 개인, 가족 그리고 집단을 원조하는 전문직의 사명을 성공적으로 수행할 수 있을 것이다.

5. 인간성격과 사회복지실천

인간의 행동은 주로 개인의 성격에 의해 결정되므로, 인간의 행동을 이해할 수 있는 첩경은 바로 그 사람의 성격을 이해하는 것이다. 인간의 행동은 성격의 영향을 받는다. 성격은 인간행동을 결정하는 주요 요인으로서 각 개인마다 독특하며 일정한 방식으로 행동하게 하는 안정성을 갖는다.

1) 성격의 개념 및 특성

성격(personality)이란 인지-행동의 과정에서 일어나는 개인차, 그 과정에서 보이는 일관된 유형을 기술하고 설명하는 개념이라 할 수 있다(박아청, 2006 : 13). 예컨대 우리들은 주변 사람의 행동을 보고 그 행동에 '그 사람다움'을 느끼기도 하는데 이것은 관찰된 행동상의 유형으로 이처럼 인간행동에는 비교적 안정된 일관성이 보인다. 비슷한 상황에서는 특징적 유형이 일어나기 쉽기 때문에 몇 번이고 그 사람의 행동을 관찰하는 가운데 행동유형, 즉 성격이라고 부를 수 있게 되고 "이러한 경우에 그 사람이라면 이렇게 할 것이다"라고 하는 예측이 성립된다.

올포트(Allport, 1961)는 성격을 개인의 특유한 행동과 사고를 결정하고 그 개인에 내재하는 심리·신체적 체계들의 역동적 조직으로 포괄적인 정의를 하고 있다. 퍼빈(Pervin, 1996)은 "상황에 대한 일관된 반응양식을 설명해 주는 사람의 특징"이라 하였고, 카버와 쉐어(Carver & Scheier, 2000)는 "인간의 행동, 사고, 감정의 특정적 유형을 창조하는 정신체계인 인간 내부의 역동적 조직"이라고 하였다. 권중돈(2014)은 성격이란 "생물적 요인과 환경적 요인만으로는 설명될 수 없는 한 개인의 특징적 사고, 감정, 행동을 결정하는 지속적이고 역동적이며 통합적인 정신내적 기제"라고 정의하였다.

민경환(2004)은 성격의 특성을 다섯 가지로 설명하였다.

① 성격은 내적 속성이다. 성격은 직접 관찰될 수 없으며, 외적으로 접근할 수 있는 현상(예 행동)을 관찰함으로써 간접적으로 측정할 수 있을 뿐이다.

② 성격은 생물학적 기반과 환경의 영향을 받는 인지, 정서, 행동 등이 전체적이고 통합적이며 조직적으로 기능하는 특성을 지닌 체계다.

③ 개인마다 고유한 성격을 갖고 있다.

④ 성격에는 일관성이 있다.

⑤ 성격은 역동적이다. 전통적 정신분석이론에서는 세 가지 성격구조들 간의 끊임없는 정신에너지 교환으로 인하여 개인의 성격은 달라진다고 한 반면 자아심리이론에서는 환경과 서로 영향을 주고받는 역동적 관계를 맺는 과정에서 환경적 요구에 어떻게 반응하는가에 따라 달라진다고 보고 있다.

2) 성격의 유형 및 성격형성의 영향요인

융(Jung)은 외향성-내향성이라는 자아성향(ego orientation)과 사고, 감정, 직관, 감각이라는 심리기능(psychological function)의 두 가지 잣대를 근거로 성격의 유형을 8개로 분류하였으며, 이러한 융의 성격유형 분류에 근거하여 마이어스(Myers)와 브릭스(Briggs)는 외향성-내향성, 감각-직관, 사고-감정, 판단-인식이라는 네 가지 심리적 선호경향을 근거로 하여 16개의 성격 유형을 제안하고, 이를 측정할 수 있는 성격검사인 MBTI(Myers-Briggs Type Indicator)를 개발하였다(권중돈, 2014 : 43).

〈표 1-1〉 MBTI의 16개 성격유형

성격유형	성격특성
세상의 소금형 (ISTJ)	신중하고 조용하며 집중력이 강하고 매사에 철저하며 사리분별력이 뛰어나다.
임금 뒤편의 권력형(ISFJ)	조용하고 차분하며 친근하고 책임감이 있으며 헌신적이다.
백과사 전형 (ISTP)	조용하고 과묵하고 절제된 호기심으로 인생을 관찰하며 상황을 파악하는 민감성과 도구를 다루는 뛰어난 능력이 있다.
성인군자형 (ISFP)	말없이 다정하고 온화하며 친절하고 연기력이 뛰어나며 겸손하다.
과학자형 (INTJ)	사고가 독창적이며 창의력과 비판분석력이 뛰어나며 내적 신념이 강하다.
예언자형 (INFJ)	인내심이 많고 통찰력과 직관력이 뛰어나며 양심이 바르고 화합을 추구한다.
아이디어뱅크형 (INTP)	조용하고 과묵하며 논리와 분석으로 문제를 해결하기 좋아한다.
잔다르크형 (INFP)	정열적이고 충실하며 목가적이고 낭만적이며 내적 신념이 깊다.
사업가형 (ESTJ)	구체적이고 현실적이고 사실적이며 활동을 조직화하고 주도해 나가는 지도력이 있다.
친선도모형 (ESFJ)	마음이 따뜻하고 이야기하기 좋아하며 양심이 바르고 인화를 잘 이룬다.
수완 좋은 활동가형(ESTP)	현실적인 문제해결에 능하며 적응력이 강하고 관용적이다.
사교적인 유형 (ESFP)	사교적이고 활동적이며 수용적이고 친절하며 낙천적이다.
언변능숙형 (ENFJ)	따뜻하고 적극적이며 책임감이 강하고 사교성이 풍부하고 동정심이 많다.
지도자형 (ENTJ)	열성이 많고 솔직하고 단호하고 지도력과 통솔력이 있다.
발명가형 (ENTP)	민첩하고 독창적이며 안목이 넓고 다방면에 관심과 재능이 많다.
스파크형 (ENFP)	따뜻하고 정열적이고 활기에 넘치며 재능이 많고 상상력이 풍부하다.

출처 : (주)어세스타(www.kpti.com).

성격형성에 영향을 미치는 요인에 대해 이론마다 각기 다른 관점을 보이고 있지만, 현대적 성격이론에서는 유전적 요인과 환경적 요인이 끊임없이 상호작용한 결과로서 성격이 형성된다는 상호결정론적 관점이 우세하다. 이에 다음에서는 유전적·생물학적 요인과 후천적·환경적 요인이 개인의 성격형성에 미치는 영향에 대해 간략히 살펴보고자 한다.

(1) 유전 및 생물학적 요인의 영향

성격은 유전자를 통해 유전된다. 인간은 23쌍의 염색체를 부모로부터 물려받게 되는데, 유전정보는 DNA에 담겨 있다. 또한 생물학적 요인 중에서 체액, 체형, 체질 등도 성격적 특성에 의미 있는 영향을 미치는 것으로 나타나고 있다.

(2) 환경 및 후천적 요인의 영향

개인의 성격발달은 환경적 요인에 의해서도 큰 영향을 받는다. 특히 가족의 구성, 가족관계, 부모의 양육태도, 형제 간의 서열, 가족의 사회문화적 상태 등이 개인의 성격발달에 가장 중요한 영향을 미친다. 홍성흔 등(2002)은 부모의 양육태도를 온정성, 거부/ 제재, 허용/ 방임의 세가지 유형으로 다음과 같이 구분하였다.

① 온정성 : 자녀를 승인해 주고, 칭찬과 격려, 애정을 표시하며, 신체적·심리적으로 가까이 있고자 하는 것이다. 자녀가 부모로부터 온정적인 양육태도를 받게 되면 자신감, 감사하는 법, 신뢰감, 안정감이 생기며, 자존감이 높아지고, 긍정적인 자아개념(self-concept)을 형성하게 된다.

② 거부/ 제재 : 자녀에 대한 불만, 부정적 평가, 비난, 부정적 감정표현, 적대적·감정적 훈육, 무시와 비하, 억압, 잔소리, 불신 등의 태도를 말한다. 자녀가 부모로부터 거부/ 제재적인 양육태도를 받게 될 때 부끄러워하는 법을 배우고, 죄책감을 느끼고, 자존감이 낮아지고, 부정적인 자아개념을 형성하게 되며, 상대방에 대해서도 비판적인 마음을 갖게 된다.

③ 허용/ 방임 : 자녀의 요구를 과다하게 수용하거나, 무책임하거나 무관심한

양육행동을 말한다. 자녀가 부모로부터 허용/ 방임의 양육태드를 받게 될 때 기본적인 신뢰감 형성이 어려움으로 인해 사회성이 떨어지며, 사회적 규범이나 타인의 권리를 무시하는 반사회적 성격장애를 가질 수 있다.

6. 인간발달과 사회복지실천

1) 발달의 개념과 원리

발달(development)이란 인간의 수정에서부터 죽음에 이르기까지의 전 생애에 걸쳐서 신체, 심리 그리고 사회적 측면에서 나타나는 질서정연하고 연속적인 상승적 또는 퇴행적 변화과정을 의미한다. 인간발달과 관련된 개념으로 성장과 성숙, 학습이라는 개념이 있다. 성장(growth)은 신체의 크기나 능력이 증가하는 것으로 주로 양적인 변화를 의미한다. 이에 비해 성숙(maturation)은 유전적 요인에 의해 발달적 변화들이 통제되는 생물학적 과정을 말한다. 유아기의 빠른 성장과 사춘기의 2차 성징과 같은 변화들은 성숙에 기인한 것이다. 한편 학습(learning)은 직접 또는 간접 경험의 산물로서 훈련이나 연습에 기인하는 발달적 변화를 의미한다. 인간의 발달은 성장, 성숙, 학습의 세 과정이 공존할 때 비로소 이루어진다. 즉, 일생을 통해 성장, 성숙, 학습에 의해 이루어지는 변화과정이 바로 인간발달이다(정옥분, 2007 : 19).

전 생애에 걸친 삶의 과정에서 일어나는 전체적 존재인 인간의 발달은 일관성 있는 원리에 따라 진행되는데, 발달의 원리는 다음과 같이 7가지로 요약된다(정옥분, 2007 : 28-34).

① 발달은 유전과 환경의 상호작용에 의해 이루어진다.

② 발달은 초기 경험이 중요한가 아니면 후기 경험이 중요한가에 대한 논쟁이 있긴 하지만 전 생애에 걸쳐 이루어진다.

③ 발달에는 민감기 또는 결정적 시기가 있다. 예를 들면, 유아기와 청소년기의 신체변화는 다른 어느 시기보다 빠른 속도로 진행되며 보다 미묘한 심리적 변화를 수반한다.

④ 발달에는 일정한 방향이 있다. 즉, 발달은 상부 또는 두부(head)에서 하부 또는 미부(tail)의 방향으로, 중심부위에서 말초부위로, 전체 운동에서 특수 운동으로 진행된다.
⑤ 발달은 연속적인 과정이긴 하지만 발달의 속도는 일정하지 않다.
⑥ 발달은 점성적 원리를 따른다. 즉, 이전 단계의 발달을 기초로 하여 이후의 발달이 이루어진다.
⑦ 개인차가 존재한다.

2) 발달단계와 발달과업

인간 발달단계란 시간의 흐름에 따라 나타나는 인간의 특정적인 발달양상을 근거로 하여 그 과정을 세분화한 것이다. 인간 발달단계 구분은 〈표 1-2〉와 같다.

〈표 1-2〉 인간 발달단계 구분

발달단계	세부단계	연령구분
태내기		수정~출생 전
영아기	신생아기	출생~1개월
	영아기	1개월~3세
유아기	걸음마기	만 3~5세
	학령전기	만 5~7세
아동기		만 7~13세
청소년기		만 13~19세
성인기	청년기	만 19~30세
	성년기	만 30~40세
중·장년기		만 40~65세
노년기		만 65세 이상

출처 : 권중돈(2014), p. 35.

인간에게는 전 생애에 걸친 발달단계를 거쳐 가는 과정에서 각 단계별로 특별히 요구되는 과업이 존재하는데, 이를 발달과업이라 한다. 하비거스트(Havighurst, 1972)의 발달단계이론을 중심으로 단계별 주요 발달과업을 요약해 보면 〈표 1-3〉과 같다.

〈표 1-3〉 인간 발달단계별 주요 발달과업

성격유형	성격특성
영유아기	① 보행학습 ② 고형분의 음식섭취 학습 ③ 언어학습 ④ 배설통제 학습 ⑤ 성차 인식 ⑥ 생리적 안정 유지 ⑦ 환경에 대한 단순개념 형성 ⑧ 타인과의 정서적 관계형성 학습 ⑨ 양심의 발달
아동기	① 놀이에 필요한 신체기술 학습 ② 자신에 대한 건전한 태도 형성 ③ 또래친구 사귀는 법 학습 ④ 성역할 학습 ⑤ 기본 학습기술(3R)의 습득 ⑥ 일상생활에 필요한 개념 학습 ⑦ 양심, 도덕, 가치체계의 발달 ⑧ 사회집단과 사회제도에 대한 태도 발달
청소년기	① 자신의 신체 및 성역할 수용 ② 동성 또는 이성 친구와의 새로운 관계 형성 ③ 부모와 다른 성인으로부터의 정서적 독립 ④ 경제적 독립의 필요성 인식 ⑤ 직업 선택 및 준비 ⑥ 유능한 시민으로서의 기본적인 지적 기능과 개념 획득 ⑦ 사회적 책임에 적합한 행동 ⑧ 결혼 및 가정생활의 준비 ⑨ 과학적 세계관에 근거한 가치체계의 발달
성인기	① 배우자 선택 ② 배우자와의 생활방법 학습 ③ 가정형성 ④ 자녀양육과 가정관리 ⑤ 시민으로서의 의무 완수 ⑥ 친밀한 사회집단 형성
중·장년기	① 사회적 의무의 완수 ② 경제적 표준생활 확립과 유지 ③ 10대 자녀의 훈육과 선도 ④ 적절한 여가 활용 ⑤ 배우자와의 친밀한 관계 유지 ⑥ 중년기의 생리적 변화 인정 및 적응 ⑦ 노년기 부모에의 적응
노년기	① 신체적 건강 쇠퇴에의 적응 ② 은퇴와 수입 감소에의 적응 ③ 배우자의 사망에 대한 적응 ④ 동년배와의 유대관계 재형성 ⑤ 사회적 시민의 의무 수행 ⑥ 생활에 적합한 물리적 환경의 조성

출처 : 권중돈(2014), p. 37.

3) 인간발달과 사회복지실천의 관계

헵워스 등(Hepworth et al., 1997)은 인간의 신체, 심리, 사회적 발달에 대한 지식은 사회복지사로서 효과적으로 업무를 수행하기 위해서 필수적으로 갖추어야 할 지식이라고 하였다. 발달이론에서는 인간이 환경과 끊임없는 상호작용을 통하여 안정을 유지하고 변화해 나가며, 인간의 신체적 발달, 심리적 발달 그리고 사회적 발달이 밀접한 상호관련성을 지니고 있으며 통합적 기능을 한다고 보고 있다. 이러한 발달이론의 기본전제는 사회복지실천의 환경 속의 인간이라는 이중적 초점과 인간을 통합적으로 기능하는 존재로 보는 전체적 인간관과 유사하다. 그러므로 그린 등(Greene et al., 1991)은 인간발달이론은 사회복지 원조과정의 기본적 토대를 제공할 뿐만 아니라 각 분야의 사회복지제도의 발달에 기초를 형성해 주고 있다고 하였다.

존슨 등(Johnson et al., 2001)은 인간발달이론은 ① 전 생애에 걸친 변화와 안정에 기여하는 요인의 판별, ② 신체, 심리, 그리고 사회적 기능 간의 상호관련성 설명, ③ 인간의 사회적 기능과 적응수준의 평가 그리고 ④ 인간발달에 영향을 미치는 사회적 영향력을 평가할 수 있는 잣대를 제공해 준다. 즉, 사회복지실천에서는 신체, 심리, 사회적 발달과 관련된 이론에 근거하여, 개인의 적응과 부적응을 판단하기 위한 기준을 설정하는 경우가 많다고 하였다. 즉, 인간발달이론은 사회복지실천의 원조과정, 특히 자료수집 또는 조사단계(data gathering or study)와 사정단계(assessment)와 밀접한 관련성을 지니고 있다고 볼 수 있다.

권중돈 등(2008)은 인간발달이론의 사회복지실천에 대한 기여를 다음과 같이 설명하였다.

① 생활주기를 순서대로 정리할 수 있는 준거틀을 제공해 준다.
② 임신에서부터 사망에 이르기까지의 각 단계에서 수행해야 할 발달과업이 무엇인지를 제시해 준다.
③ 전 생애에 걸쳐 일어나는 안정성과 변화의 과정을 설명할 수 있다.
④ 생활전이(life transition)에 따른 안정성과 변화를 파악할 수 있다.
⑤ 특정 발달단계에서 특징적으로 나타나는 발달적 요인을 설명해 준다.
⑥ 발달을 구성하는 다양한 신체·심리·사회적 요인을 파악할 수 있다.
⑦ 이전 단계의 결과가 다음 생활단계에 미치는 영향을 파악할 수 있다.
⑧ 이전 단계의 결과에 의해서 형성된 각 단계에서의 성공과 실패를 설명할 수 있다.
⑨ 개인적인 발달상의 차이를 파악할 수 있다.

인간발달에 대한 지식의 축적은 사회복지분야의 발전을 가져왔다. 사회복지 전문직에서는 인간 발달에 관한 지식을 기반으로 발달단계별로 욕구, 문제, 부적응 상태를 면밀히 분석하고 이를 충족 또는 해결할 수 있는 이상적이고 규범적인 사회복지 대책을 제안하였다. 다음은 인간 발달단계에 따라 실시하여야 할 주요 사회복지 대책, 즉 사회복지분야의 관련성을 간략히 〈표 1-4〉와 같이 제시한다(권중돈, 2014 : 39-40).

〈표 1-4〉 인간 발달단계와 사회복지의 관련성

구분				인간 발달단계					
				영·유아기	아동기	청소년기	성인기	중·장년기	노년기
사회복지 분야	사회보장	공적부조	국민기초생활보장	■	■	■	■	■	■
			의료급여	■	■	■	■	■	■
		사회보험	연금보험				■	■	■
			건강보험				■	■	■
			노인장기요양보험				■	■	■
			산업재해보상보험				■	■	
			고용보험				■	■	
	사회복지서비스	영·유아보육		■					
		아동복지			■				
		청소년복지				■			
		여성복지					■	■	■
		노인복지							■
		산업복지					■	■	
		(정신)의료사회복지		■	■	■	■	■	■
		학교사회복지			■	■			
		교정복지				■	■	■	■
		장애인복지		■	■	■	■	■	■
		가족복지		■	■	■	■	■	■
관련 분야	보건의료정책			■	■	■	■	■	■
	고용정책						■	■	■
	교육정책			■	■	■	■		
	주택·교통정책			■	■	■	■	■	■
	환경정책			■	■	■	■	■	■

주 : ■ 는 각 발달단계와 특히 밀접한 관련성을 지니고 있음을 의미함

이상에서 살펴본 바와 같이 인간행동과 사회환경을 이해하기 위해서는 종합적으로 |그림 1-3|과 같은 틀이 요구된다(최옥채 외, 2011 : 22-23).

먼저 인간행동에 관한 이해는 대체로 정신역동이론을 비롯하여 인지이론, 행동주의이론, 인본주의이론, 생태체계이론, 다문화이론을 통해 가능하다. 물론 이들 이론 중 특정 한 가지 이론이 인간행동의 모든 면을 완전하게 이해시키는 것은 아니다. 이들 이론은 각기 특성을 지니고 있기 때문에 인간행동을 설명하는 데 강점과 약점을 지니고 있다. 특히 인간행동을 규명하는 이론 중 생태체계 이론은 사회환경을 이해하는 데 기초가 될 뿐만 아니라 인간행동과 사회환경의 결합을 설명하는 토대가 되기도 한다. 예컨대 생태체계이론은 '환경 속의 개인'을 규명함과 동시에 개인의 행동은 가족, 집단, 조직, 지역사회 따위와 같은 체계와 관련하면서 서로 영향을 주고받는데 이 과정을 생태체계이론이 규명하고 있다. 아울러 다문화사회로 진입하면서 다문화이론을 통해 다문화 당사자를 한층 역동적으로 이해할 수 있다.

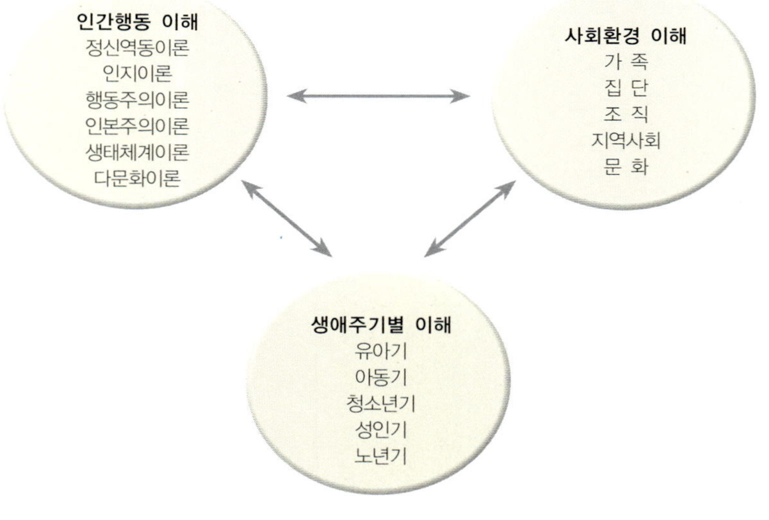

|그림 1-3| 인간행동과 사회환경의 틀

한편 인간행동은 그 자체로 이해되는 것보다는 인간을 둘러싼 사회환경으로서 가족, 집단, 조직, 지역사회, 문화 따위에 관한 이해를 바탕으로 이루어지는 것이 바람직하다. 이뿐만 아니라 인간과 이들 사회환경 간 상호작용의 과정도 이해해야 한다. 사회복지사는 사회환경을 각 분야의 관련 주요 이론과 개념을 중심으로 이해하고, 이들 사회환경과 인간행동 간 상호작용은 생태체계이론을 중심으로 이해할 수 있다.

이렇게 인간행동과 사회환경에 관한 통합적 이해를 기초로 생애주기별 인간의 성장과 발달 특성을 파악해야 한다. 사회복지사는 심리학의 주요 이론과 사회환경에 관한 이론, 그리고 인간행동과 사회환경 간 상호작용을 설명하는 생태체계이론을 바탕으로 특정 생애주기의 개인을 이해할 수 있어야 한다. 왜냐하면 사회복지사는 자신이 만나는 개인이 클라이언트든 협력자든 그들을 제대로 이해하기 위해서는 그들 개인이 현재 속하고 있는 특정 생애주기의 특성에 주목해야 하기 때문이다.

Part 2

인간발달과 사회복지실천과의 관계

Chapter 02 태아기

1. 발달적 특성

1) 태아의 발달

(1) 수정

인간의 성장과 발달은 정자와 난자가 결합하여 수정이 되는 순간부터 시작된다. 인간의 생식세포인 정자와 난자를 배우체(gametes) 혹은 성세포(sex cell)라고 하며, 여성의 배우체인 난자와 남성의 배우체인 정자가 만나 하나의 세포인 수정체(그림 2-2 참조)를 만드는 과정을 수정(fertilization)이라 한다. 난자는 인체에서 가장 큰 세포로 1인치의 200분의 1정도이며 육안으로 볼 수 있는 크기로 난세포의 구성 성분은 염색체의 핵을 담고 있는 지방조직, 단백질 등의 액체로 이루어져 있다. 정자는 올챙이모양으로 매순간 새롭게 만들어지며, 1회 사정 시 200만 개에서 500만 개의 정자세포가 방출되며 난자의 1/40 정도인 1/600mm의 크기로 난자보다 활발하게 움직인다.

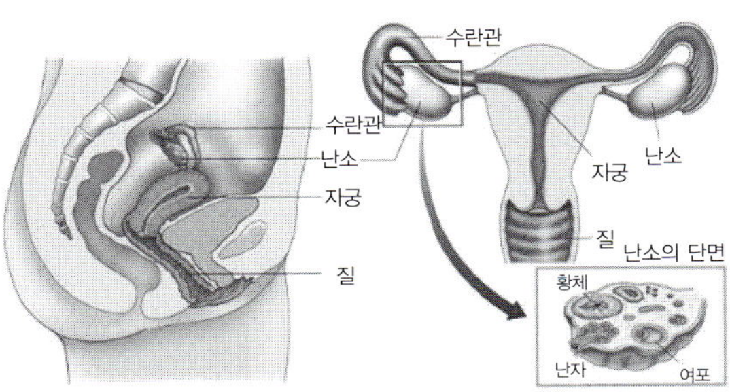

|그림 2-1| 여성 생식기

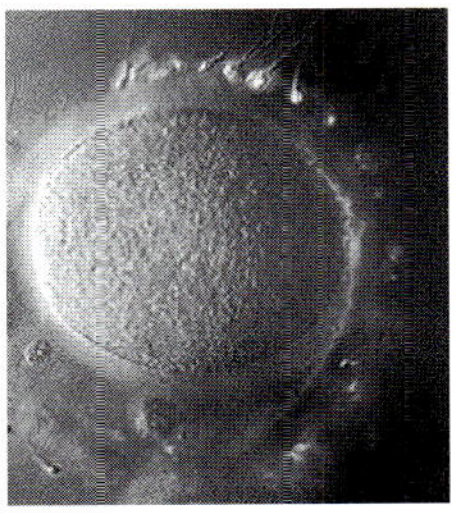

|그림 2-2| 수정체

여성의 생식기는 2개의 난소와 2개의 나팔관, 자궁으로 되어 있다. 여성은 태어나는 순간 평생 사용할 난자 약 2백만 개를 모두 만들어 난자 속에 보관하고 있다. 사춘기 이후 미성숙한 난자 약 300~400개 정도가 성숙하여 약 28일 주기로 2개의 난소에서 교대로 한 개씩 난자를 배출하게 된다. 나팔관에서 나온 난자가 자궁을 향해 가기까지는 3~4일이 소요되며 수정은 배란일을 기준으로 48시간 이후에 일어난다. 그러나 수정이 이루어지지 않으면 정자는 여성의 몸 안에서 백혈구 세포에 의해 잡혀 먹히고, 난자는 질 밖으로 배출하여 생리가 된다.

2) 태아의 성장

수정 순간부터 출산에 이르는 태내기 기간은 약 280일로 다른 어떤 인간의 발달단계보다 빠른 발달을 보인다. 이 시기는 배란기(germinal stage), 배아기(embryonic stage), 태아기(fetal stage)의 3단계로 이루어진다.

(1) 배란기

난소에서 성숙된 난자가 배출되는 것을 배란이라 하며, 수정체가 자궁벽에 착상되는 2주간의 기간을 배란기라 한다. 수정체는 0.2mm 정도의 단세포로서 자체영양으로 급속한 세포분열을 시작하게 된다. 즉, 수정된 후 36시간이 되면 세포분열이 시작되며 하나의 세포가 2개, 2개의 세포가 4개, 4개의 세포가 8개로 세포의 크기는 조금씩 작아지고 수는 계속 늘어나는 포배를 형성하여 72시간 후면 32개의 세포로 분열되고, 일주일이면 약 100~150개로 세포분열된다(그림 2-3).

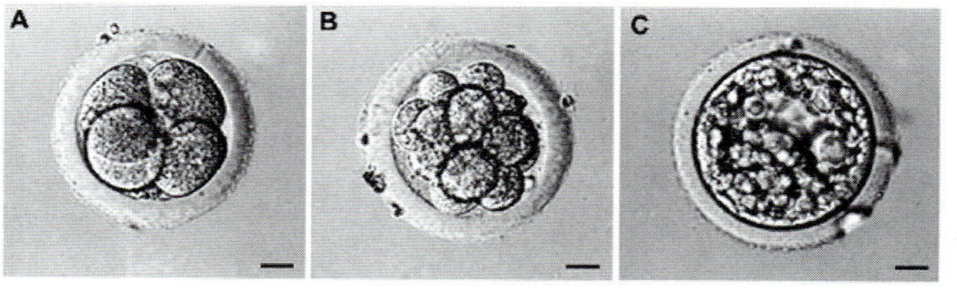

|그림 2-3| 수정란의 세포분열

(2) 배아기

배아기는 수정란이 자궁벽에 착상하고 골격이 형성되는 수정 후 3~8주 기간으로, 인간의 발달과정 중 주요 신체기관이 가장 빠른 속도로 성장하게 된다. 배아기의 발달과정을 보면 배아를 형성하는 내세포층은 성격이 각기 다른 3개의 배엽, 즉 외배엽, 중배엽, 내배엽으로 발달하여 인체의 각 장기를 형성하는 기초가 된다. 외배엽의 세포분열이 내배엽의 세포분열보다 훨씬 더 활발하게 진행되면서 중간층의 중배엽이 새로 형성되고, 배아의 모양은 활처럼 구부러지게 된다.

① 외배엽(ectoderm) : 피부, 손톱, 발톱, 머리카락, 신경관, 감각기관
② 중배엽(mesoderm) : 근육, 골격, 순환기, 생식기, 배설기관
③ 내배엽(endoderm) : 소화기관, 간, 췌장, 호흡기

배아에서는 머리가 몸의 다른 부분보다 먼저 발달하지만 아직 눈, 코, 귀의 형태는 나타나지 않는다. 등뼈, 척추관의 형성이 이루어지며 작은 싹의 모양처럼 팔과 다리가 나타나고 신체 장기의 형성이 이루어지면서 심장이 형성되어 박동이 시작된다.

(3) 태아기

수정 후 8주부터 출산 직전까지를 태아기라고 부르며, 배아가 성장하여 뼈세포가 처음 나타나는 시기로 한 생명체의 구조를 위한 분화는 끝이 나고, 이때부터는 작은 구조를 성장·발달시키게 된다. 또한 신체 각 기관들이 정교한 구조로 발달하면서 태아는 더욱더 활동적이 된다. 임신 12주 말의 태아는 대략 7.5㎝가 되며 대부분의 주요 기관이 형성되어 있고 4~5개월에는 엄마가 태동을 느낄 수 있으며 태아의 피부가 가느다란 털로 뒤덮여 있으나 출생 전에 대부분이 떨어진다. 5개월에는 태아의 몸무게가 500g이고 키가 30㎝가 되며 자고 깨며 삼키고 움직인다. 6개월에는 눈, 눈꺼풀, 시신경의 형성, 자극과 박동에 반

응하여 자궁 내의 소리를 들을 수 있다. 7개월에는 몸과 머리의 비율이 안정적이며 무엇보다 중요한 것은 생존능력을 갖추게 된다는 것이다. 따라서 7개월 전에 태어난 아이는 생존하기 어렵다. 8개월에는 체중은 2.26kg, 신장 45㎝로 성장하며 9개월에는 손톱, 손가락, 발가락 등이 형성된다. 구체적으로 태아기의 발달과정을 정리하면 〈표 2-1〉과 같다.

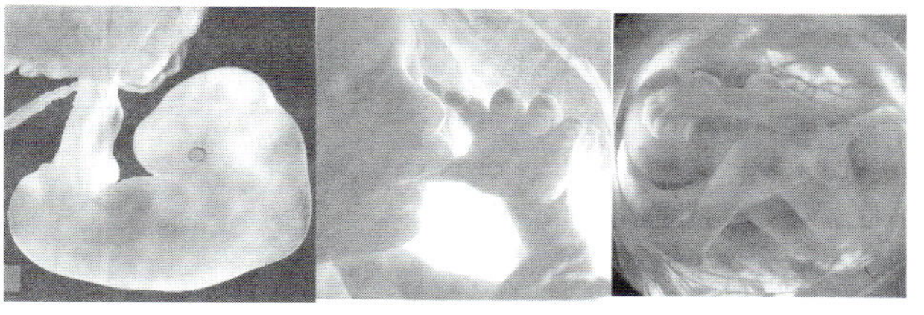

|그림 2-4| 배아기 및 태아기(임신 20~23주, 8개월경)

〈표 2-1〉 태아기 발달과정

주 수	발달과정
13주경	태아의 길이는 약 7.5cm, 무게는 14g 정도가 되며, 인간의 모습을 닮아 보이지만 머리 비율이 아직은 더 크다. 눈썹과 손톱, 돌출된 코가 형성되어 있으며 남녀의 구별이 가능해진다. 태아는 숨을 쉬고 폐 안팎으로 양수를 받아들이고 내뱉고, 가끔씩 소변을 보기도 한다.
17주경	몸체가 머리 크기만큼 커지면서 머리 크기가 전체 몸길이의 1/4이 되며, 출생 시까지 이 비율을 유지하게 된다. 모체가 태아의 움직임을 느낄 수 있게 되며, 태반은 이제 완전하게 발달되어 있다. 탯줄은 태아만큼 길고 태아와 함께 계속 성장하게 된다.
21주경	태아의 길이는 약 30cm, 무게는 350~450g 정도가 되며, 개인적 성격의 조짐이 보이기 시작하여 분명한 자고 깨기 습관이 있으며, 자궁 내에서 좋아하는 자세를 취하기도 한다. 어머니 배에 귀를 대면 태아의 심장고동을 들을 수도 있다. 태반이 안정되고 태아는 빨기, 삼키기, 딸국질 등의 반응을 하게 된다.
25주경	태아의 성장속도가 다소 늦춰져서 길이는 약 35cm, 무게는 560g 정도가 되며, 피부 아래 지방질이 쌓이기 시작한다. 눈이 완성되어 감고 뜨고 모든 방향을 쳐다볼 수도 있게 된다. 혀에 맛봉오리가 나타나고 주먹을 강하게 쥘 수도 있다. 가늘게 우는 소리도 낼 수 있고, 공기를 흡입하거나 내뿜을 수도 있지만, 아직은 자궁 밖에서 생존할 만큼 호흡기관이 완성되어 있지는 않다.

29주경	태아가 자궁 밖 생존이 가능하게 되는 중요한 시기로, 길이는 약 40cm, 두게는 1.4~2.3kg 정도가 된다. 태아는 생리적으로 기본적인 맛과 냄새를 구분할 수 있게 되고, 울고, 숨 쉬고 들어 마시고 엄지를 빨 수 있으며, 반사유형인 빨기, 삼키기 등의 능력이 더 발달하게 된다.
36주경	생활반경에 비해 훨씬 빨리 커져 길이는 45~50cm, 무게는 2.3~3.2kg 사이가 된다. 제한된 환경 때문에 동작은 줄어들게 되며, 출산 때까지 지방층이 태아 몸 전체에 발달하여 자궁 밖 온도변화에 적응할 수 있게 된다.

3) 태아에 영향을 미치는 요인

(1) 유전적인 요인

① 유전인자

염색체(그림 2-5) 속에는 생물의 형질을 나타내는 유전인자(gene)가 존재하며, 유전인자는 유전특성의 전달자로서 DNA라는 화학물질로 구성되어 있다. DNA에는 수많은 유전인자가 있어 개인이나 인간의 각종 발달양상에 영향을 주게 된다. 인간의 독특한 특성과 관련된 모든 유전인자는 항상 염색체상의 같은 장소에 위치하므로 유전학에서는 다양한 특성을 나타내는 각 유전인자의 위치를 규명하고 도식화함으로써 출산 전에 유전적인 결함이나 선천적인 질환을 진단할 수 있다. 난자와 정자가 결합한 수정체는 46개의 염색체가 있으며 총 23쌍으로 그중 22쌍은 크기, 구조, 기능이 유사한 상동체를 이루고 나머지 23번째 염색체는 성염색체를 이룬다.

염색체가 운반하는 유전인자에는 신체크기, 피부색 등을 결정하는 유전적 요소가 있어 어머니와 아버지로부터 자녀에게 그대로 전달되게 된다. 그러나 부모의 특성이 모두 전달되는 것은 아니다. 우성유전인자와 열성유전인자가 그 역할을 담당하여 우성유전인자는 염색체 쌍 중 하나만 존재해도 그 특성이 나타나고 열성유전인자는 염색체 쌍 모두에 존재하여야만 그 특성이 나타나게 된다.

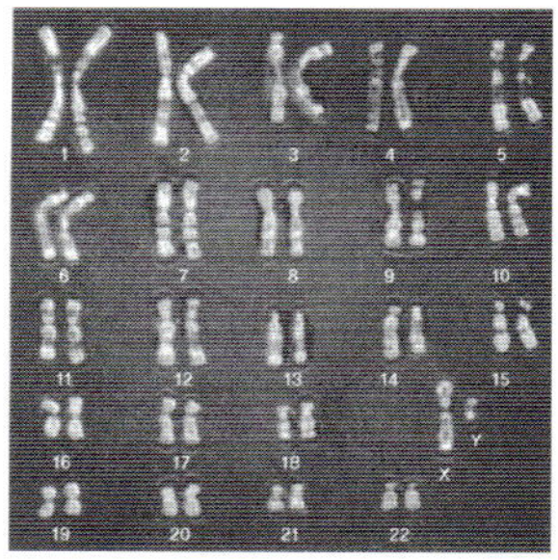

|그림 2-5| **염색체**

비정상적인 유전자는 유전법칙에 따라 자손에게 전달된다. 결함 있는 유전자가 표현형으로 나타날 것인가 아닌가는 우성이냐 열성이냐에 따라 다르게 나타난다. 심각한 문제를 야기하는 우성유전자는 그 유전자를 지닌 사람들이 보통 생식할 때까지 살아남지 못하기 때문에 점차 사라지게 된다. 그러나 자신이 유전질환을 지니고 있다는 것을 알지 못한 채 자녀를 출산하게 된다면, 문제의 유전자는 자손에게 전달되어 나타나게 된다.

② 염색체 결함

염색체 결함은 난자와 정자가 형성되는 감수분열 동안 일어나며 염색체 쌍이 분리되지 않거나 염색체의 일부가 떨어져 나감으로써 결함을 일으킨다. 신생아의 약 1% 정도가 염색체 결함으로 태어나며 염색체 결함은 상염색체 결함과 성염색체 결함으로 구분된다.

상염색체 결함으로 나타나는 증후군은 염색체 21번 이상(그림 2-7)으로 나타나는 다운증후군(Down syndrome), 염색체 18번 이상으로 나타나는 에드워드 증후군(edwards syndrome), 염색체 13번 이상으로 나타나는 파타우 증후군(patau syndrome), 염색체 5번 이상으로 나타나는 묘성증후군(cri du chat syndrome) 등이 있다. 다운증후군을 제외한 상염색체에 기인된 유전결함은 보통 태아를 심각하게 파괴하기 때문에 자연유산되기 쉬우며, 장애를 가지고 태어난다 할지라도 생존율이 낮다.

다운증후군(그림 2-6)은 몽고증이라고도 부르며 머리가 작고 뒷머리가 납작하며 팔, 다리가 짧고 통통하며, 코는 납작하고, 눈 꼬리가 치켜 올라가 있으며, 두터운 혀로 인해 입을 벌리고 있는 경우가 많다. 손이 짧으면서 다섯 번째 손가락이 안쪽으로 굽은 만지증을 보이며 심장계, 소화기계 형성부전 등의 기형이 동반되기도 한다.

|그림 2-6| 다운증후군

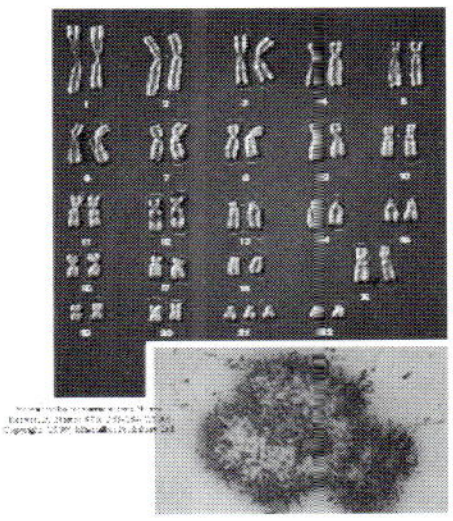

|그림 2-7| 21번 염색체 이상

출처 : 정옥분(2004).

한편 성염색체 결함은 소수의 사람들에게서 일어나고 생존 여부와는 관련이 없으며, 사춘기가 지나서야 개인의 성(性)과 관련된 치명적인 결함으로 나타난다. 성염색체 결함과 관련된 증후군은 클라인펠터 증후군(klinefelter syndrome)과 터너증후군(Tuner syndrome) 등이 있다. 클라인펠터 증후군은 XXY, XXXY, XXXXY 성 염색체를 가지고 있어 남성의 특성이 약하고 사춘기에 가슴과 엉덩이가 커지는 등 여성적 2차 성징이 나타나며 고환이 미성숙하여 정자의 생산이 불가능하므로 생식이 불가능하다. 다운증후군과 동일하게 어머니의 출산연령이 높을수록 출현율이 높다. 터너증후군(45/ XO의 염색체 배열)은 여성에게만 나타나며 성염색체 X염색체가 하나밖에 없으며 외견상 여성이지만 여성 호르몬 부족으로 2차 성징이 나타나지 않는다. 난소가 기능을 제대로 하지 못하여 생식을 하지 못하고 목이 가늘며 키가 작고 지적 장애 가능성이 높다. 터너증후군은 독특한 성장과 신체적인 특징을 가지고 있어서 신생아 때 진단이 가능하다.

(2) 환경적인 요인

① 임신부의 연령

임신부의 연령은 태아의 이상 여부를 결정하는 중요한 요인이 될 수 있으며 임산부 자신에게도 영향을 미칠 수 있다. 일반적으로 임신부의 연령이 25~29세 때 가장 건강한 아이를 낳는다고 알려졌지만, 최근에는 사회적 경향에 따라 임신가능성의 연령이 양극단으로 나타나고 있다. 임산부의 연령이 35세를 넘은 노산인 경우는 자연유산, 난산, 임신중독증, 다운증후군이나 미숙아 출산 비율이 다른 연령대에 비해 급격히 증가되는 것으로 알려져 있다. 그러나 최근에 더욱 문제가 되는 것은 10대의 임신으로, 임산부의 연령이 너무 낮은 경우에는 조산이나 사산의 위험이 크고 미숙아나 저체중아를 낳을 확률도 대단히 높다.

② 임신부의 영양상태

임신기간 중의 충분한 영양섭취는 태아의 발달뿐 아니라 어머니의 건강에도 필수적이다. 임신 중기부터 태아는 모체로부터 철분을 흡수해 자신의 혈액을 만들기 시작하므로 철분을 충분히 공급해야 한다. 철분이 부족하면 빈혈과 임신중독증의 원인이 될 수도 있다. 또한 입덧이 심한 경우 필수 비타민인 티아민의 결핍은 정신혼란, 운동실조, 안면마비 등의 증상을 일으키기도 하나 비타민 A를 너무 과하게 복용하면 언청이, 심장기형 등의 심각한 장애를 가져올 수도 있고, 요오드의 과잉섭취 또한 태아의 갑상선 기능에 장애를 주기도 한다.

영양이 충분하지 않을 경우 유산과 조산, 출생 시 저체중 및 영아사망률을 증가시키며(Bauerfeld & Lachenmeyer, 1992) 특히 임신 초기의 영양결핍은 뇌와 신경계의 발달과정에서 장애를 초래한다(곽노의 · 김유미 역, 2001 재인용). 따라서 뇌와 신경계의 발달시기인 임신 초기와 말기에는 질적으로 균형 잡힌 영양소가 필요하다.

③ 임신부의 약물과 모체의 질병

태아에 영향을 미치는 약물의 종류에 대해서는 아직 불확실한 측면이 많기 때문에 임신부는 약물을 사용하는 데 세심한 주의를 기울일 필요가 있다. 아무리 안전한 약물이라도 약물이 태반을 통해 태아에게 전달될 때 치명적인 영향을 미칠 수 있다. 특히 태아는 약물의 독성성분을 분해하거나 완화시킬 능력이 현저하게 떨어지기 때문에 약물의 효과가 성인보다 증대될 수 있어 가능한 한 어떠한 약물도 복용하지 않는 것이 좋다. 입덧을 완화시키는 일종의 신경안정제인 탈리도마이드(thalidomide)의 출현 이후 임신부의 약에 대한 경각심이 높아졌는데 이를 복용한 임신부에게서 아이가 팔·다리가 아예 없거나 팔과 다리가 배아기의 형태와 유사한 미발달된 상태로 기형아들이 태어났기 때문이다(그림2-8 참조). 이러한 사지발달은 피임약과 같은 호르몬의 섭취와도 관련이 있으며 아스피린과 같은 약도 안전하지 않다. 그러나 아직까지는 어떠한 약물이 태아에게 좋지 않은 영향을 미치는지에 대해 불확실한 측면이 많으므로 약물을 사용하거나 질병으로 인한 치료에 있어서는 반드시 의사의 자문을 받아야 한다.

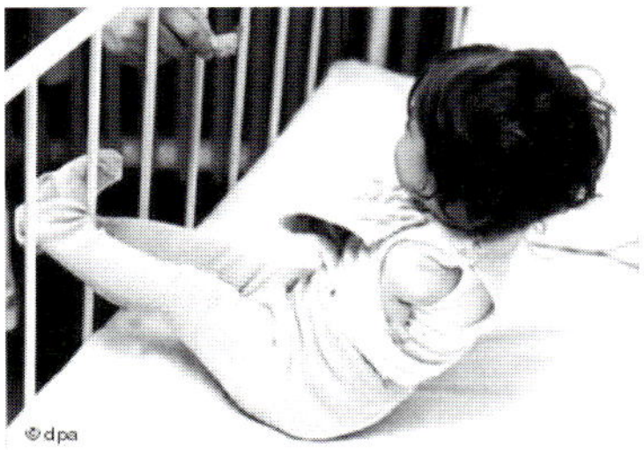

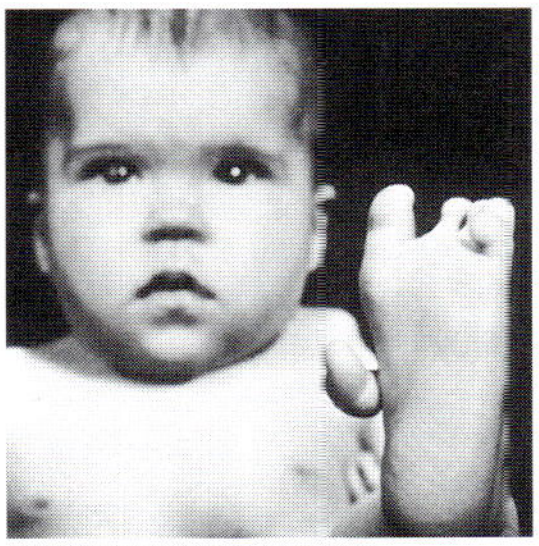

|그림 2-8| **탈리도마이드 복용으로 태어난 아기**

한편 모체의 질병이 태내에 영향을 줄 수 있으며 특히 풍진, 매독, 임질 등을 들 수 있다. 풍진의 경우 임신 초기 3개월 이내 감염된 경우 태아의 시각, 청각, 심장 지능발달에 심각한 영향을 줄 수 있으며 임신부의 선천성 매독은 심하면 태아의 사망을 초래할 수도 있다.

④ 음주와 흡연

알코올은 빠른 속도로 태반에 침투하여 장시간 영향을 미치게 된다. 태아의 알코올 분해능력은 성인의 절반수준에 머무르기 때문에 태아는 알코올에 민감하며 소량의 알코올이라도 비정성적인 발달을 일으킬 수 있다. 한 예로, 알코올 성분이 태아의 뇌로 들어가 정상적인 뇌 활동을 방해하고, 태아의 신진대사에 필요한 산소공급을 차단하여 뇌와 신체부위의 세포성장을 억제하는 태아 알코올 증후군(FAS : Fetal Alcohol Syndrome)을 유발할 수 있다. 이런 아이는 느린 성장, 정신지체, 얼굴이상, 이상한 행동패턴 등의 결함이 있을 수 있다.

임신부 흡연은 니코틴 성분이 혈관을 수축시키고, 산소와 영양공급을 차단하여 태반을 비정상적으로 자라게 하여 태아에게 영양분을 전달되지 못하게 한다. 그로 인해 저체중, 미숙아, 수면 중 호흡곤란, 유산, 영아돌연사(사망), 암 발생 등의 가능성이 높아질 수 있다(Cornelius et al., 1995). 또한 이러한 영아의 초기 문제가 극복된다 하더라도 성장하면서 신체적·지적 성장에 장기적인 영향을 미쳐 발달지체를 초래할 수 있다. 최근에는 아버지나 주변 사람들로 인한 임신부의 간접흡연 또한 태아에게 영향을 미친다는 연구가 보고되었다.

⑤ 임신부의 정서상태

임신부에게 정서적 스트레스는 태아를 여러 가지 위험에 처하게 한다. 실제로 임신부가 심한 스트레스나 걱정을 하는 동안 부신호르몬이 촉진되어 태반을 통해 태아에게 영향을 주며, 임신부의 심한 정서적 충격은 태반으로의 영양공급을 일시적으로 중단시켜 태아에게 산소결핍을 유발하기도 한다. 임신부가 불안이나 공포를 느낄 때 태아의 활동은 증가하게 되며, 임신기간 동안 정서적 스트레스를 경험한 여성의 아기들은 지나치게 성급하고 과민하며 섭식과 소화문제를 나타낸다(Omer & Everly, 1988). 심한 정서적 충격이 되풀이될 경우, 태아의 신체발육에 영향을 주고, 출생 후에 잘 울며 잘 놀라는 등 정서적 불안을 보일 수도 있다. 따라서 임신부 스스로도 마음을 편하게 하여야 하며, 남편이나 가족 등 주위 사람들도 배려를 아끼지 않아야 할 것이다.

4) 출산의 과정

분만이란 자궁으로부터 태아와 그 부속물들이 자연적 방법이나 수술 등에 의해 외부로 나오게 되는 전 기간을 의미하며 출산의 단계는 크게 개구기, 출산기, 후산기의 3단계로 나누어진다(그림 2-9 참조).

|그림 2-9| 출산과정(개구기, 출산기, 후산기 과정)

(1) 개구기

개구기는 자궁경부를 열기 위하여 자궁이 규칙적으로 수축되면서 나타나는 시기로, 보통 6시간에서 13시간 정도 걸리며 자궁경부가 태아의 머리가 통과할 수 있는 정도(10~12㎝)까지 열리는 기간이다. 진통은 처음에는 짧게 10분에서 20분 간격으로 오다가, 마지막에는 3분 내지 5분 간격으로 오며, 점차 강도가 심해진다. 자궁수축과 함께 상부는 긴장되고 자궁경부와 하부는 넓어진다. 자궁경부는 처음에는 상당히 느리게 열리지만, 진통기가 끝날 무렵에는 빠른 속도로 열리게 된다. 이러한 과정 동안 태아의 머리가 아래쪽으로 밀리고 자궁경부가 최대 10cm 정도로 열리게 되면 진통기가 끝나게 되는데, 대부분의 경우에는 이때 양수가 터진다.

(2) 출산기

출산기는 자궁경부가 열려 태아가 산도를 통해 밖으로 나오는 시기로 보통 20분에서 90분 정도 걸린다. 강한 진통은 산모로 하여금 힘을 주어 아기를 밀어내게 하지만, 어느 정도는 의식적으로 통제할 수 있다. 이런 과정을 거쳐 일단 머리가 자궁의 입구에 도달하게 되면, 태아가 몸의 위치를 약간 바꾸어 어깨와 신체 나머지 부분이 자궁을 쉽게 나올 수 있게 조절한다.

그러나 출산 직후 아기가 큰 소리로 우는데, 울지 않을 때에는 의사가 아기의 등을 부드럽게 문질러 폐가 활동을 할 수 있게 해주어야 한다. 탯줄을 자르는 순간 아기는 독자적인 삶을 살기 시작한다.

(3) 후산기

후산기는 태아가 출산한 이후 자궁이 수축되면서 태반이 자궁벽에서 떨어져 나와 양막과 함께 배출되는 것을 말한다. 이때 아기의 상태를 확인하고, 태반이 나오면 모체의 자궁 속에 조금이라도 찌꺼기가 남아있는지 철저히 검사하게 된다. 이 단계는 몇 분밖에 걸리지 않으며, 산모의 고통도 분만기보다 많이 완화된다. 어려운 출산과정을 거쳐 태어난 아기는 엄마 곁에 있게 될 때 가장 편안함을 가지게 된다.

2. 사회복지실천과의 연관성

태아기 발달과 임신부의 건강은 깊은 관련을 가지고 있다. 임신부의 나이, 영양상태, 정서상태 등은 태아에게 영향을 미칠 수 있기 때문에 임신부가 최상의 건강상태를 유지할 수 있도록 도와야 한다. 특히 불임의 문제는 부부관계의 해체로 이어질 수 있으므로 사회복지사는 경제적 도움이 필요한 임신부에게 적절한 의료적 보호서비스를 받을 수 있도록 정보를 제공하여야 한다. 또한 임신부의 건강문제로 가임 여성의 철저한 건강관리와 적절한 치료가 이루어질 수 있도록 권장하여야 한다.

태내기의 발달문제 중 가장 많은 관심을 기울여야 할 부분은 바로 선천성 장애발생의 예방과 불임이다. 사회복지사는 임신한 부부를 대상으로 선천적 장애의 예방 방법과 대책을 알려주어야 하며 출산 이후에는 선천성 대사이상 검사

등을 통하여 선천성 장애의 유무를 확인할 수 있도록 한다. 단약 선천성 장애아를 출산한 경우 미숙아 및 선천성 이상아를 대상으로 한 의료비 지원을 받을 수 있도록 지원하거나 장애인 전문기관에서 조기치료와 교육훈련이 이루어질 수 있도록 원조하여야 한다(권중돈, 2014). 불임의 경우는 이로 인한 심리·정서적 문제를 상담하며, 입양이나 결연에 대한 정보를 제공하고 시험관 시술이나 인공수정에 대한 시술 비용지원 및 보험적용을 추진하며 필요시 전문기관에 의뢰할 수 있다(류종훈, 2005).

Chapter 03 영아기

영아기(infancy)는 신생아기 이후부터 2세까지로 부모의 유전적 특성과 양육자와의 상호작용, 외부 환경요인 등에 의해 신체적 성장 및 운동능력의 발달이 가장 빠른 속도로 발달이 이루어지는 시기이다.

1. 발달적 특성

1) 신체 · 운동 발달

영아기는 신체적 성장이 가장 빠른 속도로 이루어지며 급격한 신체적 발달 특성 때문에 이 시기를 제1성장 급등기라도고 한다. 이 시기는 운동과 활동이 증가하면서 신체 및 운동 발달을 촉진하게 되며, 이는 인생 초기의 전 영역의 발달에 기초가 되고 성장하면서 형성하는 긍정적 자아개념과 사회관계를 유지하는 데 있어 매우 중요한 요소가 된다.

영아의 외모와 신체는 출생 초기와는 급격히 달라진 모양을 띠게 되는데 1년 정도 되면 영아의 키는 출생 시보다 50% 이상 커지며 두 살이 되면 75% 이상 성장한다. 몸무게는 5개월쯤이 되면 출생 때 몸무게의 두 배가 되고 1년이 되면 세 배, 두 살이 되면 약 네 배가 된다. 또한 출생 후 1년부터 청년기에 이르는 동안에는 다리가 가장 빠른 속도로 성장하기 때문에 영아의 신장 급등현상은 주로 몸통과 다리 부분에서 이루어지게 된다(그림 3-1 참조).

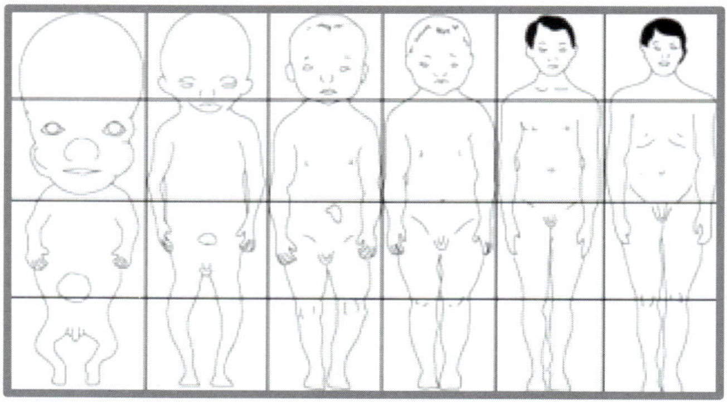

|그림 3-1| 신체 비율의 변화

신체성장의 속도는 출생 6개월까지 가장 빠르게 이루어지며 특히 출생 후 첫 1년간은 신체와 뇌의 성장이 급등하는 시기이다. 태내기와 영아기는 두뇌발달의 결정적 시기이며 이 시기 동안의 영양결핍은 두뇌의 성장발달을 저해하는 요인이 된다. 두미발달의 원칙에 의해 출생 시에 머리와 뇌의 크기는 신체의 다른 어떤 부위보다도 성인의 크기에 가깝다. 뇌의 각 부위는 발달하는 시기가 각기 다르며 반사운동과 신체기능을 통제하는 뇌간은 출생 시 이미 완전한 기능을 한다. 생리적 발달에 있어서 이 시기의 영아는 규칙적인 수면과 배설·섭식을 통한 기본적인 생리적 습관을 형성하게 되며 대체로 밤과 낮이 고정되면서 수면상태가 고정되고 수면시간이 감소하게 되며 개월 수가 증가되면서 점차적으로 더욱더 수면상태가 고정되며 규칙적으로 변화하게 된다.

영아기의 중요한 발달과업인 대소변 통제가 이 시기에 이루어지며 근육은 머리와 목 근육이 몸통이나 사지근육보다 일찍 성숙하게 되어 대근육이 소근육보다 먼저 발달하게 된다. 영아기의 가장 주목할 만한 대근육 운동기능은 초기에는 고개도 못 가눌 정도로 의존적이나 곧 뒤집기, 기기, 서기, 걷기, 달리기 등을 할 수 있는 기동적으로 변화한다는 점이다. 이 시기의 근육발달은 남녀아 모두에게서 향상된다. 그러나 근육발달은 남아에게서 더 급격히 일어나며, 몸을 움직이거나 힘을 쓰는 전체운동은 남아가 우월하고 정교함을 요하는 미세한 운동에는 여아가 우세하다. 영아의 골격은 성인의 골격보다 크기가 작고 수도 적을 뿐 아니라 매우 유연하고 부드럽다. 치아는 신생아가 태어날 때 이미 20개의 유치 전부를 지니고 있다. 이러한 치아를 탈락성 치아라고 말하는데 7세경이 되면 유치가 영구치로 전환되기 때문이다. 생후 6개월경에 젖니와 아래 앞니가 나기 시작하여 1년이 되면 6~8개의 앞니가 난다. 이가 나오기에 앞서 몇 달 전부터 영아는 잇몸의 불편함을 나타내며 침을 흘리거나 떠들기를 좋아하게 되며 물건을 빨고 때로 미열이 발생하기도 한다.

2) 인지발달

인지발달 형성은 신생아기의 반사능력으로부터 시작된다. 영아의 세상에 대한 인식은 감각기관과 운동기능을 통해 이해하는 것에 국한되며 영아기의 사고는 언어나 추상적 개념을 내포하지는 않는다. 영아는 감각기관을 통해 받아들이는 정보에 대한 즉각적인 반응을 보이며 감각을 통해 획득한 정보를 조직하고 환경적 자극에 반응하여 도식을 수정해 나감으로써 인지적 발달을 한다. 인지발달은 영아기에 급속도로 이루어지는데 몇 가지 반사능력만을 가지고 태어난 신생아는 시간이 지남에 따라 점점 목적의식을 가지고 행동하는 존재로 변화한다. 영아는 감각을 사용하여 주변 세계를 이해하고 배우 가기 때문에 영아기의 인지발달을 위해 시각적, 청각적, 후각적, 촉각적 자극이 필요하다. 시지각의 경우 이미 태어나면서 형태를 식별할 수 있는 능력을 가지고 있으며, 청지각의 능력은 시지각 능력보다 우수하여 2개월 된 영아는 서로 다른 목소리에 다르게 반응하고 같은 사람이 내는 다른 목소리를 구분하기도 한다. 또한 서서히 사물에 초점을 맞추기 시작하며 눈으로 사물을 추적할 수 있으며 소리나는 쪽으로 몸을 돌릴 수도 있다. 또한 음악과 노랫소리에 따라 몸을 움직이며 반응하고 두드리기, 흔들기, 던지기, 쥐기를 통해 사물을 탐색하고, 행위를 가하여 일어난 결과에 흥미를 보이며 대상의 영속성 개념이 발달하게 된다. 또한 기억발달에 있어 영아는 새로운 자극과 이전의 자극을 구별할 수 있는 능력이 있다.

3) 언어발달

언어 이전 시기의 영아들이 사용하는 대부분의 언어들은 모방을 통해 획득되며 수용언어가 표현언어보다 빨리 발달한다. 또한 영아의 언어특성은 인지발달수준과 유사하게 자기중심적 언어를 보이며, 사물에 호기심을 갖고 계속적인 질문을 통해 자신의 어휘와 문장구조를 더욱 발전시키게 된다. 특히 영아는 단어를 표현하기 이전에 울음이나 표정, 몸짓 등 비언어적인 행동을 통하여 의사소통을 한다. 단어 자체가 아니라 말의 리듬, 고저, 강세에 따라 반응하며 이를 통해 상대방의 말에서 감정적인 단서를 알아차리게 된다. 약 12개월이 되면 유아는 실제 일상생활에 필요한 단어를 주로 사용하게 된다. 영아가 사용하는 한 단어의 의미는 성인이 사용하는 의미와 때로는 달리 사용되곤 한다. 즉, 단어의 미의 과잉축소 현상이나 과잉확장 현상이 나타난다. 일반적인 의미와 범위를 축소해서 특수한 경우에만 새 단어를 적용하여 사용하는 경우이다. 영아의 단어 이해와 사용은 영아의 인지기술이 발달됨에 따라 변화하고, 영아가 질문이 많아지면서 어휘력이 급속도로 성장하며, 과잉축소나 과잉확대 현상은 점차 사라지게 된다. 약 18~20개월이 되면, 많은 어휘를 습득하게 되면서 문장을 만들기 위해 둘 또는 그 이상의 단어를 연결시켜, 자신의 의사나 감정을 의미 있게 표현하기 시작한다. 그러나 두세 단어의 문장은 성인의 문장보다 훨씬 더 짧고 간단하며 독창적이며, 아직은 특정 단어를 발음하는 데 있어 어려움이 있다. 특히 이 시기의 대표적인 언어적 특징으로는 전보식(電報式) 언어(telegraphic speech)와 주축문법(主軸文法, pivot grammar)을 들 수 있다.

4) 사회 · 정서 발달

영아는 출생하면서부터 다른 사람과 사회적 관계를 맺으면서 사회성을 발달시키며 기쁨이나 슬픔 같은 기본 정서를 가지고 태어난다. 물론 아직은 덜 분화된 상태에 있으나 연령이 증가함에 따라 영아는 점차 분화된 정서를 나타내고 다른 사람의 정서를 이해할 수 있는 능력도 갖게 되며 정서를 표현함에 있어서도 자신의 정서를 규제할 수 있게 된다(정옥분, 2004). 기본적인 정서에는 즐거움, 흥미, 놀라움, 두려움, 분노, 슬픔 및 혐오가 있다. 갓 터어난 아기들은 대체로 유쾌한 자극에 대해 관심을 보이는 상태와 불쾌한 자극을 피하려는 상태의 두 가지 정서를 나타내지만, 이러한 정서는 점차 분명하고 구체적이며 조직적인 형태로 분화하게 된다. 결국 영아기의 정서는 미분화된 정서반응을 보이다가 사회성 발달로 정서의 표현이 차츰 분화되고 더욱 풍부해져 간다고 할 수 있는데 생후 1년 동안에는 정서조절 능력이 아직 덜 발달하여 정서조절은 주로 성인에게 의존하나 그 이후에는 정서조절 능력이 나타나 언어로 자신의 정서를 표현하며 조절해 나간다.

이러한 영아의 정서는 특히 양육자와의 관계나 자아에 대한 인식, 환경에 대한 탐색 등 영아의 주변에서 일어나는 사건들을 이해하는 데 있어 결정적인 역할을 한다. 즉, 영아의 정서표현은 영아의 상태를 다른 사람, 특히 양육자에게 알림으로써 양육자로 하여금 영아를 보살피게 하는 기능과 특정 자극에 대해 특정한 행동을 하도록 하는 동기를 부여한다(Lamb, 1988). 결국 기본적인 정서 또는 일차적 정서란 생존과 관련된 진화의 역사 속에서 형성된 것이며, 모든 인간에게 공통적으로 나타나며 얼굴표정으로 그 내용을 알 수 있다. 따라서 정서가 일생 동안 아동의 행동에 기저를 이루는 중요한 구실을 하고, 자신의 미소와 울음 등이 다른 사람과의 관계를 형성하는 것처럼 자신의 환경과 밀접한 관계를 가지고 발달된다는 것을 이해하는 것은 중요하다(Berk, 1996).

영아는 6개월경이 되면 행복해서 미소 짓는 얼굴과 불편해서 찡그린 얼굴을 구분할 줄 안다(Ludemann, 1991; Ludemann & Nelson, 1988). 6개월이 지나면서 영아는 정서를 구분할 수 있을 뿐만 아니라 다른 사람의 정서에 의해서 영향을 받는다. 이와 유사하게 우울증을 겪는 어머니와 아동을 대상으로 한 연구에서도 그 증거를 찾아볼 수 있다. 우울증을 겪는 어머니의 아기는 더 위축되고 무반응적인 모습을 보였다. 어머니가 무표정한 얼굴을 하고 아기를 바라보면 아기는 어머니와 상호작용하려고 웃는 얼굴로 옹알이를 하며 몸을 활발히 움직인다. 그러나 어머니가 여전히 무표정한 모습으로 있으면 아기는 생리적인 부적응을 보여 침을 흘리기도 하고, 급기야는 고개를 돌리고 칭얼대며 울게 된다(Moor, Cohn, & Campbell, 2001). 이러한 무표정 실험상황의 결과는 여러 문화권에서 같게 나타나 양육자가 무반응적일 때 나타나는 아기의 위축행동은 타고난 성향임을 시사하였다(Kisilevsky, Hains, Lee, Muir, Xu, Fu, Zhao & Yang, 1998; 박성연, 2006 재인용). 따라서 어머니가 우울증으로 인해 장기적으로 아기와 상호작용을 하지 않거나 무반응적인 경우, 아기는 오랫동안 슬픔이나 불안을 겪게 되고 위축되어 정서발달에 있어서뿐만 아니라 모든 발달에서도 문제를 나타낼 수 있어 주의가 필요하다. 결국 바람직한 정서발달을 위해서 적당한 자극과 함께 안정된 환경을 조성해서 신체적인 불편을 덜어주고, 사랑과 관심의 양육태도로 영아의 욕구가 만족될 수 있도록 보살펴야 한다.

한편 영아기 사회성에 가장 기본이 되는 것은 영아기에 형성되는 자아인식의 발달, 영아와 어머니와의 애착발달, 그리고 영아기 애착대상과 분리할 때 나타나는 낯가림이나 격리불안에 대한 반응이다. 특히 어머니와 잘 형성된 애착관계는 영아의 사회성 발달과 후에 사회적 일원으로서 살아가는 데 필요한 대인관계 발달에 중요한 요인이 된다. 에인스워스(Ainsworth, 1979)는 〈표 3-1〉과 같이 애착발달을 4단계에 걸쳐 설명하고 있다.

〈표 3-1〉 애착발달 4단계

제1단계(출생~3개월)	생후 첫 3개월 동안 영아는 울음, 발성, 미소, 응시 및 시각적 추적으로 양육자와 접촉을 시도하고 양육자를 자기 곁에 머무르게 하려고 노력한다. 이 시기에 영아는 감각적 접촉에 의해 양육자의 독특한 특성을 인지한다.
제2단계(4~6개월)	영아의 반응은 몇몇 친숙한 성인에게 한정된다. 영아는 1차적인 양육자는 물론 한두 사람의 다른 성인도 구별할 수 있다. 친숙한 사람이 나타나면 미소 짓고 좋아하며 그가 떠나면 싫어하는 표정을 짓는다.
제3단계(7~2세)	양육자에 대한 분명한 애착을 형성하며 다른 가족에 대해서도 애착행동을 나타낸다. 애착대상에게 능동적으로 접근하고 접촉을 시도한다.

제4단계(2세 이후)	영아와 양육자는 협력관계를 형성할 수 있다. 아동의 인지능력의 증대와 함께 타인의 소망이나 목표를 탐지하고 예상할 수 있으며 사회적 관계에 대한 기본 이해를 획득한다. 따라서 양육자가 외출할 때 따라가겠다고 떼를 쓰기도 하지만 양육자가 돌아올 때까지 기다릴 수도 있다.

애착은 이 시기의 사회적 관계에서 가장 특징적인 행동이라고 할 수 있다. 애착은 종족을 보존하기 위해 주위 환경에 적응하는 데 필요한 요소로서 애정이나 사랑과 같은 긍정적 정서의 의미를 지닌다(Ainsworth, 1973). 영아가 특정 인물에게 애착을 형성하게 되면 그 사람과 있을 때 기쁨을 느끼고 불안한 상황에서 그의 존재로 인해 위안을 받는다. 일반적으로 안정된 애착관계를 형성한 영아는 유아기에 자신감, 호기심, 타인과의 관계에서 긍정적인 성향을 보이는 것으로 나타났으며 이후 주변 세계에 대한 신뢰감으로 확대되기도 한다(정옥분, 2006).

2. 사회복지실천과의 연관성

영아기 발달에 있어 사회복지실천에서의 관심은 신체적·인지적 기능으로 인한 신체적 발달측면의 장애문제와 부적절한 애착을 들 수 있다. 영아가 유전적 요인 또는 출산과정상의 문제로 인하여 신체 내부기관의 결함, 선천적 질병 및 장애를 가지고 있는 경우에는 생존에 필요한 여러 가지 기능을 수행하는 데 어려움을 겪을 수 있으며 부모 및 사회적 상호작용에도 많은 제한을 가지고 살아가게 된다(김동배·권중돈, 2005). 따라서 출산 후 아이가 적절한 반응을 보이지 못할 경우 아이에 대한 정확한 진단과 치료가 필요하며 언어발달과 정서발달에 장애를 보이는 경우 조기치료 및 훈련을 제공하고 긍정적인 환경을 조성할 필요가 있다. 또한 운동발달 지체는 인지나 정서 발달에 많은 영향을 미치게 되므로 영아의 운동발달 상태를 평가하고 필요시에는 의학적 진료나 서비스를 받을 수 있도록 연계해야 한다. 특히 이러한 영아의 발달문제는 어머니의 정서적 고통을 함께 동반하게 되므로 사회복지사는 어머니를 위한 정서적 지지 상담을 실시하여야 하며, 국가적 차원에서 이러한 선천성 질병이나 장애를 가지고 있는 영아들이 조기치료 및 재활훈련을 받을 수 있는 기회 및 환경을 제공해 주어야 한다(장수한 외, 2008).

영아기의 또 다른 문제는 모자간의 부적절한 애착관계이며 이로 인해 장애나 자폐증 등의 문제가 발생할 수 있다. 따라서 영아기에 효과적인 애착관계를 형성할 수 있는 양육 기술과 정보를 제공해야 하며 어머니의 산후우울증 등이 유아의 애착관계에 지장을 받을 경우 상담심리치료를 받을 수 있도록 지원해야 한다.

Chapter 04 유아기

유아기는 만 2세부터 6세까지의 초등학교 입학 전까지를 의미하며 이 시기는 끊임없이 움직이며 놀이를 통해 세상을 탐색한다. 영아기 때보다 대뇌피질의 운동영역이 발달하고 신체적으로 성숙되어 힘이 향상된다. 영아기 때처럼 급속도로 신체발달이 이루어지지는 않지만 비교적 빠른 성장을 보이고, 신경근육의 성숙으로 기본 운동기능 또한 급속히 발달하게 된다. 또한 기억능력의 증가로 사고의 폭도 넓어지고 언어를 습득하여 다른 사람과 의사소통을 할 수도 있으며 심리적·사회적 측면에서도 인격의 기본적인 토대가 형성되는 중요한 시기이다.

1. 발달적 특성

1) 신체 · 운동 발달

유아기는 영아기에 비해 성장속도는 느리지만 꾸준한 성장을 보인다. 신장과 체중은 비교적 증가를 보이며 특히 체중의 개인차가 크게 나타난다. 그러나 대략 2세가 되면 체중이 2.2~2.7kg씩 늘어나고 출생 시와 비교해서 약 4배 정도가 된다. 유아기에는 체중의 변화가 심하게 일어나는 시기이며 키보다 환경요인에 의해 더 영향을 받는다. 신장은 2세가 되면 출생 시와 비교해서 약 75% 정도 증가하고 3세에는 평균 남아 95.7㎝, 여아는 94.2㎝ 정도가 되며 이후 꾸준히 성장하며 여아가 남아에 비해 신장은 약간 작다. 치아는 3세경이면 완전히 갖추어져 무엇이든 마음대로 씹을 수 있으며 6세경에는 젖니가 빠지면서 영구치가 나오고 치아와 턱뼈가 함께 발달하므로 얼굴의 턱부분이 둥글게 커진다.

유아기의 골격발달은 개인차가 있으며 일반적으로 여아가 남아보다 빠른 발달을 보이는데 출생 시 여아의 골격성숙이 남아보다 4주 정도 앞서지만 5~6세 경에는 1년 정도의 차이가 난다. 이 차이는 여아가 남아보다 2~3년 정도 사춘기에 빨리 도달하고 일찍 성숙하는 요인이 된다(Tanner, 1990).

근육발달은 몸무게의 발달과 거의 같은 속도로 이루어진다. 균형잡기와 기어오르기로 유아 초기에는 한쪽 발로 잘 서있지 못하다가 5세에 이르면 균형을 잡을 수 있게 되며 어느 정도 속도를 내어 달릴 수 있게 된다. 6세 이후에는 뛰는 형태가 더욱 능숙해지며 7세 이후는 근육의 넓이와 두께 등의 발달이 더욱 진행되며 특히 어깨나 엉덩이 등의 근육에서는 서서히 성차가 나타나기 시작한다. 그러나 전반적으로 아동기까지는 근육발달이 키의 발달을 따르지는 못하며, 지방조직이나 근육조직이 급격히 증가하는 시기는 사춘기 이후가 된다(곽노의 외, 2007).

유아기 동안의 뇌 크기는 성인의 90%에 이르며 이러한 뇌 크기의 증가는 수초화와 시냅스 밀도의 증가로 인한 것이다. 수초화가 증가할수록 정보가 전달되는 속도가 빨라지고 효율성이 높아진다. 또한 뇌의 편재성이 나타나기 시작하며 뇌량의 수초화로 인하여 두 개의 반구 간에 정보교환과 협응이 원활해지고 이러한 두 반구 간의 협응은 여러 가지 운동기술을 증가시킨다. 달리기, 뛰기, 공 던지기, 자전거 타기, 그네 타기 등을 할 수 있게 되며, 구두끈 매기, 크레용으로 색칠하기와 같은 미세한 운동도 세련되게 발달한다. 유아기의 전체운동발달, 미세운동발달은 놀이, 옷 입기, 언어이해, 훈육에 대한 반응, 사회적 상호작용 등 유아기 아동의 모든 활동단계에서 나타나게 된다. 자신이 할 수 있는 운동기술을 과대평가하여 다치거나 상처를 입기 쉬우며, 새로운 장소에 가고 새로운 장난감을 고르는 등의 새로운 환경을 탐색하고자 하는 등 호기심이 많아짐에 따라 수반되는 위험성 또한 높은 시기이다.

2) 인지발달

인지는 인간의 정신적 사고과정을 의미하는 광범위한 개념으로 생물학적 성숙뿐만 아니라 경험의 영향을 받게 된다. 인지적 성장 또한 유아기에 급속도로 이루어지게 된다. 유아기는 피아제(Piaget)의 인지발달단계 중 감각운동기를 거쳐 전조작기 단계로 접어들어 상징과 정신적 표상능력이 급격히 증가하여 인지발달에 상당한 진전을 이루는 시기이다. 그뿐만 아니라 급격한 언어의 습득과 함께 사물을 내재화할 수 있는 능력이 생기고 보이지 않는 것을 기억하는 표상이 나타난다. 이 시기의 유아는 더 이상 실제적이고 구체적인 지각에 머무르기보다 상징을 사용하여 생각하기 시작한다. 그러나 아직은 위계적 관계나 속성, 사물 간의 분류 등 정신적 조작이 이루어지지 못하는 시기이다. 또한 물활론적 사고를 하며 꿈의 실재론, 도덕적 실재론 등의 특징을 지니고 있다.

유아기는 감각기관이 발달하고 경험의 범위가 확대되면서 지각능력이 향상된다. 일반적으로 유아는 주의가 산만하고 집중력이 결여되어 있으나 4~5세가 되면 주의집중 시간이 짧지만 선택적으로 주의를 집중하게 되며, 6세경이 되면 중추신경계의 성숙으로 주의집중력이 현저하게 발달하게 된다. 유아기에는 어떤 자극을 부분적으로 지각하는 단계에서 벗어나 전체적인 구성을 지각할 수 있게 되면서 지각된 내용에서 상호관련성을 알게 된다. 또한 보다 더 복잡하거나 인지체계로 지각한 내용을 조작할 수도 있다. 일상생활에서 만나는 주위의 여러 대상들을 변별할 수 있는 변별력이 발달하여 다양한 자극들이 지닌 공통의 특징이나 특성을 배워가는 개념이 발달한다. 그러나 아직 유아기의 인지발달은 제한적이어서 대체로 자아중심적이며 사물의 외양에 의해 지배되며 겉으로 드러난 특정 사실에만 초점을 맞추어 비논리적인 추론을 하며 주의집중력이 짧고 사물을 비체계적이고 불완전한 방법으로 탐색하는 특성을 보인다. 한편 3~4세가 되면 기억능력이 발달하게 되며 6세 이후가 되어야 효과적인 기억을 할 수 있다. 유아의 기억은 연령이 높아지면서 증가하고 기억의 흔적이 확대되고 분화되며 지속시간도 길어진다.

3) 언어발달

언어는 의사전달의 도구일 뿐만 아니라 개인의 사고와 밀접한 관계를 가지기 때문에 유아기의 언어획득과 발달은 중요한 의미를 지닌다. 유아기는 문법에 대한 규칙을 이해하고 적용할 수 있게 된다. 2세 이후부터 유아들의 어휘는 급속히 증가하면서 세 단어 이상의 문장을 말하기 시작한다. 언어가 풍성해짐에 따라 사회적 세계와 물리적 세계와 더 잘 협응할 수 있게 된다. 3세가 되면 유아들은 언어의 모든 요소가 통합되어 더 긴 문장으로 말하고, 문법적인 원리를 잘 파악하여 발전된 언어를 구사하게 된다. 어휘는 사용어휘와 이해어휘로 나누어 생각할 수 있다. 이해어휘는 사용어휘보다 빨리 발달하며, 사용어휘의 약 2배 정도이다. 사용어휘의 양은 1세를 전후해서 몇 단어에 불과하던 것이, 2세가 되면 약 200~300개 단어, 3세까지 약 1,000개, 4세 때는 약 1,500개, 5세까지 약 2,000~2,500개 정도이다. 이해어휘의 경우 6세 때는 5,000~6,000개 정도로 증가하는 것으로 추정된다(이옥형, 1997). 언어능력의 발달에 있어서 3~4세경에는 언어에 대한 계속적 탐구와 실험을 하는 시기로서 말하는 것을 즐기며 사물의 이름이나 새로운 낱말을 알고 싶어 한다. 5세경에는 부분적으로 글자를 읽고 책의 그림을 보며 실제 단어를 몇 개 사용하여 꾸며 말하기식으로 읽기도 하며 그림과 글자, 글자와 숫자를 변별할 수 있다. 6세 아동들은 타인에 대한 공격적인 도구로 말하기를 사용하며 지껄이는 것을 좋아하고 천한 말을 많이 사용한다.

유아의 언어발달은 개인차가 있으며 영향을 미치는 주요 요인으로는 다른 사람과의 상호작용, 사회계층, 성별 등을 들 수 있다. 유아는 다른 사람과의 언어적 상호작용의 기회가 많을수록 언어발달이 촉진되며 특히 어머니와의 상호작용은 유아의 초기 언어발달에 지대한 영향을 미치게 된다. 또한 사회계층이 낮은 유아가 높은 유아에 비해 언어발달 수준이 낮은 경향이 있으며 유아와 부모 간의 상호작용의 양과 깊은 관련이 있다.

4) 사회 · 정서 발달

유아기 동안 사회적, 정서적, 도덕적인 영역에서 상당한 진전을 보이게 되며 자신의 감정과 행동을 인식하고 조정하는 법을 배우기 시작한다. 이에 따라 자아에 대한 조직화된 정서감이 출현하기 시작한다. 그러나 이 시기의 유아들은 언어능력이 미숙한 상태이므로 자신의 감정이나 타인의 감정을 보다 명료하게 드러내지는 못한다. 유아기 초기에 정서는 매우 강력하게 나타나지만 일시적이다. 유아기는 감정표현을 폭발하듯이 강렬하게 한다. 화가 날 때 온몸을 사용해서 그 성냄을 표현하고 좋은 때는 깡충깡충 뛰면서 감정표현을 한다. 하지만 그 강렬함이 오래가지는 않고 금방 화를 내다가도 쉽게 풀어지며 금방 울다가 웃음을 터트리기도 한다. 이 시기의 정서유형으로는 기쁨, 분노, 질투, 애정, 호기심 등이 있으며 또한 유아는 상상력으로 인해 여러 가지 무서운 생각을 갖게 되면서 두려움이라는 새로운 정서를 갖게 된다. 특히 분노는 자기가 하려고 하는 일이 저지되거나 원하는 것을 가질 수 없거나 타인과 불리하게 비교되거나, 무엇을 강요당하거나, 자기의 체면을 손상시키는 것 등에 의해서 발성한다. 유아의 분노는 주로 떼쓰기로 표현되며, 3~4세 사이에 가장 심하게 나타나며 4세 경에는 공격적 행동으로 분노를 표시하고 5세 이후에는 공격적 언어로 분노를 표현하는 경우가 많다(유안진 · 김혜선, 1996).

또한 이 시기에는 타인에 대한 감정적인 적대적 공격성이 나타나게 되는데 공격성을 조절하고 이타적인 행동을 학습하는 일은 유아기의 사회 · 정서 발달에서 성취해야 할 가장 기본적인 과업 중의 하나다. 유아가 이타적인 행동을 하기 위해서는 다른 사람의 감정이나 정서 상태를 추론하고 공감하는 조망수용능력, 감정이입, 도와줄 적당한 행동을 선택하고 수행하기 위한 문제해결력을 가지고 있어야 한다. 이때 또래와의 상호작용은 중요한 학습의 기회를 제공하고 유아의 사회화 과정에 많은 영향을 주게 되는데 유아는 또래와의 사회적인 관계를 잘 유지하기 위해 자신의 충동을 억제하여 사회적으로 수용되는 방식으로 적절한 행동을 취할 수 있는 자아통제력을 증가시키게 된다. 또래 간 상호작용은 주로 놀이의 형태로 이루어지며 기능놀이, 구성놀이, 가상놀이, 규칙 있는 게임 등으로 이루어진다. 또한 유아기에는 초보적인 양심, 즉 부모를 동일시하는 과정에서 유아는 부모의 행동과 기대에 의하여 부모의 태도, 가치를 자기 것으로 내면화하면서 초자아를 발달시켜 나간다. 유아의 사회화는 또래들의 강화가 중요한 역할을 하며 때때로 또래가 모델이 되고 준거가 되기도 한다.

2. 사회복지실천과의 연관성

유아기의 발달에 있어 사회복지실천에서 특히 관심을 기울여야 할 부분은 선천적인 질병과 장애, 아동학대, 애착형성 등을 들 수 있다. 사회복지사는 선천적인 질병이나 장애를 가진 부모나 가족에 대한 지지적 서비스를 제공하여 부모의 고통과 가족 내의 갈등을 완화하고 조기치료를 할 수 있는 지원체계를 연결하여야 한다. 아동학대의 경우 아동에게 가해지는 신체적, 정서적, 성적 학대가 주를 이루며 아동학대 발생요인은 부모의 특성, 아동의 특성, 사회경제적 특성, 문화적 특성 등이 있다. 아동학대 문제의 예방과 해결을 위해서는 아동학대의 가능성이 높은 가정의 부모에 대한 아동학대 예방을 위한 홍보와 교육강화, 학대행위자 치료 및 개입 프로그램의 실시, 신고의무자의 신고강화, 아동보호전문기관의 기능 강화, 학대 피해아동에 대한 일시보호서비스와 치료 및 전문사례관리서비스 등이 이루어져야 하며 아동학대에 대한 인식을 제고하고 잘못된 양육방식에 대한 교육을 실시하여야 한다.

한편 잘못된 애착형성은 유아의 성격형성에 영향을 미치게 되며 이는 곧 후에 인간관계 및 사회생활에 부정적인 결과를 초래할 수 있기 때문에 주 양육자를 교육하고 상담하는 프로그램이 필요하다. 더불어 유아가 만족하고 안정적인 경험을 할 수 있는 놀이지도, 부모상담, 정서발달 교육 등의 전문적인 개입이 필요하다.

Chapter 05 아동기

아동기는 초등학교 재학 중 및 그 전후의 연령에 해당하는 7~8세부터 12세까지이다. 이 시기는 영유아기의 급속한 신체발달이나 제2의 성장급등기인 사춘기의 성장과 비교해 보면, 비교적 완만한 편이지만 급격한 환경변화에 적응하여야 하는 발달과업이 존재한다. 즉, 학교에 입학하게 되면서 대인관계와 개인의 발달에 영향을 받게 된다. 아동은 아동들이 속한 문화를 배우고 또래집단을 형성하게 되며, 가족 이외에 최초로 가장 친밀한 집단을 형성한다.

1. 발달적 특성

1) 신체 · 운동 발달

아동기 중기의 신장과 체중은 아동기 초기에 비교해 보면 다소 느리지만 꾸준한 속도로 이루어진다. 아동기 말이 되면 제2차 성장급등기라 할 수 있는 사춘기로 인해 신장이 급격히 증가하게 된다. 학령기 말쯤 되면 여아의 신장과 체중이 남아보다 다소 앞서기는 하지만, 남아와 여아 모두 신장과 체중이 증가하기 시작한다. 이 시기에는 새로운 운동기능의 발달은 없지만 이미 획득한 운동기술이나 근육의 협응이나 정교화가 이루어진다. 따라서 젓가락 사용, 섬세한 작업을 요하는 만들기와 종이접기, 미술활동, 단체운동 등에 이르기까지 매우 다양한 범위에서 적극적인 활동이 이루어진다(하정미 외, 2009). 또한 남아와 여아 모두 학령기 말이 되면 힘과 체력이 두 배로 증가하게 되고, 근육 조정력이 증가되어 자세 또한 좋아진다. 아동 성숙을 잘 보여주는 지표로 신장에 비해 머리둘레, 허리둘레가 작아지고 다리길이가 길어진다. 일반적인 외적 성장 외에 신체기관들의 골격구조와 신체 각 부위의 성장은 적절한 비율로 성장하여 전형적인 아동의 모습을 보인다.

아동기의 신체 및 운동 발달은 자아개념의 한 부분인 신체상(body image)을 갖게 한다. 이 시기의 아동은 자기 자신의 신체적 특징을 또래와 비교하여 신체상을 가지게 된다. 즉, 이 시기의 아동은 스스로 운동기술을 다른 아동의 운동기술과 비교하여 평가하므로 운동발달이 자아개념과 또래와의 관계에 중요한 영향을 미친다. 실제로 자신의 운동기능이 뛰어나지 못하다고 생각하는 아동은 자신에 대해서 긍정적인 자아개념을 갖지 못하는 경향이 있다. 그뿐만 아니라 이러한 아동은 자신의 어설픈 운동기능으로 인해 창피를 당할까 봐 스포츠 게임이나 활동에 아예 참여하지 않는 경향이 있다. 따라서 성장기 아동 모두는 규칙적인 운동과 충분한 경험을 할 수 있는 기회를 많이 가져야 한다. 조정력과 발육을 증가시키는 활동으로 달리기, 줄넘기, 수영, 롤러스케이트, 자전거타기 등이 있다. 발달과정에서 근육발달과 긴장력, 평형과 조정력의 증가, 힘과 지구력의 증진, 신체기능과 대사과정을 증진시킬 수 있는 운동은 필수적이다.

그러나 스포츠와 관련된 운동기술은 학습에 의해 습득하지만 힘, 스피드, 유연성 등의 운동능력은 선천적으로 타고난 특성이 강해서 아동들의 운동능력에 개인차가 크게 존재하게 된다. 개인차를 결정하는 신체조정력은 특히 유아기의 신경발달과 밀접하게 관련되어 있으므로, 유아기 동안 신체운동을 얼마나 다양하고 지속적으로 경험하느냐에 따라 아동기의 신체조정력과 운동능력은 영향을 받게 된다(박대근, 2004). 성차의 경우 남아는 운동기능의 발달에 필요한 신체활동을 더 많이 하여 성장기 동안 계속해서 운동기능이 발달하는 반면, 여아는 13세경에 최고조에 이르고 이후에는 조금씩 쇠퇴하거나 기존 능력을 유지하는 것으로 그치게 된다. 운동기능의 성차는 사춘기가 가까워지면서 더욱 커지게 되는데, 남아는 여아에 비해 힘과 공 등을 조작하는 전체운동기능이 더 발달하고, 여아는 남아보다 유연성과 미세운동기능이 발달하게 된다.

아동기에는 중추신경계의 수초화가 증가하면서 미세운동기능도 증가하게 되어 복잡한 예술적 기술 또한 발달하게 된다. 손기술은 학령기가 시작되면서 잘 발달되어, 아동기가 되면 쓰기와 그리기에 빠른 발전을 보인다. 또한 이 시기에는 취미생활의 창조적 활동인 도예나 수예, 목공예, 구슬공예, 악기연주, 종이접기 등을 통해 자신의 능력을 발휘하기도 한다.

2) 인지발달

아동기에는 지적 기능이 분화됨에 따라 객관적인 지각이 가능해지며 유아기에 발달한 운동지각은 아동기에는 점차 공간지각으로 전환되어 간다. 또한 시간지각에 있어서 8세경이 되면 과거·현재·미래를 정확히 구분하고 한 시간·하루·한 달 그리고 일 년 등의 시간에 대해서도 정확히 이해할 수 있게 된다. 또한 아동기는 자기중심적 사고에서 벗어나 가역적 사고가 가능해지며 조합기술을 획득하며 더하기, 빼기, 곱하기, 나누기와 같은 셈을 할 수 있으며 대화를 통해서 정보를 교환하고 다른 사람의 입장에서 말하는 것을 배우게 된다.

연령이 증가하면서 기억의 발달 또한 점차 증가하면서 주의집중 능력이 향상된다. 연령이 증가하면서 기억능력이 증가하는 이유는 기억용량이 증가하고 기억폭이 증가하면서 기억방략이 발달하기 때문이며 주의집중력은 중추신경계의 성숙으로 인해 증가하게 된다. 즉, 주의집중을 관장하는 망상체(reticular formation)는 사춘기가 되어서야 완전히 수초화된다는 것이다. 아동기에는 과제수행과 무관한 자극은 무시하고 관련된 자극에만 주의를 집중하는 선택적 주의를 하게 되고 상황에 따라 융통성 있게 주의집중을 하며 행동에 앞서 먼저 계획을 세우는 등의 주의전략을 사용한다. 또한 아동기에는 시연, 조직화, 정교화, 인출전략 등 다양하고 효율적인 기억전략을 사용하게 되는데 이러한 발달은 아동의 학습에 중요한 요인이 되며 확장된 지식기반을 통해 기억을 더 잘 할 수 있도록 한다. 또한 인지양식(cognitive style)이 나타나기 시작하여 어떤 아동은 주어진 문제에 곧바로 답을 하는가 하면, 또 다른 아동은 한참 생각한 후에 답을 하기도 한다. 이러한 인지양식은 아동의 성격을 반영할 뿐만 아니라 아동의 인지적 수행에 영향을 미친다.

3) 언어발달

아동기는 언어를 자신의 의사소통의 도구이자 학습의 도구로 인식할 정도로 현저하게 발달한다. 이 시기에는 어휘능력이 뛰어나 학령기 아동들은 보다 많은 단어를 학습하게 되고 길이가 길고 문법적으로 복잡하나 문장을 이해하고 사용할 수 있게 된다. 동시에 타인과의 의사소통 기술도 대상에 따라 그리고 맥락에 따라 보다 세분화된다. 또한 아동기 동안에는 음성학적 발달이 이루어져 아동이 개개 자음과 모음을 구분하고 그 발성적 특징을 이해하게 되며 각각의 낱말의 의미를 획득해 간다. 언어발달을 연령별로 살펴보면 7세 아동들은 불평의 표현이 많고 목소리 조절이 가능해지며 8세 아동들은 언어발달이 활발해져 성인과 비슷한 발음을 낼 수 있으며, 9세 이후가 되면 말이 하나의 도구로 본격적인 언어능력이 발달하게 된다. 각 학년에 따라 특수한 능력구조를 갖게 되며, 1~2학년은 문장력, 3~4학년은 발표력과 문법능력, 5~6학년은 독해력 등이 발달하게 된다.

4) 사회 · 정서 발달

아동기는 정서적 안정기로 정서적 통제와 분화된 정서표현이 가능해진다. 이 시기의 대표적인 정서는 공포감과 분노이며 공포감은 상상적 · 가상적인 것, 비현실적이고 초자연적인 것에 대한 공포가 많아진다. 분노는 아동기에 접어들어 사회적 관계범위가 넓어지면서 빈번하게 발생하게 되나 분노의 감정을 통제하거나 간접적인 방법으로 표현할 수 있는 정서적 통제가 가능하다. 사회적 관계는 학교, 또래관계로 점점 확대되기 시작하며 아동은 부모에게 감정적으로 덜 의존하게 된다. 학교에서 환경과 문화에 대한 지식을 배우며 여러 가지 경험을 통해서 자신의 능력에 대한 자아개념을 획득하게 되고 자신에 대한 평가내용에 따라서 긍정적 혹은 부정적인 성격을 형성하게 된다. 또한 학교는 아동의 사회성 발달에 지대한 영향을 미치게 되는데 수업과 지도, 상과 벌에 의한 사회적 강화, 주로 아동의 능력과 성취에 입각한 사회적 비교 등이다(Rosenberg,

1975). 또 다른 학교의 중요한 의미는 같은 나이의 또래들과 접촉하고 관계를 유지할 수 있는 기회를 제공하는 것이다. 아동들은 학교를 통해 친구들과 사귈 수 있는 기회를 가지게 되면서 우정의 개념이 발달된다. 우정은 서르에 대해 친근감, 애정, 충성심을 갖는 또래 간의 지속적인 상호작용 관계를 뜻한다. 여아와 남아의 우정의 의미를 보면 여아는 정서적 친밀감과 신뢰감이 중요한 역할을 하며(Buhrmester & Furman, 1987; Bukowski & Kramer, 1986) 강렬한 감정과 친밀감이 강조되기 때문에 관계에서 긴장, 질투, 갈등을 경험하며 이러한 경험은 친구로부터의 거부와 배신에 대한 두려움에서 온다(Miller, 1990). 한편 남아는 운동경기를 함께 하거나 관람하는 등과 같은 활동을 함으로써 친밀감을 형성한다. 데몬드(Demond, 1977)는 아동기 우정개념 발달을 〈표 5-1〉과 같이 제시하였다.

〈표 5-1〉 아동기의 우정개념 발달

단계수준	내 용
수준 1 : 5~7세 정도	친구는 장난감을 주는 등 자신에게 잘해주며 자주 만나 재미있게 노는 상대임. 우정관계는 쉽게 시작되고 빨리 끝나는 일시적인 관계임
수준 2 : 8~10세 정도	친구는 넘어지면 일으켜 주는 것과 같이 서로 돕고 신뢰하는 대상임. 단순히 함께 노는 것뿐만 아니라 공부를 잘하거나 성격이 좋은 것 등 어떤 특성이나 요인 때문에 친구를 좋아함
수준 3 : 11세 이후	친구는 서로 이해하고, 자신의 어려움을 이야기할 수 있으며 마음속의 생각과 감정을 나눌 수 있는 대상임. 우정은 흥미나 성격이 서로 일치하는 데 바탕을 둔 장기적이며 지속적인 관계임

한편 핸드폰 사용연령이 아동기로 내려오게 되면서 일상생활이 되고 있는 핸드폰을 이용한 여러 대중매체와의 접속과 중독, TV 시청을 비롯한 인터넷 사용과 관련된 여러 문제들, 별다른 규제 없이 쉽게 구입할 수 있는 성인잡지와 포르노그래피, 일상생활에서 흔히 볼 수 있는 성매매와 관련된 유흥문화의 광고지 등 대중문화가 아동에게 미치는 영향은 많은 장점과 함께 아동들의 정서

에 위협을 줄 수 있는 다양한 문제를 야기하고 있다(하정미 외, 2009). 이러한 매체들을 교육적으로 잘 활용하면 아동의 학습 및 인지기능의 향상에 도움이 될 수 있으나 그렇지 못할 경우에는 아동들의 정서에 위협을 줄 수 있는 다양한 문제를 야기할 수 있다.

2. 사회복지실천과의 연관성

사회복지실천에서 관심을 가져야 할 부분은 행동장애, 학습장애, 결식아동, 대중매체, 학교폭력 등을 들 수 있다. 행동장애는 억압된 감정을 무의식적으로 행동화하는 것으로 거짓말, 도벽, 가출, 방화, 무단결석 등의 다양한 문제를 일으킬 수 있다. 이러한 행동장애는 가족, 교사 및 또래의 협조를 바탕으로 단순한 훈련이나 심리치료를 통해 치료할 수 있으므로 이러한 행동장애가 반사회적 행동으로 발전하지 않도록 사회복지사는 각별한 관심을 기울여야 할 것이다(장수한 외, 2008).

학습장애는 아동기에 읽기, 쓰기, 셈하기 등의 기술을 익히는 데 문제가 나타나는 장애로 뚜렷한 신체적인 이상이나 정서장애가 있는 것이 아니라 뇌가 정보를 받아서 처리하거나 사용하는 방식에 문제가 나타나는 증상이다. 따라서 이러한 아동들이 조기에 적절한 치료를 받을 수 있도록 사회복지사들은 정보제공과 상담 그리고 자원연결 등의 도움을 제공해야 한다.

한편 적절한 사회적 지원과 영양공급을 제대로 받지 못하고 있는 결식아동에 대한 적절한 지원이 필요하다. 빈곤층 가정에서의 아동은 신체적 성장에 필수적인 영양공급이 적절히 이루어지지 못하며 신체발달 및 사회심리적인 문제가 발생되기 쉬우며 특히 결식아동의 경우에는 집단따돌림의 가능성도 배제할 수 없다. 이뿐만 아니라 아동의 자존감이 낮아질 우려가 있어 이러한 아동에 대한 관심이 더욱 요구된다. 따라서 빈곤층 아동을 위한 사회보장과 개인상담 및 아동의 부모를 대상으로 한 가족치료, 학교사회사업적 개입, 또래 아동과의 집단치료 프로그램의 실시 등의 사회복지서비스가 필요하다.

아동의 발달 특히 사회성 발달에 크게 영향을 미칠 수 있는 TV와 컴퓨터는 일반적으로 아동의 학습의욕을 저하시키고 공격성을 증가시키며 또래와의 상호작용이나 가족 간의 유대를 약화시킬 수 있다. 반면 인지발달의 측면에서 TV는 필요한 지식과 정보를 제공하여 학습능력을 높이는 데 기여하고 있으며(최경숙, 2001), 행동발달 측면에서는 아동에게 친사회적 행동을 증가시키기도 한다. 따라서 대중매체의 장점을 살리고 부정적인 영향은 긍정적인 대책과 통제할 수 있는 방안을 마련할 수 있도록 노력해야 할 것이다.

한편 학교폭력이란 학교 내외에서 학생을 대상으로 발생한 상해, 폭행, 감금, 협박, 약취·유인, 명예훼손·모욕, 공갈, 강요·강제적인 심부름 및 성폭력, 따돌림, 사이버 따돌림, 정보통신망을 이용한 음란·폭력 정보 등에 의하여 신체·정신 또는 재산상의 피해를 수반하는 행위를 말한다(「학교폭력예방 및 대책에 관한 법률」 제2조 제1호, 2014). 최근 정부나 기관에서는 학교폭력의 심각성을 인지하고 있으며 학교폭력 예방에 대한 관심이 증대되고 있다. 이러한 학교폭력근절을 위해서 부모, 교사, 또래집단에 대한 개입은 필수적이며 집단따돌림이나 학교폭력 피해아동의 치료와 지원을 위하여 교사와 또래집단을 대상으로 한 적극적인 학교 사회복지적 개입과 집단 사회복지적 접근, 아동의 가족에 대한 상담과 치료가 요구된다(권중돈, 2014).

Chapter 06 청소년기

청소년기는 아동기에서 성인기로 전환하는 과도기이자 '제2 성장급등기'라 할 만큼 다양한 면에서 급격한 변화가 일어난다. 청소년에 대한 정확한 연령 구분이 이루어지지 않아 본 서에서는 만 13세부터 만 19세까지를 청소년기라 규정하고자 한다. 이 시기는 인간의 발달단계에서 가장 격정적이고 불안정한 단계로 신체적인 성장은 물론 인지적 발달이 이루어져 형식적 조작사고를 할 수 있게 되며, '질풍노도'의 시기라고 할 만큼 정서적으로도 변화가 심하다. 또한 가족과의 갈등과 교우관계 등 사회적인 면에서 급격한 변화를 나타낸다. 청소년기는 성인기의 독립적인 삶에 필요한 지식과 능력을 쌓아가는 시기이며, 재생산 능력을 갖추고 사회인으로서의 기능을 갖기 위한 마지막 준비 단계라 할 수 있다. 따라서 아직은 성인의 역할과 책임에서 벗어나 있는 심리사회적 유예기간이기도 하다.

청소년기는 사춘기(puberty)라 불리기도 하는데 주로 행동적·문화적 측면에서 성숙하는 시기로 신체적 성숙뿐만 아니라 심리적·사회적으로 의존에서 벗어나 독립과 책임을 수용하는 단계를 말한다.

프로이트(Freud)는 청소년기를 심리성적 발달단계 중 마지막 단계인 생식기로 구분하였는데 아동기에 잠복되어 있던 성적 에너지가 증가되어 성적 쾌락을 추구하는 원초아와 초자아의 균형을 조절하는 자아의 기능이 불가피하게 변화됨을 강조하였다. 에릭슨(Erikson)은 청소년기의 심리적 특성을 '자아정체성' 대 '자아정체성 혼란'으로 정리하였고, 피아제(Piaget)는 인지발달의 마지막 단계인 형식적 조작기로 규정하여 구체적 대상이 없이도 형식논리에 의해 사고를 전개할 수 있는 형식화와 가설검증, 추상적 사고, 연역적 추론이 가능한 시기로 보았다.

청소년기는 급격한 사회적 변화와 발달과업으로 인해 자아정체감과 문화에 대한 혼란 등을 경험하지만 반면 많은 가능성을 가지고 미래를 위한 수많은 결정을 해야 하는 중요한 시기로 이에 대한 사회복지적 개입 또한 매우 중요하다.

1. 발달적 특성

1) 신체적 발달

청소년기의 신체적 발달은 신장과 체중 등 급격한 외적 성장과 더불어 운동능력이 발달하고 성호르몬의 분비가 증가하면서 생식능력이 갖추어지는 성적 발달에 주요 특징이 있다. 성장급등(grow spurt) 현상은 여자가 10~12세경에, 남자가 12~14세경에 나타나 여자가 남자보다 2년 정도 앞선다. 이후 성장급등 현상은 2년 정도 지속이 되며, 신장이 급속히 커지고 나서 체중의 증가가 이루어진다. 청소년기의 신체적 성장은 여자가 16세경, 남자는 19세경에 정점에 이르고 남녀의 체형이 다르게 변모하고 신체적으로 성숙해진다. 이때 남자는 안드로겐(androgen)이라는 남성호르몬으로 인해 어깨가 넓어지고 근육이 발달하여 남성다운 외모를 갖게 되는 반면 여자는 에스트로겐(estrogen)이라는 여성호르몬으로 인해 어깨는 좁아지고 골반부위가 넓어지며, 피하지방이 발달하여 여성다운 외모를 갖게 된다(이근홍, 2013 : 97-98).

청소년기 운동능력의 발달은 근육의 발달과 밀접하게 관련되어 있는데 남자 청소년은 여자 청소년보다 근육조직이 더 많이 증가하고 근육의 힘도 강해지기 때문에 체력이 더욱 우세하다. 남자 청소년은 여자 청소년에 비해 속도, 기민성, 균형잡기, 던지기, 뛰기 등의 전신운동기술이 더 많이 발달하지만 여자 청소년은 사춘기가 되면 아동기보다 운동력이 오히려 줄어드는 경향이 있다. 이러한 남녀 청소년의 차이는 근육, 심장, 폐 등 내부기관 발달의 차이나 여자 청소년의 월경에 수반되는 전신적 변화뿐만 아니라 사회적 관습의 제약, 신체적 미에 대한 관심의 차이, 성격적 특성 등 다양한 요인 때문이다(권중돈 · 김동배, 2008 : 114). 청소년기의 운동능력 발달은 개인적 만족은 물론 사회적응에 중요한 원동력이 되며, 집단 내에서 우위를 확보하는 데 절대적인 역할을 한다. 이로 인해 성격이 활달하고 모든 일에 자신감을 가지며, 긍정적 자아개념을 가지게 한다. 그러나 운동능력의 지연은 긴장감과 열등감, 낮은 자존감, 부정적인 자아개념을 갖게 할 수도 있다. 즉, 청소년기 운동능력의 발달은 가정생활, 학교생활 및 사회생활의 적응과도 밀접하게 관련되어 있다(이근홍, 2013 : 99).

그리고 청소년기의 가장 특징적인 발달 중의 하나는 성적 성숙이다. 이로 인해 청소년기를 간혹 사춘기로 특징지어 부르기도 한다. 성적 성숙은 일차성징(primary sex characteristics)과 이차성징(secondary sex characteristics)으로 나누어진다. 일차성징은 성이나 생식기능과 직접 관련된 것으로 여자에게는 자궁, 난소, 질의 발달을 의미하고, 남자에게는 음경과 전립선의 발달을 의미한다. 이차성징은 성을 구별 짓기는 하지만 직접적인 생식기능과는 연관되지 않은 것으로 생리, 가슴의 발달, 체모, 목소리의 변화, 몽정 등을 포함한다. 청소년기에는 성적으로 충분히 성숙되기 때문에 성적 충동에서 성인과 비슷한 경향을 나타낸다. 여자 청소년에게 성적 표현은 주로 애정과 친밀감을 표현하는 수단으로 남자 청소년들은 성적 표현의 한 방법으로 자위행위를 경험하는데 이것은 지극히 정상적이다. 청소년기는 성적 성숙에 비해 실제적으로 성과 관련된 정확한 지식이 부족하고 개방적인 사회분위기로 인해 많은 문제가 발생하기도 한다(최옥채 외, 2014 : 230).

그리고 청소년기는 그 어느 발달단계보다 신체 이미지가 자아존중감에 중요한 영향을 미치는 시기이다. 특히 남자 청소년보다 여자 청소년의 경우 자신의 신체에 대해 비판적이고 불만족스러워 하는 경향이 많다(장수한 외, 2014 : 80).

2) 심리적 발달

청소년기에는 급격한 신체적 변화와 성적 성숙으로 인해서 심리적으로도 격렬한 변화를 경험하고 성숙 속도에 따라서 심리적 적응상의 문제가 생기기도 한다. 이러한 특성으로 이 시기를 질풍노도(storm and stress)의 시기라고도 한다.

청소년기에는 사고와 판단능력의 확대로 폭넓은 지식을 빠른 시간 내에 축적할 수 있다. 피아제(Piaget)의 발달이론에 의하면 아동기의 구체적 조작적 사고에서 형식적 조작적 사고로 전환되는 형식적 조작기(formal operational stage)에 해당이 된다. 형식적 조작기의 사고는 경험해 본 적이 없는 사실에 대하여 가설을 세우고 체계적이고 종합적인 사고를 통해서 인과관계를 추론할 수 있는 연역적 사고를 할 수 있고 지각과 경험에 의존하기보다는 논리적이고 분석적인 사고를 통해서 어떤 문제를 객관적으로 파악하여 적절한 해결방법을 찾아낼 수 있게 된다.

청소년기에는 인지적 성숙과 자아의 발달로 자기 자신의 도덕적 개념을 스스로 형성해 나간다. 청소년들은 높은 이상을 가지고 있고 자신의 이상을 타인들로부터 인정받고 싶어 하며, 스스로 설정해 놓은 자신의 표준에 따라서 행동하려는 경향이 있다. 따라서 자신이 설정한 도덕적 표준에 도달하고자 강박적으로 행동하며, 다른 사람과 사회 또한 자신의 표준에 도달해야만 만족하게 된다. 도덕과 인지의 발달은 부모세대의 모순과 사회적 제도에 대한 의문을 증폭시키고 권위에 반항하는 청소년기의 특성을 표현한다. 이때 부모로부터 독립하고자 하는 욕구와 결합하면서 부모의 이상에 지나치게 반박하고 여러 갈등을 유발하기도 한다(장수한 외, 2014 : 83).

또한 청소년기에는 사회인지도 발달한다. 사회인지란 다른 사람이 어떤 생각을 하고 있는지, 어떤 감정을 가지고 있는지, 그 의도는 무엇인지 등과 같은 타인과의 사회적 관계를 이해하는 능력을 말한다. 청소년기에는 자신과 사회적 관계를 고려할 수 있는 능력이 발달한다. 그들은 보다 정확하게 타인의 느낌이나 사고 또는 의도를 추론하기 시작하며, 인지적 성장에 따라 자신의 생각은 물론 타인의 생각을 보다 잘 인식할 수 있게 된다(김태련 외, 1996). 사회인지는 청소년의 자아중심성에 의해 방해를 받기도 한다. 청소년은 자신의 독특한 세계와 타인의 보편적인 세계를 구분하지 못하고 자신이 특별한 존재라는 착각에 빠져 자신에 대한 강한 자의식을 보인다.

3) 사회적 발달

청소년기의 사회적 발달 측면에서 가장 큰 변화를 보이는 영역은 대인관계의 발달이다.

(1) 친구관계

청소년기가 되면서 우정이 가족 간의 애정보다 더 중요하다고 여기고 부모와 성인보다는 또래들의 지지와 이해를 더 필요로 하며, 이러한 또래로부터의 지지와 이해를 통하여 사회성이 발달한다. 또래집단은 소속감, 연대감, 지지, 수용 등에 긍정적인 요인으로 작용하고 규범과 행동기준을 제공하여 이를 준수했을 때 집단으로부터 인정과 지지를 받는다. 또한 이 시기 우정은 타인에 대한 배려, 이해 등 사회적 기술 습득의 기회를 제공한다.

청소년기 초기에는 아직도 동성의 관계가 중요하지만 이 시기에 이성관계가 새로운 관심의 대상이 되기 시작한다. 청소년기는 성적 발달이 급격하게 이루어지는 시기인 만큼 이성에 대한 관심이 높아 근접성이 높은 이성 또래에 대해 지대한 관심을 보인다. 우리나라 청소년의 경우 아직도 청소년기의 이성교제에 대해 부정적 시각이 남아있고 학업부담으로 인한 시간부족 등으로 이성교제의 기회가 상대적으로 제한되어 있다. 그러나 최근 들어서는 청소년의 이성교제가 유연성 있게 받아들여지고 있는 실정이고 청소년기에 이루어지는 이성교제는 인생의 동반자를 찾는 것이 아니며 대체적으로 정신적 사랑에 머물러 있는 경우가 많다(김동배 · 권중돈, 2005 : 119).

(2) 가족관계

청소년기에는 신체적 · 성적 성숙과 자아정체감을 확립하려는 시도와 함께 가족관계 속에서도 주목할 만한 변화를 가져온다. 특히 청소년의 경우 가족으로부터의 지지, 보호, 지도가 필요한 동시에 자기 충족과 독립을 준비하는 단계로 불가피하게 가족과의 갈등이 유발되며, 청년기가 되면 본격적으로 부모로부터 독립하려 한다.

청소년은 부모의 보호로부터 벗어나 독립적으로 행동하기를 원하는데 이는 자기 자신과 친구에게 의존하기 시작하면서부터 두드러진다. 청소년은 독립된 인격체로서 부모에게 대우받기를 원하며, 자율성을 추구하고자 하는 욕구가 강해진다. 또한 신체적으로 성장하면서 부모의 물리적인 처벌이나 통제에 맞서기도 하며, 인지발달로 인하여 부모가 제시하는 규칙이나 가치관에 대해 의문을 제기하기도 한다.

반면 부모의 경우에는 청소년의 성장하는 모습을 보면서 자신의 역할을 다하고 있다는 기쁨과 함께 부모로서의 책무를 다하고자 청소년에게 부모의 관점에서 정한 규칙이나 가치관을 주입하고 꾸준히 통제를 가하고자 한다. 그리고 한편으로는 자녀들로부터 거절당하는 느낌을 동시에 가지게 된다.

청소년은 자율성과 부모와의 애착이나 통제 사이에서 균형을 유지해야 하는 새로운 과제에 직면하게 된다. 이러한 과정에서 부모와 청소년 자녀 사이에 갈등이 존재하며, 이것은 청소년의 독립성과 자아의 확립을 위해 필요한 부분이기도 하다. 갈등은 청소년에게 도덕적 규칙, 태도, 관념, 가치관 등에 대한 의문을 제기하게 하며, 그 결과 자신과 세계에 대한 보다 나은 이해를 획득하도록 한다는 것이다(이근홍, 2013 : 110 재인용).

청소년이 자아정체감 달성과 독립성, 자율성을 성공적으로 획득하기 위해서는 부모와 가족의 태도가 중요하다. 부모는 아동기와는 달리 보호자로서의 역할을 재정립하고 안정된 가정생활을 영위하면서 자녀가 겪고 있는 생애주기적 변화에 따른 사고체계와 정서적 특성 등을 잘 이해하고 의사소통의 기회를 확대하여 서로 간의 차이를 발견하고 슬기롭게 대처해 나가야 한다. 또한 부모는 일관성을 가지며, 민주적이고 합리적으로 자녀를 통제하여야 한다.

2. 청소년기와 정체감

1) 정체감

에릭슨(Erikson, 1959)은 자아정체감이라는 용어를 가장 먼저 사용하였고 '내적으로 축적된 확신'이라고 하면서 청소년기의 주요 발달과업이 자아정체감을 형성하는 것이라고 하였다. 자아정체감(ego identity)은 자신의 독특성에 대한 비교적 안정된 느낌을 갖는 것으로 행동이나 사고 혹은 정서의 변화에도 불구하고 변화하지 않는 부분이 무엇이며, 자신이 누구인가를 아는 것이다. 자아정체감을 지닌 사람은 개별성, 통합성, 지속성을 경험한다. 개별성은 가치나 동기, 관심을 타인과 공유하더라도 자신은 타인과 구별되는 고유한 존재라는 것을 인식하는 것을 말하며, 통합성은 자신의 욕구, 태도, 동기, 행동양식 등이 전체적으로 통합되어 있다는 느낌이며, 지속성은 과거, 현재, 미래로 시간이 경과해도 자신은 동일한 사람이라는 것을 인식하는 것이다(이종복 외, 2007 : 117 재인용).

에릭슨의 정체감에 대한 개념은 마르시아(Marcia, 1966)에 의해 발전하였는데 청소년기의 정체감 상태는 네 가지로 분류된다.

(1) 정체감 달성

정체감 달성(identity achievement)은 자신의 이상이나 직업을 위한 강력한 노력을 기울임으로써 자신의 욕구를 해결하고 있는 상태이다. 삶의 주체성과 생활의 안정감, 개인 내적 신념체계에 대한 믿음과 일관성 등을 갖는 것을 말하며, 대표적인 특징은 성실성이다. 즉, 목적의식이 뚜렷하고, 성취 욕구가 뛰어나고, 반(反)권위적이며 보다 현실적이고 원만한 대인관계를 유지한다.

(2) 정체감 유실

정체감 유실(identity foreclosure)은 가치와 직업, 개인 이념 등에 관여는 하고 있지만 위기의식은 없는 상태이다. 어떠한 어려움과 불안 없이 성인기로 들어서고 직업과 가치에 대한 결정을 스스로 하는 대신에 권위적인 부모가 이미 오래 전에 결정해 놓은 상태이다. 외형상으로는 안정된 상태처럼 보이나 내적으로는 미성숙 상태에 있다고 할 수 있다.

(3) 정체감 혼란

정체감 혼란(identity diffusion)은 인생의 방향을 결정하는 데 심각한 어려움을 보이며, 이러한 위기를 해결하지 못한 경우이다. 미래를 위한 가치나 계획, 태도를 형성하기 위해 어떤 노력도 기울이지 않는 상태로 자기 존재와 삶에 대해 궁극적인 질문을 던지고 그 해답을 찾기 위해 방황하는 것이 대표적 특징이다.

(4) 정체감 유예

정체감 유예(identity moratorium)는 일종의 정체 시기이고 지불유예 시기로서 관여는 거의 이루어지지 않지만 위기상황을 경험하고 있는 상태이다. 자신의 가치와 이상, 신념을 탐색하기 시작하는 상태로 정체감 형성에 대한 욕구를 경험하고 있다. 그러나 아직 적극적인 노력이 부재한 상태이다. 자신이 어떠한 능력이 있고 자신에게 무엇이 적합한지 아직 결정하지 못한 상태이다. 즉, 자기 삶의 주체성과 독립성을 주장하기에는 무언가 불안하고, 또 자신감도 없는 까닭에 아동도 아니고 성인도 아닌 어중간한 청소년으로서의 특권을 계속 유지시켜 나가고자 한다.

에릭슨은 일관성 있고 동질적인 사회(가족)에서 자란 사람들은 정상적인 정체감, 즉 문화의 기대와 가치에 적합한 정체감을 형성하기 쉬우므로 안정적이고 일관성 있는 환경이야말로 정체감 형성에 있어 매우 중요한 요소라고 하였다.

2) 성역할 정체감

성역할 정체감은 개인 정체감의 한 부분으로서 사회가 그 성에 적절하다고 인정하는 특성이나 태도를 동일시하는 것을 의미한다. 따라서 남성은 그 사회가 여성적 특성이라고 보는 감정표현을 수치스러워하고 여성에게 성적 매력을 느끼거나 이를 표현하는 데에 거침이 없고 공격적이며, 경쟁적인 작업을 수행하는 것에 익숙하도록 사회화된다. 반대로 여성은 정서적이고 관계 지향적이며, 타인에 대한 배려를 우선시하고 일보다 가사에 더 많은 관심을 갖도록 사회화된다. 이처럼 사회적으로 규정하고 있는 성역할을 정형화된 성역할이라 한다(장수한 외, 2014 : 88-89).

맥캐먼(McCammon)은 정형화된 성역할은 여성과 남성 모두에게 몇 가지 점에서 불리하다고 하였다. 우선 여성에게 불리한 점은 ① 전통적인 여성의 역할은 교육체계와 직장에서 남성과 다른 불리한 대우를 받게 한다. ② 여성에게 전통적인 성역할은 부정적인 자기개념을 갖게 하여 직업에서의 성취를 방해받게 한다. ③ 사회적 계층과는 상관없이 직장을 다니는 여성들은 남성들보다 상대적으로 더 많은 시간과 에너지를 가사와 자녀양육에 보내기 때문에 직장 일에 덜 공헌하고, 결혼 만족도도 여성이 더 낮다. ④ 전통적인 성역할은 여성으로 하여금 스스로를 남성들의 관점에서 평가하게 한다. 즉, 외모와 신체에 중점을 두어 자신의 가치를 평가하게 한다.

또한 남성에게도 다음과 같은 점에서 불리하다. ① 일을 통해 정체감을 확립하여야 한다는 사회적 압박은 직업에서의 낮은 위치가 인간으로서의 낮은 위치를 의미하는 것으로 받아들여야 하는 압박감을 준다. ② 정형화된 전통적인 남성의 역할은 감정을 표현하지 않는 것을 남성다움으로 보기 때문에 여성에 비해 상대적으로 사람에 대한 친밀감을 갖기 어렵다. ③ 전통적인 남성의 역할이 성취, 경쟁, 감정의 억압을 강조하므로 이러한 스트레스가 신체적 건강을 해칠 뿐만 아니라 흡연이나 음주를 하게 함으로써 수명이 짧아진다.

무엇보다 정형화된 성역할은 인간이 근본적으로 양성(兩性)성임을 부정하여 다른 성역할을 통한 창조성과 개성을 방해한다. 따라서 정형화된 성역할보다 자신의 개성과 능력에 가까운 역할을 융통성 있게 사용하여 보다 창조적인 역할을 수행하도록 할 필요가 있다(최옥채 외, 2014 : 238-239).

3. 사회복지실천과의 연관성

아동기에서 성인기로 전환하는 과도기에 있는 청소년기의 사회복지개입은 실천적인 의미가 강하다고 볼 수 있다. 청소년기의 발달에 있어서 사회복지실천에서 관심을 기울여야 할 영역은 대표적으로 비행, 집단따돌림, 자살, 인터넷 중독 등을 들 수 있다.

첫째, 청소년 비행은 도덕적 · 사회적 · 법률적 측면에서 옳지 못한 행위를 광범위하게 일컫는 말로 법령에 위배되는 행위를 하거나 보호자의 정당한 감독에 맞서거나 가출, 음주, 흡연, 폭력, 흉기소지, 원조교제, 성폭력, 청소년 유해

업소 출입, 약물남용 등이 이에 해당된다. 청소년 범죄는 아직도 중요한 사회문제 중의 하나로 원인은 대개 성격적 요인, 사회구조적 요인, 지역사회 요인 및 사회변동 요인으로 나누어 볼 수 있다. 청소년 비행을 예방하기 위해서는 우선 청소년기에 쉽게 저지를 수 있는 비행에 대한 철저한 예방교육을 실시하여 문제행동과의 접촉을 사전에 차단하며, 청소년이 바람직한 자아와 가치관을 정립할 수 있도록 도와주어야 한다. 또한 긴장과 불안을 해소하고 신체적·정신적으로 건강을 유지할 수 있도록 건전한 여가 및 청소년 문화와 접할 수 있는 기회를 촉진하며, 청소년 유해환경을 정비하고 비행에 노출된 청소년을 적극적으로 발견하여 지도하여야 한다(한국청소년학회 편, 1999 : 328-329).

둘째, 집단따돌림은 집단이나 개인이 특정인을 지속적·반복적으로 따돌리는 것으로 여기에는 정신적·정서적 공격뿐 아니라 위협, 갈취 따위의 신체적인 공격을 포함한다. 집단따돌림은 학교와 같이 지속적으로 상호작용할 수밖에 없는 집단 내에서 주로 발생하므로 가해자와 피해자의 접촉을 차단하기 어렵고 보복에 대한 두려움 때문에 대부분의 피해자가 피해 사실을 숨기려는 경향이 있다. 아울러 집단을 통해 자아정체감을 형성하려는 욕구 때문에 이러한 따돌림이 부당하다는 것을 알면서도 상당수의 학생들이 자신이 표적이 될까 봐 방관하거나 오히려 소극적으로 참여하기도 한다. 심지어 따돌림을 받았던 학생조차 표적으로부터 벗어나기 위해 가해행위에 참가한다(최옥채 외, 2014 : 241). 집단따돌림의 피해는 학교생활에서의 부적응 현상, 심리적 장애, 소외감, 무기력, 자신감의 결여, 우울증, 자살 등으로 나타난다. 집단따돌림을 예방하기 위해서는 가정과 학교 그리고 사회문화적 차원에서의 적절한 예방과 지도가 있어야 한다.

셋째, 자살은 스스로 죽으려 취한 행동으로 자살사고 및 충동에서 자살시도, 자살로 이어지는 일련의 사고와 행동 과정이 포함된다. 자살은 우울과 관련이 깊다고 한다. 자살을 기도하는 청소년의 특성으로는 대체로 삶의 의미를 찾지 못하고, 외롭거나 소외되어 있으며, 집단에 소속되지 못하고 따돌림을 받고 있다고 느끼거나 가족과 주위로부터 사랑을 받지 못한다는 생각을 한다는 것이다. 또한 청소년 자살의 원인으로는 죄책감과 무가치감, 우울증과 낮은 자존감,

학업성취에 대한 압박감과 실패로 인한 좌절, 진학실패, 부정적 신념과 현실도피의 수단, 부모의 사망이나 이혼, 기타의 문제 등이 있다. 그리고 낮은 경제수준이나 약물남용 등을 동반할 때 그 비율은 높게 나타난다고 한다. 청소년은 자살하기 이전에 우울한 경향이 증가하고 대인관계가 멀어지고 고립되며, 자살기도에 대한 암시를 하고, 학업성적이 떨어지며, 지나치게 외모에 무관심한 특성을 보인다. 청소년들을 자살의 위험으로부터 보호하기 위해서는 부모를 포함한 중요한 타자들이 자살의 경고나 의사 및 특유한 행동 유형을 빨리 파악하여 적절한 개입을 취하는 것이 중요하다(이근홍, 2013 : 117).

넷째, 인터넷 중독은 신체적·정신적·경제적·직업적·사회적 기능을 심각하게 손상시키는 상태를 의미한다. 청소년의 경우에는 장시간 동안 인터넷을 사용함으로써 정신건강을 해치고 대인관계의 장애를 가져오는 일련의 문제행동을 말한다. 인터넷을 통한 가상공간에서의 삶은 특히 청소년의 정체감을 크게 위협하는 요인으로 지적되고 있다. 많은 청소년들이 현실적 자아와 가상공간에서의 자아(이상적 자아) 간의 혼동을 경험하게 되며, 장기적인 혼돈 상태를 겪게 되면서 부정적 정체감을 형성하거나 정신적 장애, 즉 자기파괴나 존재감 상실, 무력감과 우울감, 자살충동 등을 더 많이 경험할 가능성이 있다(정 은, 2010 : 240). 인터넷 중독에는 게임사용과 관련하여 금단과 내성을 보이는 게임중독, 인터넷 사용 자체에 탐닉되어 의존성과 내성을 보이는 인터넷 중독, 인터넷에서 음란물을 보거나 음란채팅 따위를 하는 인터넷 음란물 중독을 포함한다. 사이버 공간에서의 폭력문제가 최근 심각한 사회문제로 대두되는데 이는 사이버 공간의 특성상 익명성으로 인해 가해자를 알기 어렵고 신체적 외상이 없다는 이유로 무분별하게 행해지는 경향이 있다. 보다 심각한 것은 이 상태가 지속되면 현실과 가상세계를 구분하는 판단력을 잃고 현실감이 현저히 저하되면서 가상세계에서의 폭력과 범죄행위를 현실에서 재현하여 현실 속에서의 범죄행동 역시 증가한다는 것이다(최옥채 외, 2014 : 241-242). 따라서 이에 대한 각별한 예방과 지도가 필요한데 건전한 인터넷 활용에 대한 홍보와 교육을 강화하고 효과적인 법적·제도적 장치를 마련하여야 한다.

청소년기는 신체적 발달과 함께 성적 발달이 나타나는 시기로 건강한 신체발달과 올바른 성의식을 가질 수 있게 하여야 한다. 이 시기는 급격한 신체구조의 변화로 일시적 신체 불균형 현상을 경험하며 이로 인해 부정적인 신체적 이미지를 형성할 가능성이 크기 때문에 신체적 변화에 대한 이해를 돕는 교육 프로그램, 식이요법, 몸 관리 프로그램 등을 개발 및 실시함으로써 청소년의 건전한 신체발달을 도와야 한다. 그리고 최근 청소년의 임신과 출산, 성매매, 원조교제 등이 사회문제로 대두되고 있어 보다 체계적인 교육을 통해 성에 대한 올바른 이해와 건전한 성지식을 가지게 하여야 한다. 또한 성을 음성화하기보다는 개방적으로 의논하고 표현하는 분위기 조성과 심리적 문제를 해결할 수 있는 상담 등이 필요하다.

그리고 무엇보다 안정된 자아정체감 확립이 청소년기의 중요한 발달과업이다. 자아정체감이 제대로 형성되지 않으면 정체감의 혼란으로 책임감 있는 사회인으로서의 행동이 지연되고 충동적 행동과 책임을 회피하려는 퇴행 등의 양상을 보이게 된다. 우리나라의 청소년은 사회·문화적 요인과 입시제도 등으로 인해 정체감 형성을 위한 충분한 유예기간을 가지기 어렵고 자신의 가치관을 확립하기도 전에 부모의 결정에 따라야만 하는 형편에 놓이게 된 것이 현실이다. 또한 건전한 역할 모델을 찾지 못한 상황에서 쉽게 또래집단에 흡수되거나 매스컴의 영웅들을 동일시하는 경향이 있다. 따라서 청소년이 안정된 자아정체감을 형성하기 위해서는 신체적·인지적·정서적 안정성과 함께 부모, 교사, 또래집단으로부터 자율성을 확보할 수 있어야 한다.

Chapter 07 성인기

성인기를 학자에 따라 다양하게 구분하지만 본 서에서는 대체로 청소년기가 끝나는 만 19세부터 중년기가 시작되는 만 40세까지로 구분하고자 한다. 그리고 성인기는 다시 청년기(만 19~30세)와 성년기(만 30~40세)로 나눌 수 있다.

성인기 초기인 청년기에는 부모로부터 심리적으로 독립하기 시작하며 대학에 진학하거나 군에 입대하거나 직업을 갖는다. 직업을 갖는 경우가 아니라면 경제적 독립은 어렵지만 대부분 심리적 독립으로 인해 일상의 문제를 스스로 처리하고 결정한다. 부모로부터 점차 독립하면서 청소년기에 겪었던 부모와의 갈등이 점진적으로 해소가 되고 점차 부모와의 관계가 긍정적으로 회복되기도 한다.

이 시기는 대체로 직업을 가지고 사회적 관계에서 가장 활발한 활동을 펼치는 시기이며, 가족 이외의 다른 사람들과 친밀한 관계를 형성하기 시작한다. 이성과의 교제를 통해 배우자를 선택하고, 이후 자신의 가정을 이루고, 배우자와의 원만한 관계 속에서 자녀양육으로 부모로서의 역할을 수행하며 가정생활을 관리해 나간다. 그러나 모든 사람들이 성인기의 발달과제를 성공적으로 성취하지는 못한다. 에릭슨(Erikson)은 이 시기의 발달과제를 '친밀감 대 고립감'이라 했는데 친밀감이란 성적인 것 이상의 우정과 인류애적인 사랑 모두를 포함하는 개념으로 받아들였으며, 이러한 친밀감이 형성되지 못하면 고립이 일어난다고 하였다. 성인기에도 때로 발달위기를 경험하는데, 이러한 위기를 어떻게 처리하는가에 따라 새로운 발전의 계기가 되기도 하고 그 이후의 삶의 질을 위협하는 부정적인 경험이 되기도 한다.

1. 발달적 특성

성인기는 신체적·심리적·사회적으로 성숙해지며 일생에서 가장 활력이 넘치고 활동적인 시기이다. 이 시기의 주요 과업은 직업의 안정과 결혼 등으로 사회가 기대하는 바를 어떻게 수행하느냐 하는 것과 관련이 있다. 물론 최근 들어 우리나라의 초혼 연령이 높아지는 추세이기는 하나, 이 시기에는 대체로 가정을 꾸리고 자녀양육으로 부모로서의 역할을 수행하며, 직장생활과 가정생활을 조화롭게 수행해야 하는 시기이다.

1) 신체적 발달

인간의 신체는 25~30세 때 가장 건강하고 30세가 지나면 신체적 기능이 감퇴하기 시작하여 손이나 손가락의 동작도 점차 둔감해진다. 시각, 촉각, 후각, 미각 등은 20세경에 최고에 달했다가 40세 정도부터 점점 나빠지기 시작한다. 육체적인 힘은 25~30세 때 최고조에 이르고 이후 점진적으로 쇠퇴하나 대부분의 신체적 능력과 기술은 규칙적으로 사용하기만 하면 그 기능이 청소년기 이후에도 지속된다. 근육의 발달은 성인기에 완전히 이루어지며, 근력의 절정이 25~30세 사이에 나타나고 이후 감소되기 시작하는데, 주로 등과 다리의 근육이 약해지기 시작하고 팔 근육의 약화 정도는 덜하다. 청년기에는 체력, 정력, 지구력 등이 최고조에 달하며, 심폐기능과 생식능력이 왕성한 시기이지만 면역기능은 아동기나 청소년기에 비하여 다소 떨어진다. 피부는 청소년기 이후 수분을 잃기 시작하여 점점 건조해지면서 이 시기부터 주름이 생기기 시작한다. 피부노화에 영향을 미치는 요인으로는 자외선, 흡연, 기후, 건강상태 등이 있다. 이 시기의 외모는 자아개념에 매우 중요한 역할을 하는데, 특히 외모에 많은 가치를 부여하는 여성의 경우 더욱 중요하며, 연령과 관계된 외모의 변화는 개인에 따라 차이가 크며, 얼굴의 주름은 남성보다 여성이 많다. 성인기의 건강에 영향을 미치는 요소로는 음주, 흡연, 약물남용, 스트레스, 음식물, 운동 등이 있다(장수한 외, 2014 : 96).

2) 심리적 발달

성인기의 인지발달에 대해서는 신체적인 성장·쇠퇴 현상과 유사하다는 의견과 반대 의견이 공존한다. 인간의 인지발달은 대략 25세경부터 하강곡선을 그리는 것으로 알려지고 있으며, 피아제(Piaget)는 청소년기인 형식적 조작기 이후의 인지발달단계를 논하지 않았지만 알린, 리겔과 샤이에 등(Arlin, Riegel, & Schaie et al.) 성인기 인지발달학자들은 인지발달이 지속적으로 이루어지고 있다고 보았다. 성인기 이전까지는 인지능력의 획득이 활발하지만 성인기에는 획득한 지식의 사용능력이 지속적으로 발달하게 된다는 것이다. 즉, 청소년기의 형식적 조작기에는 추상적 개념을 이해하고 정보를 받아들이는 데 집중하지만, 성인기에는 축적된 지식을 바탕으로 다양한 관점에서 문제를 파악하고 해결하는 현실적 능력이 발달하게 된다(오창순 외, 2010 : 301-302).

성인기의 인지발달은 성인기가 자신이 속한 직장이나 사회, 더 나아가 생태적 맥락에서 발생하는 여러 복잡한 문제를 해결하고 적응해야 하는 시기로서, 이 시기의 사고는 실용적 필요성과 압박감이 강하다는 점에서 청소년기의 자유스럽고 이상주의적 사고와는 구별되며, 현실에 대한 실용적 적응 방안을 탐색하는 실제적 문제해결 사고로의 변화 과정을 의미한다. 따라서 청년기의 인지 변화를 정확히 판단하기 위해서는 각 개인의 교육수준, 사회경제적 지위, 건강상태 등을 동시에 고려해야만 하며, 최근의 연구들을 종합해 보면 이 시기에는 새로운 지능발달이 거의 일어나지 않으나 인지기술의 상실도 뚜렷하게 나타나지 않는다(장수한 외, 2014 : 97).

그리고 심리적 발달 측면에서 중요한 것은 에릭슨이 제시한 친밀감에 관한 부분이다. 앞서 이야기한 것처럼 에릭슨은 이 시기의 발달과제를 '친밀감 대 고립감'이라고 표현하며, 주요 대상은 배우자와 협동상대라고 하였다. 성인기에 해당이 되는 친밀감이란 상대방과 가깝게 되는 과정에서 자신의 정체감을 잃지 않고 상대와 개방적이고 지지적이며, 다정한 관계를 맺는 능력이고, 서로의 욕구에 대한 인식뿐 아니라 공감할 수 있는 능력을 말하며, 성적인 것 이상의 우정과 인류애적인 사랑 모두를 포함하는 개념으로 받아들여야 한다. 친밀감의 형성은 자아정체감을 확립한 후에 이루어지는 것으로 자신을 가치 있고 유능하며, 신뢰할 수 있는 사람으로 지각할 수 있을 때 가능하다. 자신에 대한 합리적인 자아정체감을 가진다면 다른 사람들과 진정한 친밀감을 형성할 수 있다. 반대로 친밀감이 형성이 되지 못하면 고립(소외)이 일어난다고 하였다. 고립감을 경험하는 사람은 자신의 안정감을 위하여 자신과 타인 간에 장애물을 설치하기도 한다. 따라서 성인기의 이러한 위기를 어떻게 해결하는가에 따라 새로운 발전의 계기가 되기도 하고 혹은 이후의 삶의 질을 위협하는 부정적인 경험이 되기도 한다.

3) 사회적 발달

(1) 결혼

결혼은 성인기의 가장 중요한 과제 중 하나이다. 결혼이란 친밀감이 형성되고 성숙한 사회적 관계가 확립되면서 배우자를 선택하여 새로운 가족을 형성하는 것을 말한다. 대다수에게 있어서 결혼은 친밀하고 성숙한 사회적 관계를 형성하기 위한 본격적인 과정이다. 즉, 부부간의 친밀감을 쌓아나가는 경험을 통해서 개인의 모든 인간관계가 더욱 성숙해지게 된다. 그리고 결혼생활은 시작과 동시에 부단한 노력이 요구된다. 이는 문화와 생활환경의 차이, 자녀의 출산과 양육, 부모나 친척과의 관계 등에 의해 두 사람의 관계가 지속적으로 방해를 받기 때문이다.

결혼 적령기가 되면 여러 동기로 인해 결혼 상대자를 선택하게 된다. 결혼의 동기로는 일반적으로 사랑의 실현, 합법적 성생활, 자녀양육의 기회, 경제적 안정, 사회적 기대 부응 등을 들 수 있다. 배우자를 선택할 때는 연령, 건강, 상대방의 개인적 특성과 성격 및 가치관, 가문이나 사회적 배경, 경제적 능력 등을 고려하게 되는데, 자신의 가족관계에서 형성된 내적 경험 및 자기상이 큰 영향을 미친다. 그리고 결혼 만족도 또는 부부관계의 질을 결정하는 요인은 의사소통, 원가족과의 관계, 심리사회적 성숙도, 사회경제적 수준, 결혼기간, 자녀의 수와 특성 등이 포함이 된다(정옥분, 2000 : 200-216).

(2) 부모역할

자녀의 출산과 양육은 이 시기에 중요한 부분을 차지하는 동시에 중요한 스트레스 요인으로 작용하기도 한다. 즉, 인간의 생애주기에서 볼 때 자녀의 출생과 양육은 가장 충격적인 사건 중의 하나에 해당되며, 자녀양육 과정이 부부의 생활양식에 급격한 변화를 초래하기 때문이다. 부모가 되는 경험은 심리적 성숙을 돕고 부부관계를 더욱 긴밀하게 해줌으로써 비로소 독립된 가정을 이루고 성인이 되었다는 느낌을 갖게 한다. 자녀의 출산이 결혼에 대한 만족도를 낮추기도 하는데, 이는 자녀의 출산에 따른 책임감, 역할의 분담, 자녀에게 맞춘 일과 등이 원인이 되고 양육에 따른 부담감은 때로는 부부간의 위기를 초래하기도 한다(오창순 외, 2010 : 307).

자녀의 발달단계에 따라 요구되는 부모의 양육 방법 또한 변화되어야 하는데, 영아기에는 계속적인 부모의 보호와 관심이 필요하며, 유아기에는 자율성을 획득할 수 있도록 부모가 훈육하고 인내해야 한다. 아동기에는 또래집단과의 관계 형성 및 기술획득과 재능발휘를 위해 부모의 도움이 필요하며, 자신의 능력을 확장시키고 가정 밖의 새로운 세계에 대한 탐색을 위하여 새로운 경험이 요구된다(이근홍, 2013 : 123).

(3) 직업생활

성인기 중요한 발달과업 중의 하나는 직업을 선택하고 그에 따르는 준비를 하는 것이다. 이 시기는 현실적인 삶을 꾸려나가기 위해 직업생활을 통해서 개인의 능력을 발휘하여 사회적인 성공기반을 마련하는 단계이다. 이 과정에서 도덕적 · 사회적 · 경제적 · 정치적 제반 능력을 발달시키게 된다.

특히 청년기에 달성해야 할 중대한 과업 가운데 하나가 직업 선택이다. 비록 현재 직업을 갖고 있지 않은 상태라고 해도 자신이 원하는 직업과 관련한 전공을 선택해야 하는 과업이 있다. 직업이나 전공을 선택하려면 그에 대한 정보도 중요하지만 무엇보다도 자신에 대한 올바른 이해가 먼저 앞서야 한다. 자신의 성격, 적성, 능력에 대한 이해를 바탕으로 직업을 선택해야 하고 이런 이해가 있어야만 그 직업을 얻기 위한 노력을 기울임과 동시에 좀 더 많은 희생과 고통을 감내하게 된다. 그러나 자신에 대한 분명한 이해는 무엇보다 자아정체감이 형성되어야 가능하다. 특히 직업 선택은 개인이 은퇴할 때까지, 그리고 은퇴 후에도 그 개인을 특징짓는 사회적 정체감 혹은 사회적 역할을 대표하므로 인생에서 매우 중요한 과업이라 할 수 있다(장수한 외, 2011 : 88).

긴즈버그(Ginzberg)는 개인이 직업을 선택하는 세 가지 단계를 다음과 같이 설명하였다(최옥채 외, 2014 : 237-238 재인용).

첫째, 환상기로 개인의 소망을 근거로 직업 선택을 고려하는 시기이며, 자신의 능력이나 직업 기회와 같은 현실적 문제를 전혀 생각하지 않는 단계로 주로 아동기의 직업관이 여기에 해당한다. 둘째, 시험기로 청소년 초기의 직업 선택으로 자신 스스로 현실적인 문제를 고려하기 시작하며, 다양한 직업에 대해 심사숙고하고 직업 선택을 위해 진학문제를 심각하게 고려하는 단계이다. 셋째, 현실기로 청소년 후기에 해당한다. 실제적인 경험이나 교육과 훈련을 통하여 특정한 직업을 선택한다.

긴즈버그는 최근 그의 이론을 수정하여 직업 선택에 대한 의사결정 시기를 성인기까지 연장하였고, 직업 발달단계도 일생을 통해 나타난다고 하였다. 따라서 성인기는 다양한 종류의 직업을 적극적으로 탐색하고, 특정 직업에 개입하며, 대안을 좁히고 마지막으로 특정 직업에 다소 영구적으로 개입하는 시기라 할 수 있다.

직업에 대한 선호도는 시대적 변화와 인식, 산업구조 등에 따라 달라지며, 그 사회의 문화 양태와 가치에 따라서도 변화한다. 그러므로 자신에게 맞는 직업을 선택하기 위해서는 자신의 흥미나 적성, 지능과 신체적 조건, 소유하고 있는 지식과 능력, 성격과 가치관 중 다양한 요소를 고려하여 결정해야 하며, 직업을 통한 자기개발과 자아실현이 무엇보다 중요하다. 그러나 사람에 따라서는 다양한 직업 선택의 변화 과정 속에서 수년간 시행착오를 경험하기도 한다(최옥채 외, 2014 : 254).

2. 사회복지실천과의 연관성

성인기 발달에 있어 사회복지실천에서 중점적으로 관심을 기울여야 할 영역은 청년기에는 직업 선택과 준비, 이성교제와 결혼 등이며, 성년기에는 자녀양육과 부부관계 등이다.

1) 청년기 발달과 사회복지실천

먼저 청년기는 직업 선택과 준비가 중요한 과업 중에 하나이므로 자신의 적성, 취미, 흥미, 성격, 가치관, 태도, 자아기대 등에 맞추어 자신에게 알맞은 직업을 선택할 수 있도록 직업에 대한 다양한 정보를 제공하고 전문적 자질을 기를 수 있는 환경을 마련해 주는 것이 무엇보다 중요하다. 현재 우리나라는 청년실업자가 많은 관계로 청년들이 직업 선택에 대해 큰 부담을 가지고 있기 때문에 다양한 방법으로 이들을 도울 수 있는 방법을 모색하여야 한다(이종복 외, 2007 : 137-138).

다음으로 이성교제와 결혼도 이 시기의 중요한 발달과업 중의 하나이다. 따라서 청년기의 사랑과 결혼에 대한 다양한 정보의 제공은 물론 예비부부교실 및 예비부모교실 운영, 부부상담 등의 프로그램을 실시하여 건강한 결혼생활을 유지할 수 있게 도와야 한다. 최근 들어 결혼 초기에 다양한 원인으로 이혼하는 경우가 많아지고 있어 이에 대한 대비책도 필요하다.

그리고 청년기에 최고조에 달한 신체적 기능 상태를 지속적으로 유지하기 위해서는 규칙적인 운동과 건강한 식단, 금주 및 금연, 스트레스 관리 등이 필요하며, 주위 사람들과의 건강한 상호 교류를 통해 친밀감을 형성할 수 있도록 하고, 자녀양육 및 직업에서의 안정을 위한 다양한 지원이 필요하다.

2) 성년기 발달과 사회복지실천

성년기 발달에 있어 사회복지실천에서 중점적으로 관심을 기울여야 할 영역은 자녀양육과 부부관계 등이다.

성년기에 속한 대부분의 사람들은 사회가 그들에게 기대하는 것을 행하고, 자신에게 부과된 역할을 어떻게 수행할 것인가를 스스로 평가하게 된다. 이 시기에 역할기대는 결혼생활과 관련된 것과 부모역할, 직업과 사회적 가치 등이 우선시된다.

먼저 자녀양육 측면에서 볼 때 성년기에는 자녀를 출산한 대부분의 부모들이 양육부담감을 어느 정도는 겪게 마련인데 많은 경우에 마음의 준비를 충분히 갖추지 못한 채 부모가 되면서 갑자기 주어진 새로운 역할에 적응하는 데 어려움을 겪기 때문이다. 아동양육의 부담감은 특히 원하지 않는 자녀가 태어났을 경우에는 더욱 커져서 부모의 부적절한 양육태도를 야기한다. 아동은 학대받거나 질병에 걸리기 쉽고, 학업성적이 낮거나 문제행동을 보이는 등 다양한 문제를 겪을 수 있다(오창순 외, 2010 : 307). 따라서 사회복지기관에서는 자녀 출산과 양육에 대한 예비지식을 교육하는 예비부모교육 프로그램을 시행하는 것이 필요하고 출산 후에도 산모와 신생아 도우미 사업 등을 활용하여 산후조리와 자녀양육을 지원해 주고 맞벌이 부부 가정, 한부모 가정 등 자녀양육에 어려움을 겪고 있는 가정을 위해서도 자녀양육을 지원해 줄 수 있는 다양한 프로그램을 실시하는 것이 필요하다(장수한 외, 2014 : 101). 또한 부모의 입장에서는 자녀의 발달과 변화에 맞춘 적절한 자녀교육이 필요하다. 간섭이나 통제를 하기보다는 스스로 판단하여 책임감 있게 행동할 수 있도록 하면서 자녀들이 신뢰감, 자율성, 주도성, 근면성, 자아정체감을 획득하도록 도와야 한다. 또한 일관성 있는 양육방식으로 부모의 권위를 유지할 수 있어야 한다.

다음으로 성년기 부부관계 유지의 측면인데, 인간의 적응이나 정신건강에 관한 연구에서 공통적으로 강조하는 것 중의 하나는 만족스러운 결혼관계와 삶의 만족도 간에는 긍정적 관계가 있다고 한다. 그만큼 가족생활의 핵심이라 할 수 있는 부부관계의 질은 개인적·가족적·사회적으로 매우 중요한 요인이라 할 수 있다. 특히 최근 들어 이혼율의 증가로 인해 이혼상담과 이혼 후 적응문제에 대한 상담이 요구되고 있다. 이혼의 경우 성적인 문제, 경제적인 문제, 의사소통의 문제, 친척과의 문제, 외도, 자녀 훈육과 양육 방법에 대한 갈등, 약물남용이나 의존 문제 등으로 그 원인이 다양하다. 이혼은 부부에게는 스트레스, 우울감, 죄의식, 외로움, 실패감, 낮은 자존감, 자아상실, 자기비난 등을 불러오고, 자녀에게는 비행, 범죄, 정신장애의 간접적인 요인 등으로 작용한다. 부부간 갈등이 발생할 경우 그것을 건전하게 해결하는 방안을 모색하고, 갈등을 통해 성숙할 수 있는 기회를 갖는다는 마음자세를 갖는 것이 필요하다. 이를 위해서는 부부가 신뢰와 공감을 바탕으로 상대방에 대해 지속적인 관심과 이해를 갖도록 노력해야 한다(조흥식 외, 2010 : 412-413).

Chapter 08 중 · 장년기

이 시기는 40세부터 65세 이전까지를 의미하고 인생의 전반기에서 후반기로 넘어가는 중요한 전환기며, 인생의 목표를 성취해 가는 인생의 절정기로 내적 · 외적인 변화를 경험하게 된다. 또한 자녀양육과 노부모 부양에 대한 책임을 수행해야 하기 때문에 '샌드위치 세대'라 불리기도 한다. 중 · 장년기에는 부부가 동반자 의식을 신장시키며, 적합한 생활의 기준을 설정하고 유지시켜 나가야 한다. 그리고 직업안정을 통하여 경제적으로 안정을 누리고 여가활동과 다가올 변화에도 대비하며 적응해 나가야 한다.

1. 발달적 특성

1) 신체적 발달

중 · 장년기가 되면 신체적인 노화가 점차 시작된다. 피부는 탄력을 잃게 되어 늘어지며, 더욱 얇아지게 되고 혈액순환이 잘 되지 않아 안색이 나빠진다. 주름이 눈 가장자리, 입 주위, 이마, 목 부위 등에 나타나며, 턱이 처지고 눈 아래에 검은 선이 생기며, 갈색의 노화반점이 보이기 시작한다. 모발이 많이 빠지며 은백색으로 변하고 가늘어지면서 성장 속도도 느려진다. 얼굴의 전체적인 모습에 변화가 생기며, 치아도 차츰 마모되어 간다(이근홍, 2013 : 131-132).

또한 이 시기에는 신체적인 힘도 활력을 잃어가며 질병에 대한 저항력이 떨어지면서 병에 잘 걸리고 회복에 걸리는 시간도 더 많이 소요된다. 맛, 냄새, 통증 등에 대한 민감성이 감소하며, 반응시간이나 감각운동기술과 같은 생리적인 기능도 감소하기 시작한다. 감각기관도 노화되기 시작하여 시력이 감퇴하고 원시경향이 나타나며, 청각의 예민성이 줄어드는 등의 특성이 나타난다. 이와 같은 신체구조 및 기능상의 변화로 중·장년기는 고혈압, 심장병, 당뇨, 관절염 등과 같은 만성적인 성인질환에 걸릴 가능성이 높아지기 때문에 영양균형을 고려한 식단 구성과 규칙적인 운동, 정기적인 건강검진을 통해 건강을 유지하기 위한 노력이 이루어져야 한다(장수한 외, 2014 : 102).

중·장년기가 진행되면 남녀 모두 성적 능력의 저하가 이루어지는 갱년기를 경험하게 된다. 여성은 폐경을 경험하게 되는데 대개 50세 전후에 일어난다. 폐경이 되면 다양한 생리적 변화가 일어나게 되는데 대표적인 증상이 얼굴이 달아오르는 홍조현상과 우울증이다. 이는 에스트로겐의 생산이 줄어들어서 전체 성호르몬의 균형이 깨지기 때문이다. 남성들에게도 여성과 유사한 갱년기 현상이 일어나는데 머리숱이 줄면서 은백색으로 변하며, 피부의 주름이 늘어나고 허리둘레에 군살이 붙기 쉽다. 또한 홍조현상과 기력이 떨어지면서 소심해지거나 우울해지기도 하고, 심장이 약해지거나 전립선에 문제가 생기는 등 전체적인 건강 상태가 침체된다.

2) 심리적 발달

중·장년기의 인지 변화에 대해서는 다양한 견해가 존재하지만 최근에 와서는 속도를 필요로 하는 능력을 제외한 일반적인 인지능력의 감소는 그다지 크지 않은 것으로 알려졌다. 즉, 단기적 기억능력은 중·장년기가 되면서 악화되는 것처럼 보이지만 실제로는 미미한 수준이며, 장기적 기억능력 역시 큰 변화가 없다는 것이다(오창순 외, 2010 : 312). 그리고 정신적 기능은 최고조에 달한다. 중·장년기에도 새로운 기술을 지속적으로 학습할 수 있고, 이미 알고 있는 것을 기억할 수 있다. 또한 언어능력에 있어서도 어휘력을 발전시킬 수 있다.

일반적으로 지능은 유동성 지능(fluid intelligence)과 결정적 지능(crystallized intelligence)으로 나뉜다. 유동성 지능은 광범위한 기능 영역을 차지하며 운동속도, 새로운 정보를 인지적으로 다루는 것, 기억 등과 같은 지적 능력을 포함하고 있는데, 유동성 지능은 일반적으로 청소년기 이후에 감퇴한다. 결정적 지능은 정보를 처리하고 기록하는 능력이라고 말할 수 있는데, 이 기능은 공식적이고 비공식적인 교육을 통해 획득할 수 있으며, 유동성 지능과 달리 결정적 지능은 전 생애를 통해 증가하기 때문에 중 · 장년기에도 계속 증가한다. 그리고 기억능력의 감퇴가 이루어지는 것처럼 보이는데 실제로는 단기기억능력은 약화되지만 장기기억능력은 큰 변화가 없다. 즉, 중 · 장년기에는 새로운 것을 학습하는 능력은 저하되지만 오랜 경험을 통해 획득한 지혜가 있기 때문에 문제해결능력은 오히려 높아진다(장수한 외, 2014 : 104).

에릭슨(Erikson)은 이 시기의 발달과제를 '생산성 대 침체감'이라고 표현했는데 생산성이란 한 세대가 다음 세대에 물려줄 문화와 사회질서를 발전시켜 살아갈 기초를 구축하는 것을 말한다. 그리고 침체란 심리적 성장이 결핍되고 자신의 에너지와 능력을 자기만족을 위해서 사용하는 것을 말한다. 중 · 장년기에는 이전에 가치를 두었던 삶의 목표와 과정에 의문을 제기하기 시작하며, 다양한 변화로 인해 중년의 위기(midlife crisis)가 시작이 된다. 이는 침체감, 무력감, 불행감, 지루함 등의 정서적 위기를 느끼게 하는 것으로 나타나고 있다(이근홍, 2013 : 135).

3) 사회적 발달

(1) 부부관계

중 · 장년기에는 자녀양육과 경제적 안정을 얻기 위한 부부의 노력이 쌓이면서 결혼생활이 안정기에 접어들고, 동반자 의식이 강해지게 된다. 만족스러운 결혼관계는 이 시기 행복과 삶의 만족에 영향을 미치는 중요한 요인이다. 그러나 원만하고 신뢰성 있는 부부관계를 유지하는 것은 끊임없는 노력을 요하는 과정이다(오창순 외, 2010 : 315).

결혼생활의 만족도는 결혼 초기에 높게 나타나다가 자녀를 양육하는 시기에 낮아지며, 자녀가 독립하는 시기에 다시 높아지게 된다. 그러나 상대방에 대한 지식과 이해의 부족, 친밀감의 부족, 의사소통의 결여 등은 서로 간에 만족하지 못하고 인생의 무의미함을 느끼게 하는 요소가 될 수 있고 결국 별거나 이혼과 같은 문제가 발생할 수 있다. 따라서 건강한 부부관계를 유지하기 위해서는 각

자의 개인적 성장뿐만 아니라 부부 공동의 성장을 위해서 서로의 인격을 존중하고 헌신해야 하며, 효과적인 의사소통 방식을 개발해야 하고, 친구나 동료에게서 느끼는 것과 같은 친밀감은 물론 성적 친밀감을 느끼면서 역경과 갈등을 창의적으로 활용하여야 한다.

(2) 자녀와의 관계

중・장년기의 부모는 대부분 청소년기나 성인기의 자녀를 두게 되는데, 부모는 자녀가 신체적 성장과 성적 성숙에 적응할 수 있도록 적절한 교육과 지도를 하여야 한다. 또한 그들과 효율적으로 의사소통을 하며, 자녀가 자아개념을 발달시키고 자아정체감을 확립할 수 있도록 지원하여야 한다. 부모는 자녀들이 자율적이면서 독립적으로 행동할 수 있도록 지지하고 안내하며 지원할 책임이 있다. 청소년기 자녀를 둔 부모는 자녀의 건강한 자율성 및 독립성을 성장시키기 위하여 부모-자녀 관계를 재조정하여야 한다. 자녀와의 잦은 대화를 통해 그들을 수용하고 지나친 간섭과 통제보다는 스스로 판단하도록 지원하여야 한다. 부모는 일관된 모습으로 권위를 유지할 필요도 있다. 그리고 성인기에 접어든 자녀를 둔 부모의 경우에는 자녀가 학업이나 취업, 결혼 등으로 독립하는 경우에는 자녀를 성인으로 인정해 주며, 그들의 의사를 존중하여 부모 스스로도 자녀로부터 독립하여야 한다. 이후에도 자녀에게 지속적으로 관심을 기울이고 지원을 하여야 하며, 전체적인 가족관계를 재조정하는 발달과업을 수행하여야 한다.

(3) 노부모와의 관계

중・장년기에 접어들게 되면 부모세대가 신체적으로 노화와 질병 등으로 어려움을 겪게 되고, 경제적으로나 심리적으로 의존하는 시기이므로 부모에 대한 부양자로서의 역할을 수행해야 한다(장수한 외, 2014 : 106). 이 시기에는 노부모에 대한 은혜에 보답하고 그들을 부양해야 한다는 도덕적 의무감을 가지게 된다. 그러나 자신도 노화를 경험하면서 자녀를 지원해야 하는 스트레스와 사회적인 스트레스를 많이 받게 되는 시기로 노부모를 부양한다는 것은 결코 쉬운 일이 아니며, 노부모가 경제적으로 빈곤하고 거동이 불편한 허약한 노인인 경우에는 더욱 힘이 든다(이근홍, 2013 : 137-138).

더구나 최근 들어 가족형태의 변화와 노부모 부양의식의 약화, 노인세대의 급증, 여성의 사회참여 증가 등으로 인해 부모 부양은 더욱 힘들어질 것이라 여겨진다. 따라서 이러한 문제는 가족만의 문제가 아닌 사회문제로 받아들여야 하며, 국가의 적극적인 노력을 통해 지속적으로 해결해 나가야 할 과제라고 할 수 있다.

(4) 직업생활

이 시기는 대체로 직업생활에 있어서 안정된 시기이기도 하지만 그렇지 못한 경우도 있다. 중년기의 대부분의 사람들은 직업생활에서 지위와 함께 안정된 수입을 보장받는다. 중년기 안정된 직업생활을 유지하기 위해서는 직업적 성공이 선행되어야 하는데 이에 지적 능력, 대인관계 기술, 성취욕구 등이 중요한 요인으로 작용한다. 업무와 관련한 지적 능력을 배양하기 위해 노력하며, 효과적인 업무수행을 위해 동료들과 원만한 관계를 형성하여야 한다. 또한 성취욕구가 있어야 하며, 행동양식에 있어서 유연성과 지도력을 갖추어야 한다. 이는 직업생활에서 계속적으로 만족하고 성공할 수 있는 원동력이 된다. 최근 들어 급격한 사회변화로 인하여 직업을 유지하려는 의지가 있고 신체적으로 건강함에도 불구하고 본인의 의지와는 상관없이 조기퇴직이나 명예퇴직을 하는 경우가 많아지고 있다. 이는 그 개인과 가족뿐만 아니라 사회적으로도 큰 문제를 야기한다. 그리고 이 시기 직업전환의 문제는 점점 보편화 · 일반화되어 가고 있는데 이에 기존의 기술, 교육, 취미를 바탕으로 직업전환에 필요한 새로운 기술을 습득하고 인식을 전환하는 등의 적극적인 대비가 필요하다.

2. 사회복지실천과의 연관성

중·장년기는 한 개인에게 부과된 과업을 거의 완수하고 사회적 책임자의 위치에 있는 원숙한 시기이다. 성공적으로 과업을 완수한 경우에는 사회적·경제적으로 충만한 위치에 있겠지만 과업에 실패하고 절망과 두려움에 처하는 경우도 있다. 중·장년기의 발달에 있어서 사회복지실천에서 관심을 기울여야 할 영역으로 대표적인 것이 질병, 갱년기 장애, 실직 등의 문제를 들 수 있다.

먼저 중년기에는 신체구조의 변화와 신체기능의 저하, 심리·사회적 변화로 인하여 성인병은 물론 여러 질병에 걸릴 확률이 높아진다. 신체적인 질병과 함께 정신병과 신경증에도 취약한데 대표적인 것으로는 우울증과 범불안장애, 편집증, 강박장애, 알코올중독을 포함한 약물중독 등이 있다. 질병이 있을 경우 재정적 부담뿐만 아니라 가족의 활동 또한 제약을 받는다. 따라서 사회복지기관에서는 성인병 예방을 위한 건강교육과 정신건강을 위한 예방·치료 프로그램을 실시하고, 필요한 경우 지역사회 내의 시설·기관을 이용하게 하거나 주간보호시설이나 재가서비스 등을 통해 가족을 지원해야 한다.

다음으로 갱년기 장애(climacterium)의 문제이다. 갱년기 장애란 갱년기에 접어들면서 발한, 두통, 수족냉증, 우울증, 수면장애, 성격 변화 등이 나타나는 신체적·생리적·정서적 장애를 말한다. 즉, 점진적인 인체의 노화로 갱년기 동안에 나타나는 심신의 기능장애이다. 갱년기 장애를 극복하기 위해서는 꾸준한 운동, 건전한 여가활동 등을 통하여 능동적이면서도 활동적으로 건강을 유지하고, 갱년기의 증상들을 누구나 겪게 되는 필연적 과정으로 받아들이는 긍정적인 태도와 적극적인 노력이 필요하다(장수한 외, 2014 : 108). 또한 점차 상실되어 가는 자신의 건강과 젊음을 생산적이고 인생의 목표를 성취하기 위한 노력으로 전환하여야 한다. 필요한 경우 개인상담, 집단상담, 부부상담 등의 프로그램을 실시하고 원조할 필요가 있다.

마지막으로 실직은 어느 연령층을 막론하고 대단히 위협적인 사건이다. 실직은 수입상실로 인한 경제적인 어려움뿐만 아니라 심리적 문제를 유발하고 가정생활도 힘들게 한다. 이 시기는 자녀교육을 포함한 다양한 재정적 압박으로 인해 스트레스를 많이 받게 되며, 그로 인해 불안, 우울, 공허감, 건강약화, 알코올중독을 포함한 약물중독에 노출되기 쉽고 심지어 자살을 선택하는 경우도 있다. 따라서 개인적인 차원에서는 건강 유지와 가족을 포함한 정서적 지지체계 확보, 인식의 전환 등이 필요하며, 사회 · 국가적 차원에서는 실업보호는 물론 실직자에게 고용보험 혜택, 재정지원 상담, 재취업 및 직업전환 관련 정보제공, 직업훈련 등의 서비스를 제공하여야 한다.

그리고 이혼으로 인한 가정해체의 문제도 성인기에 이어 중 · 장년기에도 사회복지실천에 있어서 관심을 가져야 할 영역이다. 가정해체의 예방과 가정 회복을 위해서는 가족기능 강화를 위한 교육, 가족갈등 해소를 위한 상담 및 치료서비스의 강화, 가족의 가치 교육 및 문화 창출, 가족복지를 위한 지원의 증대 등이 필요하다.

Chapter 09 노년기

1. 노년기의 정의

노년기는 신체적인 활동이 최고로 발휘되는 성인기 이후로 약해지기 시작하여 죽음에 이르기까지의 시기를 의미하며, 초로기(初老期)·노화기(老化期)·노쇠기(老衰期)로 구분 할 수 있으나 개인별로 차이가 있고, 사회적인 기능이나 신체적인 노화 시기는 정해져 있는 것이 아니기 때문에 연령으로 구분하서 정의하기는 어려움이 있다. 일반적으로 노화는 45~50세부터 시작되므로 이 시기를 초로기라 하고 65~75세를 노쇠기로 보며 그 사이 과정을 노화기라고 한다.

노인에 대한 개념은 국가별로 정치적·경제적·사회적·문화적인 배경이 고려되어 다양하게 정의되고 있고, 개인의 신체적·심리적·사회적 요인이 각각 다르기 때문에 명확한 개념을 정의한다는 것은 매우 어려운 일이다. 하지만 일반적으로 노인이란 신체적 기능의 약화와 함께 심리적인 변화로 각 개인의 자기 신체적 유지 기능과 사회적 역할 기능이 약화되어 일상생활에서 원할한 기능에 많은 지장을 받고 있는 사람을 의미한다. 노인복지법 외에 많은 법령에서 연령을 기준으로 하여 만 65세 이상을 노인으로 규정하고 있다.

노인이란 사회적·환경적 행동의 변화에 적극적으로 대처하는 능력이 떨어지고 정신적·감정적·신체적 기능이 약화되는 과정에 있는 사람을 말하지만, 노화의 시기는 개인마다 환경적인 요인과 개인 내적인 특성에 따라 다르고 신체적·정신적 연령이 같지 않기 때문에 노인을 명확한 나이로 규정하기는 어려움이 있다. 따라서 노인에 대한 개념은 노인에게 부여되고 있는 가치와 의미에 따라 다양하게 규정하고 있다.

브린(L. Breen, 1960)은 노인의 정의를 '생리적·육체적으로 변화기에 있는 사람, 심리적인 면에서 정신이나 신경 기능이 감퇴하고 있는 사람, 사회적 변화에 따라서 사회적 관계가 과거에 속해 있고 축소되어 있는 사람'으로 설명하고 있다. 노인에 대한 많은 학자들의 견해들을 종합해 본다면 노인은 사회적으로 지위와 역할이 상실된 사람을 의미하며, 기능적 연령(functional age)으로는 개인마다 지니고 있는 신체적 또는 심리적 부분의 기능의 정도에 의해 노인을 규정하기도 하고, 역연령(chronological age)으로 시간 경과에 의하여 일정한 연령에 도달한 사람으로 규정하기도 하며, 가족 내에서 손자나 손녀가 생김으로써 할아버지나 할머니로써의 역할이 새롭게 생길 때 본인과 가족 내에서의 위치, 개인의 자각(self-awareness)에 의해서 노인이라고 생각하는 사람을 노인으로 규정하기도 한다.

각각의 많은 노인에 대한 정의는 한 가지로 정의하기 어렵지만 일반적으로 신체적·심리적·사회적인 변화로 인하여 그 기능들이 약화되고 보수적이며 의존성이 증가되며 사회적인 역할이 축소된 사람이라고 정의할 수 있다.

2. 노년기의 특징

노년기의 특징은 사회적 기능과 활동의 쇠퇴라고 할 수 있는데, 이런 현상에 대한 설명은 분리이론과 활동이론으로 구분된다. 분리이론에 따르면 노인의 사회적 활동 감소는 본질적이고 발달적인 속성을 나타낸다. 감소된 사회적 상호작용은 사회적 활동의 축소에 대해 수용적이고 나아가서는 그것을 소망하는 것으로 본다. 다시 말해, 사회적 활동의 감소는 자신에 대한 집중 정도의 증가와 정서적 관심의 감소와 같은 노년기의 발달적 성향에 동반하거나 뒤따라 일어난다는 것이다. 이는 노인의 사회적 활동의 감소와 사회와의 분리는 사회에 의해서 강제화된 과정이라기보다는 매우 자연스러운 현상이라고 할 수 있다. 그러므로 심리적·정서적으로 만족감을 경험하게 되는 노인은 주위 사람들로부터 심리적 거리, 사회적 상호작용의 감소를 특징으로 하는 새로운 심리적 균형에 도달한 사람인 것이다.

이와 반하여 활동이론은 노인이 신체적인 측면과 건강상의 변화를 제외하고는 중년의 사람들과 비슷한 심리적·사회적 욕구를 가진 사람들이라고 본다. 따라서 노년기의 특징인 사회적 상호작용의 감소는 노인으로 인하여 사회가 후퇴하기 때문이라고 여기며, 이것은 사회적 활동에 지속적으로 참여하고 싶어 하는 노인들의 희망에 상반되게 진행되는 것으로 여기고 있다.

노인의 사고(四苦)는 사회적 역할 상실, 건강과 관련된 질병, 외로움과 소외 및 고독감, 소득원의 상실로 인한 빈곤을 말하며, 심리적인 유형으로는 은퇴의존형, 자기방어형, 분노공격형, 자책형, 원만형 등을 들 수 있다. 결국 노년기는 여러 가지 요인들로 인하여 자기중심적이고, 외모에 무관심하며, 사회적으로 고립되고 은둔적인 생활을 하고, 사회적 환경의 변화에 적응을 못하는 특징을 나타내게 된다. 노년기는 신체적 쇠퇴와 심리적 변화에 적응해야 하는 발달과업을 갖는다. 이러한 여러 특징들 때문에 '제2의 아동기(second childhood)'라고 헐록(Hurlock, 1959)은 노년기를 설명하기도 하였다.

노년기에 이르면 대부분 본인의 신체적·사회적 쇠퇴로 인해 환경에 대한 습관적인 행동이나 사고의 형태가 새로운 행동양식과 습관의 형태로 변화되는데, 그 때문에 욕구불만이 생기거나 사회적 부적응을 야기하기도 한다. 그리고 사회적 기능이나 역할을 상실하거나 경제능력이 축소되기 때문에 상실감과 열등감을 느끼게 되는 경우도 많다. 또 신체적 기능이 감퇴하고 건강을 잃기 쉽고 활발하게 움직이는 활동 능력과 기능이이 저하되기 때문에 자주적이지 못하고 의존성이 증가한다.

이처럼 노년기는 개인적인 적응과 사회적인 적응에 있어서 많은 문제가 있기 때문에 가정이나 사회에서 이에 대한 이해와 충분한 배려가 필요하다.

1) 신체적인 변화

코헨(Cohen, 1988), 어윈과 시몬스(Iwrin & Simons, 1994)에 의하면 노화를 일차적인 요인과 이차적인 요인으로 구분하여 설명하고 있다. 우선 일차적 노화는 신체에 내재되어 있는 생물학적 과정으로 인해 일어나는 노화이며, 이차적인 노화는 신체의 사용 정도, 질병, 장애와 같은 통제 가능한 외적인 요인으로 인하여 나타나는 요인이다. 이차적인 노화 현상이 나타나는 원인과 예방 차원의 방법은 비교적 정확하게 설명되고 있지만 일차적 노화가 나타나는 원인에 대해서는 여러 이론들로 주장되고 있다.

첫째, 마모이론(wear-and-tear-theory)이다. 이는 장기간에 걸쳐 신체기관을 사용함으로써 기능이 약화되고 신체구조가 와해되기 때문에 나타나는 현상으로 노화를 설명하는 것이다.

둘째, 유전적 계획이론(genetic programming)이다. 신체적인 노화는 세포의 생존과 죽음에 의해 일어나며 신체 각 세포의 수명은 유전적으로 정해진 한계가 있다는 이론이다.

셋째, 노년기에는 외부의 바람직하지 않은 환경적인 요인들에 의해 면역체계의 변화가 일어나며 이로 인하여 신체가 손상당하기 쉬우므로 노화가 일어난다고 주장하는 면역이론(immunological theory)이다. 심장, 근육, 신경 세포 등은 면역체의 변화에 가장 많이 영향을 받기 때문에 노년기의 알츠하이머(Alzheimer)와 같은 노인성 치매가 나타난다.

넷째, 노화시계이론(clocks of aging theory)이다. 이는 노화에 미치는 영향이 호르몬에 있다고 하는 이론이다. 신체에 호르몬 분비체계 중 죽음의 호르몬이 있다고 가정하고 있는 이론이다.

마지막으로는 유전적 변이이론(genetic mutation theory)이다. 수선체계가 DNA 손상(damagerepair system)으로 인하여 노화가 진행된다는 이론이다.

2) 생리적인 변화

헐록(Hurlock, 1959)에 의하면 생리적인 변화는 노화에 따른 내분비선 기능저하로 골격과 근육이 약화되어 골절이 생기기 쉽고, 회복이 느리며, 힘든 일을 하기 어렵고 소화와 배설 기능, 호흡기능이 감소하며, 수면시간도 감소한다는 것이다.

3) 감각의 변화

노인은 색채를 지각하는 능력에 한계가 있으며 빨강, 주황, 노랑의 색과 같은 밝은 색은 잘 지각하지만, 파랑, 초록, 보라 등 어두운 색은 구별하기가 힘들다. 또 시력의 노화로 인하여 물체의 가장자리나 계단의 시작과 끝을 지각하지 못하여 발을 헛딛는 경우가 많다. 청력의 경우도 50대부터는 높은 고음에 대한 청력이 약해지는 것을 느끼게 되고, 남성에 비해 여성의 청력 감퇴가 더 크고, 오른쪽에 비해 왼쪽 귀의 청력 손실이 더 크게 나타난다. 노인성 난청은 질환으로 보기도 하지만 노화현상으로 인하여 감각성 노인성 난청, 신경성 노인성 난청, 신진대사성 노인성 난청, 기제적(mechanical) 노인성 난청 등으로 구분된다. 체온조절에 있어서도 땀샘과 모세혈관 기능의 감소로 체온조절이 어렵게 되고 감각능력도 떨어지게 된다. 피부감각이 둔화되면 화상을 입기 쉽고 추운 날씨에는 혈관의 수축이 감소하고, 피하지방의 약화, 절대적인 신진대사량의 감소로 저체온이 되기 쉬어 건강상의 위험요인이 되기도 한다. 또 통증은 증가하지만 통각기관의 민감성도 저하되게 된다. 개인적인 차이는 있지만 후각과 미각은 시각이나 청각에 비해 노화가 더디게 나타나며 80세 이후가 되면 미각 구별능력의 감퇴가 나타난다.

4) 성격적인 특성

가장 일반적인 현상은 우울 정도의 증가이다. 연령이 높아짐에 따라 노년기 전반에 걸쳐 증가하는 우울증은 스트레스에 그 원인이 있는 것으로 대부분 분석되고 있다. 질병과 배우자의 죽음, 경제사정의 악화와 빈곤의 증가, 사회와 가족들로부터의 소외감과 고립 및 분리감, 일상생활에서의 자기제어의 어려움, 과거에 대한 회환 등의 다양한 원인이 있다. 노년기는 사회적 기능과 활동이 축소되고 사회적 활동의 방향이나 판단기준을 외부 환경보다는 개인의 내부로 방향을 돌리게 되는데 이는 내향적이고 수동적인 성격의 증가로 나타나게 된다. 또한 성격에 융통성이 부족하게 되고 경직되기 쉽고 어떠한 문제의 해결이나 의견, 태도에 있어서 옳은 것을 따르기보다는 과거의 방법을 고집하는 현상이 나타난다.

노년기는 청년기처럼 주관적인 성격이 강해진다고 할 수 있다. 그러나 청년기에 주관성이 강해지는 것은 주로 사회적 경험의 부족에서 오는 경우가 많지만 노년기의 주관성은 과도한 경험에서 비롯되는 경우가 많다. 지나치게 과도한 과거의 경험 때문에 노인은 흔히 완고하다고 하는 평을 많이 받게 된다. 그리고 이 시기에는 자신감의 부족으로 인하여 무슨 반응이든 확실성이 높아져야 비로소 반응하게 되는 조심성이 증가하게 되고, 죽음과 자신의 붕괴를 자각하기 시작하면서 일생을 회고하며 자신을 재조직하고 재통합하려는 행동을 보이게 된다. 이 시기에는 죽음에 대한 한탄과 무기력함을 느끼고 우울증에 빠지는 부정적인 측면이 나타난다. 또 사회적인 의존성이 증가하고, 물건에 대한 애착심과 집착이 증가하게 되며, 과거의 일에 대한 회상에 머무르는 과거지향성을 보이게 된다. 죽기 전에 자손이나 예술작품, 지식, 기술, 재산 등 자기 생애의 유산을 남기려는 성향이 강해지기도 한다.

3. 노년기 질환

노인성 질환이란 노화와 밀접한 관련을 갖고 발생하는 신체적·정신적 질병을 말하며, 크게 두 가지로 나뉜다. 하나는 젊어서 생긴 질병이 지속된 것으로 당뇨병, 고혈압, 관절염, 암, 만성위염, 만성 폐 질환, 만성 간 질환 등이 여기에 속한다. 또 하나는 노인 특유의 병적 상태인 노안, 노인성 백내장, 노인성 난청, 노인성 우울증, 노인성 치매, 노인성 골다공증, 노쇠 등이다(대한신경정신의학회, 2002).

노인의 질환은 대표적으로 노년기의 우울증, 치매, 뇌졸중 등이 있다.

1) 노년기의 우울증

우울증은 가장 흔한 정신질환 중 하나로 일상생활에서 흥미를 느끼지 못하고, 우울한 기분으로 생활하고 있으며, 자살하고 싶은 생각과 충동, 스스로에 대한 자책감이나 절망감에 사로잡혀 있어 생활의 어려움을 호소하는 질환을 말한다. 우울은 기분장애로 분류되고 있으며 여러 가지 증상, 유전적 결함, 환경적 요인, 치료에 대한 반응 등으로 이루어진 질병 스펙트럼을 포함하는 증후군인데 감정의 변화로 인한 기분 변화부터 병적인 행동을 유발하는 기분 상태까지의 연속선상에 있으며 걱정·근심, 무력감, 무가치함, 자괴감을 나타내는 기분장애를 의미한다.

일반적으로 노인의 10~15% 정도가 우울이 있다고 보고되고 있으며, 노인에게 가장 일어나기 쉬운 증상이지만 치료가 가능한 심리적 장애이다. 노년기에 겪는 사회적 기능과 역할의 상실과 고독감, 가족 내에서의 지위 상실, 경제적 악화로 인한 빈곤, 배우자나 친구의 사망, 신체기능의 쇠퇴, 일상생활에서의 자기통제 불가능 등으로 우울을 경험하는 경우가 많다. 이로 인하여 사회적 단절감과 고립감, 자존감 상실, 만성 피로 등의 증상이 나타난다.

노인의 우울은 적절한 시기에 치료하지 않으면 건강의 악화와 일상생활 능력의 저하를 유발하고, 수면장애, 복통, 식욕감퇴, 두통 등의 증상을 동반하기도 한다.

2) 노년기 치매

치매는 정신장애의 진단 및 통계 편람(Diagnostic and Statistical Manual of Mental Disorders-Ⅳ : DSM-Ⅳ, 1994)의 기준에 의하면 통상적인 사회나 대인관계에 장애를 초래할 정도로 장·단기 기억을 비롯한 추상적인 사고 및 판단 장애, 고도의 대뇌기능 장애, 성격 변화, 인지기능 장애가 있는 상태라고 정의할 수 있다. 치매는 알츠하이머(AD : Alchemies's Disease) 또는 노망이라고 불리며, 신경계통과 뇌에 손상을 입어 나타나는 여러 증상에 붙이는 통합된 명칭이다.

치매는 뇌의 만성 또는 진행성 질환에 생기는 증후군으로 계산력 장애, 지남력 장애, 사고력 장애, 이해력 장애, 기억력 장애, 학습능력 장애, 판단력 장애 등의 문제의 원인이 되기도 한다. 또 단어가 생각나지 않아 표현력이 현저히 떨어지며 비논리적인 말과 단어를 반복하며 이해할 수 없는 말로 의사소통이

전혀 이루어지지 않는 언어능력 장애와, 예상치 못한 문제행동, 일상생활 수행능력 저하, 인격장애, 수면장애 등의 기능적으로 다양한 장애가 나타난다.

심할 경우에는 자기 자신도 못알아보는 경우도 있고, 점차적으로 자신의 기질과 개인의 생활력까지 기억하지 못하게 되는 병을 의미한다. 치매는 갑자기 나타나는 경우도 있지만 대부분 오랜 시간에 걸쳐 천천히 진행되며 인지적 장애 증상과 신경정신과적인 증상으로 구분된다. 인지적 장애 증상은 초기에는 건망증 증상으로 최근의 일을 기억하지 못하게 되며 장기 기억에도 영향을 미치게 되는 기억력 장애, 시공간 능력, 인격, 기타 인지기능에의 장애가 특징이다.

치매의 정도에 따라서 경증(mild), 중등도(moderate), 중증(severe)의 세 가지로 구분할 수 있다. 경증은 독립적인 생활을 영위하고 적절한 개인 위생을 유지하며 비교적 온전한 판단력을 보유하고 있는 상태이며, 중등도는 독립적인 생활이 힘들어지고 타인에 의하여 부분적인 감독과 간호가 필요로 한 상태를 말하며, 중증은 일상생활 능력이 거의 불가능한 상태이자 주변 사람들의 케어가 필요한 상태로, 최소한의 개인 위생도 힘들어지고 지리멸렬한 언어구사를 하거나 함구적인 상태를 말한다.

치매의 유형은 신경 병리학적 소견에 따른 분류, 원인에 따른 분류, 병변의 진행에 따른 분류의 세 기준을 통합적으로 적용하여 알츠하이머형 치매, 혈관성 치매, 알콜성 치매, 기타 질병에 의한 치매, 불분명한 치매로 구분하고 있다.

3) 뇌졸중

뇌졸중(CVA : Cerebral Vascular Accident)이란 뇌혈관 장애로 인한 질환 및 사고를 의미하며, 일반적으로 순환장애가 일어나 갑자기 의식장애와 신체적인 마비를 일으키는 질환으로, 중풍으로 불리기도 하며 여러 가지 원인에 의한 것이라고 할 수 있다.

뇌졸중은 뇌의 급성 혈관 병변에 의하여 일어나는 급격한 발병 상태로서, 편마비, 부전편마비, 실어증, 구어장애 등을 동반하며 또한 운동기능 장애, 언어장애, 인지 및 지각 기능 장애 등의 합병증을 유발하고, 심리 정서적으로는 우울, 불안, 수치심, 피해의식, 분노 등을 느끼게 된다.

뇌졸중에서도 뇌경색과 뇌출혈이 발병원인과 증상에 따라 차이가 있고 뇌출혈에서도 뇌의 어느 부위냐에 따라 증상이 다르게 나타난다. 뇌경색은 사람이 활동하지 않는 상태이거나 뇌의 혈류 속도가 느린 상태에서 많이 발생하기 때문에 잠을 자고 있거나 쉬고 있는 상태에서 나타나게 되며, 뇌출혈은 활동하고 있는 상태이거나 뇌의 혈류 속도가 갑자기 빨라지는 상태에서 발병하고 심한 운동이나 활동, 언쟁 등으로 나타나다.

뇌세포는 뇌혈류에 의해 공급되는 산소와 포도당에 의존하고 있기 때문에 뇌혈관이 파열되거나 폐색에 의해 뇌혈류가 차단되면 대사 이상이 즉각 일어나고 이로 인한 뇌기능 부전 증상이 나타난다. 뇌졸중은 발병하면 치사율과 불구율이 높기 때문에 무엇보다 예방이 중요하며 뇌졸중의 발생 빈도를 높이는 위험 요인이 무엇인지를 찾아내고 교정과 치료가 가능한 것을 개선시켜 주면 예방 효과를 얻을 수 있다.

4. 노년기 발달과업

1) 에릭슨의 통합성

에릭슨은 이 시기의 발달과업을 '자아통합성 대 절망감'이라고 하였다. 자아통합성은 일생 동안 일어났던 일들을 두려움 없이 수용하며 죽음에 대하여 직면할 수 있는 능력을 의미한다. 자아통합성은 자신에 대한 인생 전체를 이해 수용하고 갈등과 실패, 실망 등을 성공, 기쁨, 보람 등과 함께 전체의 삶 속에 통합시키는 것이며 이것이 이루어질 때 비로소 죽음에 대한 두려움이 사라지게 된다. 절망감은 자신의 과거에 대한 후회를 의미하는데 절망감을 느끼는 사람은 삶을 불완전하고 충족되지 못한 것으로 간주하기 때문에 죽음을 수용하지 못하게 된다.

2) 펙의 심리적 적응

펙(Peck, 1968)은 노년기에 심리적으로 적응해야 할 과업으로 세 가지를 제시하고 있는데 첫째, 직업 역할 몰두에서 자기 분화로의 전환이다. 퇴직 이후에는 직업 역할 이외의 다른 사회적인 역할을 찾음으로써 자아정체감을 유지하는 것이 중요하다. 이를 통해 개인적 가치가 재평가되고 재규정되어야 한다. 둘째, 신체 몰두에서 신체 초월이다. 노년기에는 신체나 외모에 집중하는 것보다는 자기 자신이 만족하는 새로운 사회적 관계나 활동을 함으로써 삶의 의미와 행복을 추구하는 것이 필요하다. 노년기에는 신체 상태에 관심이 많아지면서 일상생활 자체가 침체되기도 한다. 노화로 인한 건강 상태와 신체적 외모의 변화에 집중하는 것보다는 새로운 인간관계 형성과 창조적 정신적인 능력에서 행복을 정의할 줄 알아야 한다. 셋째, 자기몰두에서 자기초월이다. 죽음을 앞둔 의미없는 존재로 자신을 평가하지 말고 현재 자신의 능력에 비추어 사회적으로 할 수 있는 일이 무엇인지를 생각함으로써 죽음을 긍정적으로 생각하고 수용하려는 노력이 필요하다. 죽음에 대한 인식의 변화와 사회적 상황에 대한 적응은 죽음에 대하여 긍정적으로 수용하고 성공적인 노화를 이루게 한다.

3) 하비거스트의 발달과업

하비거스트(Havighurst, 1972)는 인생의 발달단계를 주기에 따라 6단계로 구분하였고, 각각의 발달단계에 따라 주어진 과업을 그 단계에 성공적으로 완수해야만 행복해지고 다음 단계의 발달과업도 잘 수행할 수 있게 된다고 주장하고 있다. 그는 마지막 6단계인 노령기의 발달과업으로 신체적인 힘과 건강 약화에 따른 적응, 퇴직과 경제적 수입 감소에 따른 적응, 배우자 죽음에 대한 적응, 자기 동년배 집단과의 유대관계 강화, 사회적 역할을 융통성 있게 수행하고 적응하는 일, 생활에 적합한 물리적 생활환경의 조성을 제시했다.

4) 클라크와 앤더슨의 적응 발달과업

클라크와 앤더슨(Clark & Anderson)은 노령기에 직면하게 되는 5가지의 적응 발달과업을 제시했는데, 첫째, 노화의 현실과 이로 인한 활동 및 행동에 제약이 오는 것을 자각하는 것, 둘째, 신체적 및 사회적 생활반경을 재정의하는 것, 셋째, 노화로 인한 제약 때문에 종전처럼 만족시킬 수 없는 욕구를 다른 방법으로 만족시키는 것, 넷째, 자기의 평가기준을 새로이 설정하는 것, 다섯째, 느령기 생활에 맞는 생활의 목표와 가치를 재정립하는 것이라고 설명하고 있다.

5. 성공적인 노화이론

노화는 인간의 생애주기의 자연스러운 과정이며, 노화에 대한 인식은 질병과 사망, 성숙과 발달이라는 상반된 관점과 관련되어 있다. 노화의 과정에는 각 신체기관의 기능과 운동능력이 떨어지게 되고, 동시에 행동, 감각, 지각, 지적 능력 등이 낮아지게 된다. 사회적으로는 은퇴와 같은 과정을 통해서 사회적 지위나 역할이 변화되는 것과 관련이 있다.

성공적 노화이론은 크게 전생애발달론, 자아통합론, 불연속이론, 적극적 인생참여론, 최적화이론, 삶의 질과 주관적 안녕감 이론 등이 있다(표 9-1).

〈표 9-1〉 성공적 노화이론

이 론	시 기	내 용
전생애 발달론	에릭슨, 융, 매슬로와 뉴가튼 (Erikson, Jung, Maslow, & Neugarten, 1960)	• 생산적 성인발달 관점에서 다양한 심리적·사회적 단계 규명. 노화를 성장으로 보며, 발달은 노년기에도 가능하다고 봄. 퇴보와 관련된 적응양식의 변화도 발달개념에 포함. 노인에 대한 사회적 시각과 노인 자신의 시각 전환의 계기가 됨
자아통합론	에릭슨 (Erikson, 1963)	• 성숙은 자율성, 주도성과 같은 자아양식의 성장을 촉진하는 것. 생애발달 8단계 중 마지막 단계 '자아통합 대 절망감'은 노년기 과업, 신체적·사회적 퇴보를 보다 더 높은 인생철학으로 여겨 자아통합이 가능

불연속이론	뉴가튼 (Neugarten, 1979)	• 전기 노인기 : 55~75세, 비교적 일과 가족의 구속으로부터 자유로우며, 소득활동, 새로운 것 학습, 정치적 지식과 건강 유지 • 후기 노인기 : 특별한 보호와 보살핌이 필요한 연약한 노인기
적극적 인생참여론 (활동이론)	로위와 칸 (Rowe & Kahn, 1984)(미국)	• 노년학의 토대, 노화는 퇴화적 과정이 아님 • 노화는 개인의 기능수행에 어떤 방해를 하는가가 중요, 노인들도 새로운 것을 학습할 수 있음 • 노인기에도 생활습관을 바꾸면 건강해질 수 있음. 건강과 기능, 친구관계 등 사회적 관계, 교육수준과 삶의 도전 등
최적화이론 (SOC)	발테스와 발테스 (Baltes & Baltes, 1990)(유럽)	1. 정상적, 최적의, 병리적 노화에는 차이 존재 2. 개인적 다양성 3. 인생후기에도 잠재능력 존재 4. 잠재능력과 가소성에 한계 존재 5. 지식과 기술의 기능 쇠퇴는 보완 가능 6. 연령증가에 따라 이득보다 손실이 증가하는 경향 7. 자아는 노년기에도 탄력적으로 유지
삶의 질과 주관적 안녕감 이론	휴스 (Hughes, 1990), 리프(Ryff, 1989)	• 삶의 질은 다차원적 개념, 3가지 분리된 심리학적 영역(전 생애 발달, 개인적 성장, 정신건강)을 통합하여 심리적 안녕감을 도출함(Hughes, 1990) • 6가지 심리적 안녕감 : 자기수용, 타인과의 긍정적 관계, 자율성, 환경적 숙련, 삶의 목적, 개인적 성장(Ryff, 1989)

6. 노년기의 사회복지실천

1) 노인인구의 증가와 빈곤문제

노인문제의 근본적인 원인은 전체 인구에 비하여 노인인구가 상대적으로 증가하고 있는 고령화를 들 수 있다.

1960년대 이후 선진국들은 60세 이상의 노령인구가 전체 인구의 10%를 넘었고, 1970년대에는 15%대, 2000년대에는 20%선을 넘어설 것으로 예상되고 있다. 이러한 고령화 추세는 우리나라에서도 일어나고 있다. 우리나라 역시 1960년대 이후 산업화·공업화·도시화의 현상으로 급격한 사회변화가 이루어졌으며, 노인의 인구 역시 급격히 증가하고 있다.

사회적으로 경제상황의 어려움은 일자리를 잃게 하고 이로 인하여 노인의 경제적인 여건은 매우 어려운 상황이다. 연금제도와 같은 공적 경로연금제도 등의 사회보장제도의 불충분함 등은 빈곤문제를 야기하고 있다.

2) 관계, 노인학대의 문제

사회구조가 변화되어 가면서 노인의 연령이 높아질수록 자녀의존적인 경향을 나타내고 있다. 경제력이 있는 노인은 자식들로부터 부양이나 보호를 받고 있지만 빈곤한 노인은 가정에서 귀찮은 존재로 인식되면서 가족들로부터 소외감을 느끼게 된다.

과거의 우리 사회의 효의 규범은 부모를 부양해야만 하는 것으로 생각했다. 하지만 경제발전의 과정에서 핵가족화와 대가족제도의 붕괴와 경로사상에 있어서도 변화가 일어나고 있고 이로 인해 가족 간의 갈등문제는 심각한 지경에 이르게 된 것이다.

가족 간의 노인 부양에 대한 문제는 심각한 노인학대 문제로 이어지는 경우가 많다. 노인보호를 위한 서비스 및 학대 예방을 위한 제도적인 보완이 필요하며 노인학대 예방을 위한 사회적인 지원체계를 구축하는 것이 필요하다.

3) 고독과 상실, 죽음의 문제

노년기에 배우자와 친구 등의 죽음은 커다란 고독과 상심감을 가져다준다. 이러한 문제를 극복할 수 있는 사회적 지지체계의 마련과 다양한 여가 프로그램 및 활동을 도모해야 한다. 또한 가족의 기능을 강화하여 자녀 및 가족의 지지를 통해 이러한 문제를 해결할 수 있다고 판단된다. 하지만 핵가족화는 거주분리로 인한 물리적 거리뿐만 아니라 노인과 자녀 사이에 대화가 단절될 가능성이 높아지게 하여 노인들이 경험하는 정서적 외로움이 더욱 커질 수 있다.

노인문제 중에서 빼놓을 수 없는 부분은 죽음과 임종의 문제이다. 물론 현대사회 속에서 죽음은 노년기만의 문제는 아니지만 정상적인 경우에 죽음과 가장 가까운 시기라는 점과 죽음과 관련된 경험들을 많이 한다는 것에서 혹은 죽음을 실제적으로 인식시킨다는 점에서 노인기의 문제라고 할 수 있다.

4) 역할감소 및 건강의 문제

오늘날 전형적인 가족형태는 핵가족이다. 핵가족의 기능은 노인의 역할을 다음과 같이 만들게 되었다. 첫째, 부부의 성생활에 대해 불편한 존재가 되고, 둘째, 경제적 활동을 위한 존재가 되지 못하며, 셋째, 생산활동에 있어서도 아기를 돌보는 정도이고, 넷째, 교육적인 면에 있어서도 노인이 할 수 있는 역할은 이차적인 것에 지나지 않는다. 이와 같이 노인의 역할은 핵가족하에서 안락한 생활이라기보다 불안한 생활이 될 수밖에 없다.

또한 노인에게 있어서 건강의 문제는 대단히 많은 관심을 집중시키는 부분이다. 신체가 연약해져 병에 대한 저항력이 약해지고 질병이 쉽게 생기며, 생물학적 측면에서의 노화현상으로 흰머리가 생기고 시력이 약해지는 등 신체적인 기능이 떨어지게 된다. 이로 인하여 노년기에는 의료비 지출의 부담이 가중될 수밖에 없다.

인간행동 이해에 관한 주요 이론

Chapter 10 정신분석이론

지그문트 프로이트(Sigmund Freud)의 정신분석이론은 인간행동의 이해와 정신치료의 새 지평을 열었을 뿐만 아니라 사회복지실천의 과학적 토대를 마련하는 데 크게 기여하였다. 무의식에 의해 인간행동이 결정되고 성격의 기본구조가 초기 아동기에 결정된다는 정신분석이론의 관점을 수용하여, 사회복지실천에서는 내담자 문제의 원인인 과거의 정신내적 갈등(intrapsychic conflict)이나 정신적 외상을 밝혀내어 이를 해결하는 데 많은 관심을 기울이게 되었다. 이와 같이 정신분석이론이 사회복지실천에 긍정적 영향을 미쳤지만 부정적 영향을 미친 것도 사실이다. 프로이트의 정신분석이론은 사회복지의 이중적 초점(dual focus)이라 할 수 있는 인간과 환경 중에서 인간의 정신내적 현상을 지나치게 강조하고, 지나치게 기계론적이고 결정론적 인간관과 이에 따른 실천을 강조함으로써, 사회복지전문직의 분열과 사회복지실천상의 불균형을 초래하는 문제점을 야기하기도 하였다(권중돈 외, 2008 : 219-220).

제1절 인간관과 기본가정

1. 인간관

프로이트의 인간관은 인간의 기본적 본성이 이성보다는 욕망이라고 브았다. 인간을 의식의 영역 밖에서 존재하는 비합리적이고 통제할 수 없는 무의식적인 본능에 의해 지배를 받는 수동적 존재로 보았다. 인간본성은 합리적이지 않고, 생물학적으로 5세 이전 초기 아동기에 어떤 경험을 했는가에 따라서 인간의 성격구조는 결정되고, 이렇게 형성된 성격은 성인기가 되어도 변하지 않는다는 것이다. 현재보다는 과거의 경험을 중시하는 것으로 인간 존재를 자신의 행복을 위해 사회에 지속적으로 대항하는 투쟁적 존재로 보았고, 사회를 개인 활동의 산물로 보았다. 프로이트는 인간을 갈등의 존재로 보았다. 본능이 추구하는 쾌락과 현실의 갈등, 자아와 외부세계와의 갈등, 적극성과 수동성의 갈등이 우리를 자극하기 때문에 프로이트는 인간은 삶이 지속되는 한 갈등을 겪는다고 주장한다. 즉, 삶이 지속되는 동안 우리가 가진 세 가지 자아인 원초아(id), 자아(ego), 초자아(superego)가 서로 갈등을 겪는다는 것이다. 그리고 프로이트는 인간의 모든 행동, 사고, 감정은 신체적 긴장상태에 의해 유발되는 무의식적인 성적 본능과 공격적 본능에 의하여 결정된다고 보고 있으며, 인간은 이러한 본능적 긴장을 해소하기 위하여 행동을 한다고 보고 있다.

2. 기본가정

정신분석이론의 기본가정은 정신결정론과 무의식적 동기로 요약될 수 있다. 프로이트의 정신분석이론의 기본가정을 요약하여 제시해 보면 〈표 10-1〉과 같다(권중돈 외, 2008 : 221).

〈표 10-1〉 정신분석이론의 기본가정

① 모든 정신생활은 유의미하다. 그러므로 우연히 또는 무작위적으로 일어나는 것은 아무것도 없으며, 각각의 정신적 사건은 이전의 사건에 의해 결정된다.
② 세 부분으로 나누어진 에너지체계인 성격은 정신에너지에 의해 추진되며, 대상에 각기 다른 정도의 정신에너지를 투여한다.
③ 정신활동은 갈등적 힘의 표현이다.
④ 행동은 생물학적 기반을 갖고 있으며, 타고난 성적 충동 또는 공격적 충동에 의해 야기되는 긴장에 의해 추진된다.

⑤ 성격은 심리성적 발달단계의 결과물이며, 성격형성은 출생 후 첫 5~6년 사이에 주로 이루어진다.
⑥ 의식은 규칙이라기보다는 예외이므로, 개인은 자신의 정신과정의 대부분을 인식하지 못한다.
⑦ 무의식이 대부분의 행동, 감정 그리고 사고를 결정한다.
⑧ 원조과정은 비정상적 또는 파괴적 행동의 기저의 원인을 밝혀내어 정서적 경험을 교정하는 것이다.

제2절 주요 개념

1. 경제적 모델

프로이트는 인간의 모든 행동은 본능의 지배를 받으며, 정신에너지를 발산하는 데 그 목적이 있다고 본다. 프로이트가 신체구조의 긴장상태에 의해 유발되는 정신적 표상, 즉 소망(wishes)의 집합체를 본능(instinct)이라고 규정하고 있기 때문에, 그에 따르면 모든 인간행동은 생물적 기원을 가진다. 본능은 원천, 목표, 대상, 추동이라는 네 가지 요소로 구성되어 있다. 신체적 긴장상태에 의해 만들어지는 정신에너지는 어떤 형태로든 이용이 가능한 폐쇄체계이기 때문에 이용 가능한 에너지의 양은 고정되어 있다.

프로이트는 고정된 양의 정신에너지가 삶의 본능(eros)과 죽음의 본능(thanatos)에 어떠한 비율로 배분되는가에 따라 각 개인이 보이는 행동은 달라진다고 본다. 삶의 본능은 성, 배고픔, 갈증 등과 같이 생존과 번식에 목적을 둔 신체적 욕구의 정신적 표상이다. 이러한 삶의 본능은 생명을 유지·발전시키고, 친밀하고 유쾌한 신체적 접촉을 갖고, 타인과 사랑을 나누며, 창조적 발전을 도모하는 본능이다. 프로이트는 초기 이론에서 삶의 본능 중에서 성적 에너지를 리비도(libido)라고 하였으나, 점차 삶의 본능 전체를 의미하는 것으로 그 개념을 확대하였다(권중돈, 2014 : 190-191).

그린 등(Greene et al., 1991)은 죽음의 본능이 불변의 무기질 상태로 회귀하려는 충동으로 공격욕, 파괴욕 등의 속성을 지니며, 한 개인의 죽음의 본능이 과도하면 자학적 행위, 살인, 강도 등을 일으키지만, 국가 차원에서는 전쟁을 일으키기도 한다고 하였다. 하지만 삶의 본능과 죽음의 본능은 서로 영향을 미치며, 서로 융합되어 있기도 하다.

2. 지형학적 모델

프로이트는 눈에 보이지 않는 인간의 정신을 일종의 지도로 제시하여 가시화하였는데, 이것이 바로 지형학적 모델이다. 이 모델에서는 인간의 정신이 의식(consciousness), 전의식(preconsciousness) 및 무의식(unconsciousness)으로 구성되어 있다고 보고 있다(그림 10-1 참조).

① 의식

의식(consciousness)이란 어떤 순간에 우리가 실제로 알거나 느낄 수 있는 모든 경험과 감각을 말하는 것으로 정신생활의 극히 일부분을 차지한다. 즉, 사고, 느낌, 지각, 기억만이 의식의 범위 안에 포함된다.

② 전의식

전의식(preconsciousness)이란 즉시 인식되지는 않지만, 최소한의 주의집중과 노력으로 쉽게 의식될 수 있는 경험, 기억을 의미한다. 즉, 의식 속의 자료들이 저장되어 있는 곳으로 현재 의식되지 못하지만 주의집중을 통해 자유롭게 의식화할 수 있는 기억들이다.

③ 무의식

무의식(unconsciousness)은 욕구나 본능이 깊게 자리하고 있는 영역으로 인식할 수 없고, 직접적으로 확인할 수도 없는 접근 불가능한 창고에 해당한다. 무의식은 우리 정신 내에 존재하고 있으며 망각되거나 없어지지 않으면서 많은 심리

작업이나 노력을 하지 않고서는 의식화되지 못한다. 인식이 불가능하고, 주로 억압이라는 방어기제와 관련되어 있으며, 쉽게 접근하기 어렵고, 꿈이나 히스테리 증상에서 볼 수 있다. 우리가 흔히 하는 말 실수, 꿈, 망각 등을 프로이트는 무의식의 증거라고 하였고, 특히 꿈은 무의식을 알아보는 주요한 통로이며, 꿈의 해석을 통해 무의식의 내용을 알 수 있다고 하였다.

프로이트(Freud, 1960)는 이러한 정신의 세 가지 층은 구분되거나 절대적인 범주로 볼 수 없으며 정도의 범주로 보아야 하지만 개인의 사고와 감정의 대부분은 의식 외부에 존재한다고 하였다.

3. 구조적 모델

구조적 모델에서 프로이트는 성격은 원초아(id), 자아(ego), 초자아(superego)라는 세 부분으로 구성되어 있다고 보았다. 이들 부분이 상호작용하여 전체 성격체계를 구성하고, 각각의 하위체계는 개인의 행동에 각기 다른 영향을 미친다. 이러한 성격의 각 부분은 실존하는 것이 아니며 개념화된 것으로서, 이를 도식화하면 |그림 10-1|과 같다.

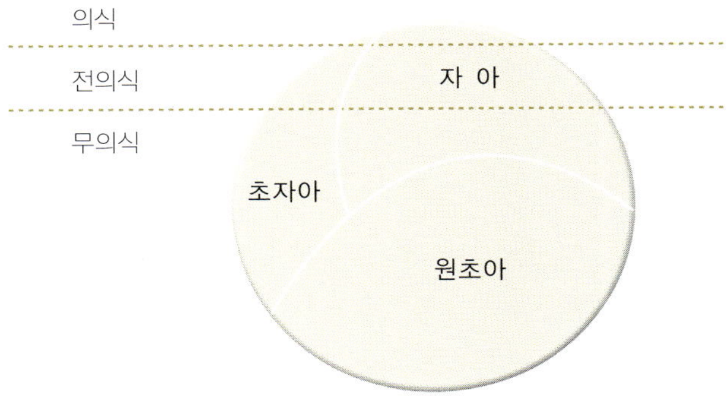

|그림 10-1| **지형학적 모델과 구조적 모델의 관계**

출처 : Hjelle & Ziegler(1981), p. 34.

1) 원초아

원초아(id)는 성격의 원형이고 본질적인 체계로서 본능을 포함하고 있으며, 출생시부터 타고나는 것으로 정신에너지의 저장고이다. 원초아의 기능은 외부와 내부로부터의 자극으로 생기는 흥분을 발산시키는 데 있다. 즉, 무의식세계에 존재하는 본능적 충동을 자극하는 정신체계를 말하며, 정신분석이론에서 가장 중요시하는 무의식세계의 주 메커니즘이 바로 원초아이다. 원초아는 두 가지 특성이 있는데 하나는 일차적 사고과정(primary thought process), 두 번째는 쾌락원칙(pleasure principle)이다. 일차적 사고과정은 논리와 시간성이 없고 질서정연하지 못한 것이 특징이다. 이러한 형태의 사고과정은 객관적 현실을 알지 못하고, 본질적으로 이기적이며, 낙천적이고, 전지전능하다.

원초아의 또 다른 특성은 고통을 피하고 쾌락을 추구하는 쾌락원칙에 입각하여 작동한다는 것이다. 예를 들어, 술을 마시고 싶으면 자신의 건강이나 주변의 상황을 무시하고 마신다. 마음에 들지 않으면 상황에 관계 없이 자신의 분노를 표현한다. 이처럼 욕구충족 방법이 즉흥적이고 자기중심적이며 억제가 안 된다. 가치판단의 기능을 갖고 있지 않으며, 선악을 구별하거나 도덕적 판단을 하지 않는다.

2) 자 아

자아(ego)란 성격 가운데 주로 의식적 부분에 해당하며, 행위나 사고의 주체자이다. 자아는 성격의 조직적이고 합리적이며 현실지향적인 체계로서 성격의 집행자이자 경영자이며 이성·상식이라고 불리는 것들을 내포하고 있다. 자아는 현실원칙에 따라서 원초아의 무분별한 욕구충족 행동을 억제시켜 외부의 현실적 조건에 맞게 행동하도록 유도한다. 자아의 기능은 크게 인식기능(현실검토 기능), 집행기능(적응기능), 통합기능, 방어기능으로 나눌 수 있다. 자아는 성격의 조정자로서 인간의 생각과 행동을 통제한다. 자아의 두 가지 특성은 이차적 사고과정(secondary thought process)과 현실원칙(reality principle)이다. 이차적 사고과정은 현실적인 계획을 세울 때 만족을 지연시키며 현실검증을 하는 것으로 개인의 외부세계에서 일어나는 많은 자극들을 분별할 수 있는 자아의 현실적인 사고능력을 말한다. 현실원칙은 쾌락을 추구하려는 원초아(id)의 원시적이고 본능적인 욕구를 현실여건을 고려하여 연기하거나 충족시키거나 단념시키는 자아의 활동원칙으로 현실적으로 적절한 시기까지 긴장을 지연시켜 궁극적으로 사회가 수용하는 형태로 만족을 얻는 능력이다.

3) 초자아

초자아(superego)는 자아로부터 발달되며 쾌락이나 현실보다는 이상과 온전함을 추구하며 사회적 원칙(social principle)에 의해 발달한다. 초자아는 성격의 도덕적인 부분이며 심판자로서, 자아와 함께 작용하여 개인이 자신의 행동을 통제할 수 있게 해준다.

부모나 양육자는 사회의 도덕규범, 전통적 가치, 이념 등을 가르쳐 주며 가르친 대로 아동이 행동하면 상을 주고 어기면 벌을 준다. 아동은 상을 받기 위해 부모나 양육자의 지시를 따르고 이것이 반복되면서 그들을 동일시하게 되고 그 결과 사회의 도덕규범, 가치와 이상이 아동의 성격구조에 자리 잡아 초자아가 발달한다.

초자아의 두 가지 특징은 양심(conscience)과 자아이상(ego ideal)이다. 아동의 벌 받는 행위는 양심에 흡수되고, 부모의 인정을 받고 상 받을 만한 행위는 자아이상에 흡수된다. 양심은 죄의식(guilt)을, 자아이상은 자부심(pride)을 갖게 한다. 즉, 양심은 잘못된 행위에 대해서 처벌이나 비난을 받는 경험에서 생기는 죄책감과 관련된 것이며, 이상적 자아는 잘한 행위에 대해서 칭찬이나 보상을 받은 경험이 기초가 되어 이상적인 자아상을 형성하게 되는 것이다.

초자아의 주요 기능은 ① 성적이고 공격적인 원초아의 충동을 억제하여 사회의 비난을 피하는 것, ② 자아가 현실적 목표 대신에 윤리적 목표를 행하도록 설득하는 것, ③ 완벽을 추구하는 것이다.

비합리적인 면에서 원초아와 같고 본능을 억제하려는 점에서는 자아와 같다. 그러나 자아는 본능적 욕구를 뒤로 미루려 하나 초자아는 영원히 막으려 한다. 일반적으로 원초아는 성격의 생리적인 요소, 자아는 심리적인 요소, 그리고 초자아는 사회적 요소이다. 이러한 세 가지 성격요소가 자아의 통솔하에 하나의 팀으로 잘 기능할 때 건강한 성격을 유지할 수 있다.

4. 역동적 모델

역동적 모델은 개인이 충동 또는 원초적 본능에 의해 정신적 추진력을 갖게 되며, 상반되는 사회적 기대와 갈등을 겪게 된다는 관점에 기반을 둔 전통적 정신분석이론의 중추적 모델이다. 프로이트(Freud, 1964)는 성적·공격적 에너지를 방출하고자 하는 개인 내부의 쾌락을 추구하는 힘과 이의 억제를 요구하는 사회적 환경 사이에 갈등이 존재한다고 하였다. 프로이트는 정신활동은 본능적 긴장을 감소시키고 심리적 안정을 되찾으려는 욕구에 의해 결정된다고 주장하였다. 역동적 모델에서는 궁극적으로 충동이 모든 행동을 결정하며, 정서적 긴장을 없애려는 욕구가 심리적이고 사회적 행동을 일으킨다고 본다.

프로이트는 성격은 에너지 체계이며, 에너지는 원초아, 자아, 초자아 사이에서 지속적으로 배분된다고 가정하였다. 성격을 움직이는 모든 에너지는 타고난 본능에서 나오며, 처음에 원초아에 저장된다. 그러나 점진적으로 일정량 또는 제한된 양의 에너지가 성격의 다른 하위체계인 자아와 초자아에 재분배된다. 나이(Nye, 1975)는 만약 원초아에 에너지가 더 많이 배분될 경우에는 충동적이거나 공격적 행동이 특징적으로 나타날 것이고, 자아에 에너지가 더 많이 배분된 경우에는 현실적 적응을 잘하는 성격이나 행동이 형성될 것이며, 초자아에 정신 에너지가 집중된 경우에는 도덕주의자와 같은 행동을 하게 될 것이라고 하였다.

5. 불 안

프로이트는 정신의 구조를 원초아, 자아, 초자아로 보고 이 세 가지 자아 간의 마찰이 불안을 야기하는 것으로 보았다. 프로이트는 정신적 갈등을 겪는 동안 양심이 의식과 무의식의 양 수준 혹은 그중 하나에서 작용할 수 있다는 것을 인식하였다. 또한 마음이 불안으로부터 자신을 보호하는 방식조차도 무의식적이라는 것을 알게 된 후, 우리 마음이 구조적으로 조직되어 있다는 관점에서 자신의 이론을 재구성하였다. 프로이트는 원인에 대한 명확한 대상이 없이 두려움을 느끼는 것을 불안으로 보았으며, 무엇인가를 하기 위해 동기화시키는 긴장상태를 불안이라고 하였다. 프로이트가 제안했던 세 가지 유형의 불안은 '현실적 불안', '신경증적 불안', '도덕적 불안'이다. 이러한 불안은 성격의 세 가지 구조와 관련해서 이해할 수 있다. 즉, 현실 및 세 가지 자아 간의 갈등에 의해 불안이 야기된다.

1) 현실적 불안

현실적 불안(reality anxiety)은 자아가 현실을 지각하여 두려움을 느끼는 불안으로 실제적 위험에서 우리를 보호하는 데 기여한다. 현실적 불안은 구체적인 외부세계로부터 오는 신체적 상해나 빈곤, 열악한 환경조건과 같은 위험을 인식함으로써 발생되는 불안이나 고통스러운 정서적 경험이라고 할 수 있다. 실제 외부의 생활로부터 오는 불안으로 불안의 정도는 실제 위험에 대한 두려움의 정도와 비례한다. 현실세계로부터 위협에 대한 반응의 예로, 차가 내게 달려드는 것을 볼 때 불안을 느낀다. 현실적 불안은 기본적으로 공포와 같으며, 위험을 피하기 위해 무엇인가 하는 게 좋음을 경고한다.

2) 신경증적 불안

신경증적 불안(neurotic anxiety)은 원초아와 자아 사이에서 일어나는 갈등 혹은 불안이다. 대부분의 정신질환자들이 이러한 상황에 속하게 되는데, 원초아의 본능이 강해져서 자아기능이 약해진 경우 개인이 원초아와 본능이 표출되는 것에 대해 불안해지는 것을 말한다. 신경성 불안이 압박을 가해 오면 올수록 인간은 이성을 잃고 충동적인 사건을 저지르게 된다. 그 이유는 충동적 행동을 저지름으로써 초래될 결과가 불안보다는 덜 고통스럽다고 여기기 때문이다.

3) 도덕적 불안

도덕적 불안(moral anxiety)은 원초아와 초자아 간의 갈등에서 비롯된 불안으로 본질적으로 자신의 양심에 대한 두려움이다. 만약 당신이 자신의 도덕적 원칙에 위배되는 본능적 충동을 표현하도록 동기화되면, 초자아는 당신으로 하여금 수치와 죄의식을 느끼도록 한다. 즉, 도덕적 불안은 자신의 행동이 도덕적 기준에서 위배된 생각이나 행동을 했을 경우 생기는 불안이다. 자신의 도덕성이 발달된 사람을 초자아가 강한 사람이라고도 하는데, 초자아가 강한 사람들은 자신의 도덕률을 위배할 때 죄책감을 느끼게 된다. 도덕적 불안은 신경성 불안과 밀접한 관계를 갖고 있는데, 예를 들어 덕망 있는 사람은 그렇지 않는 사람보다 더 많은 수치감을 경험하게 되는 경우이다. 단순히 나쁜 일을 도모하려는 생각만으로도 부끄러워하며, 자제력이 강한 사람일수록 본능적 유혹에 대한 생각을 더 많이 하게 마련이다. 반면 덕을 갖추지 못한 사람은 초자아가 그다지 강하지 않으므로 도덕률을 벗어난 일을 생각하거나 도모할 때 비교적 양심의 가책을 덜 느낀다.

6. 방어기제

자아의 방어기제(defence mechanism)는 자아가 불안에 처하여 합리적인 방법으로 이것을 해결하지 못할 때 현실을 부정하거나 왜곡하면서 무의식적으로 불안을 제거하려는 심리기제이다. 방어기제는 고통에서 우리를 보호하는 면에서는 유용하지만 무분별하게 충동적으로 사용하게 되면 병리적이 된다. 방어기제는 내적 갈등의 원천을 왜곡, 대체, 차단하는데 이는 무의식적으로 채택되며, 대부분 한 가지 이상의 방어기제가 동시에 동원되는 경우가 많다. 안나 프로이트(Anna Freud, 1965)는 자아방어기제가 정상적인지 또는 병리적인지는 ① 한 가지 방어기제를 사용하는지 혹은 여러 가지 방어기제를 사용하는지와 관련된 균형, ② 방어의 강도, ③ 사용한 방어기제의 연령 적합성, ④ 위험이 사라졌을 때 사용한 방어기제를 철회할 수 있는 가능성이라는 네 가지 요소를 근거로 판단하여야 한다고 했다. 정신분석이론에서 제시된 주요 자아방어기제는 〈표 10-2〉와 같다.

〈표 10-2〉 자아방어기제

자아방어기제	개념과 예
억압 (repression)	• 자아가 위협적이거나 고통스러운 생각이나 감정들을 의식하지 못하도록 막는 것이다. 즉, 이것은 수치스럽다고 느껴지는 생각, 죄의식을 느끼는 기억, 괴로운 경험 및 싫증나는 일들을 의식으로부터 무의식적으로 밀어내는 것을 말한다(Schultz & Schultz, 1994 : 48). • 예 고통스러운 일을 잊어버리는 기억상실이나 하기 싫고 귀찮은 과제나 약속을 "깜빡 잊었다"는 경우가 해당된다.
부정 (denial)	• 무의식적으로 현실을 거부함으로써 현실과 관련된 정신적 고통을 피해보려고 하는 것이다. • 예 불치병에 걸려 3개월밖에 살 수 없음을 알면서도 미래의 계획을 화려하게 세우는 환자의 경우(손광훈, 2010 : 57), 부모가 사랑하는 자녀의 죽음을 믿지 않으려 하는 것이 그 예이다.
반동형성 (reaction formation)	• 무의식 속에 용납할 수 없는 충동을 반대의 감정으로 표현함으로써 불안을 감소시키려는 현상이다. • 예 누군가를 미워하거나 싫어하는 감정이 생길 때 거꾸로 그 사람과 친해지려고 하거나 친절하게 대하려고 한다. '미운 놈 떡 하나 더 준다'를 들 수 있다.
투사 (projection)	• 현실에서 받아들일 수 없는 욕구나 충동으로 불안을 일으키는 원인이 자신의 내부에 있음에도 불구하고 타인에게 있는 것으로 간주해 버리거나 외부세계로 전가하는 것을 말한다. 즉, 자신이 수용하기 싫은 소망이나 충동, 실패, 자신에게 발생한 문제, 자기 결점을 남의 탓이나 환경 탓으로 돌리면서 자기의 불안을 해소하고 자신을 방어하려고 한다. • 예 잘 안되면 조상 탓, 환경 탓, 남의 탓으로 돌리는 것을 말한다.

퇴행 (regression)	• 심하게 좌절했을 때 또는 아주 심한 스트레스를 받았을 때 과도한 긴장이나 도전에 직면할 때 발달 초기단계로 돌아가는 미성숙하거나 부적절한 행동을 함으로써 어려움을 피하거나 불안에 대처하는 것을 말한다. • 예 동생을 본 유아가 부모의 관심이 동생에게 집중되자 나이에 어울리지 않게 응석을 부린다거나 대소변을 갑자기 가리지 못하는 유아를 들 수 있다.
합리화 (rationalization)	• 개인이 자신의 실패에 그럴듯하지만 옳지는 않은 것을 정당화하는 방어기제로 용납될 수 없는 태도, 신념, 행동을 정당화하기 위한 시도로 합리적 설명을 행하는 것을 말한다. 즉, 이것은 부당하고 비논리적인 행동이나 생각에 대해서 변명하거나 정당화시키려는 것을 말한다(Nye, 1981 : 48). • 예 '나는 진짜 노력하지 않았어'라고 변명함으로써 자신의 실패와 자존심의 상실에서 야기되는 불안으로부터 자신을 보호하려 하는 것과 데이트를 신청했다가 거절당한 남학생이 '그녀는 내게 맞지 않았어'라고 생각하는 경우이다.
승화 (sublimation)	• 개인이 충동을 사회적으로 용납할 수 있는 생각이나 행동으로 표현함으로써 적절하게 전환시키는 기제이다. • 예 청소년들의 성적 문제는 불안감을 야기시키기 때문에 각종 운동을 통하여 성적 충동을 해소하는 것, 또한 많은 예술작품들은 성적 혹은 공격적 에너지를 창조적 활동으로 전환시킨 결과라고 할 수 있다.
해리 (dissociation)	• 마음을 편치 않게 하는 성격의 일부가 그 사람 자신의 지배를 벗어나 하나의 독립된 성격인 것처럼 행동하는 기제이다. 보통 현실적인 고통을 참고 처리할 만큼 성숙되지 못한 사람이 감당할 수 없는 큰 고통에 직면했을 때 보이게 된다. • 예 이중인격자, 다중인격자, 몽유병, 잠꼬대 등이 있다.
보상 (compensation)	• 어떤 분야에서 인정을 받음으로써 다른 분야에서의 약점을 보충하고자 하는 것으로 개인의 결함이나 열등감을 극복하기 위해 어떤 분야에서 탁월하게 인정을 받아 다른 분야에서의 실패나 약점을 보충하여 자존감을 고양시키는 기제이다. • 예 친부모에게 효도를 하지 못한 사람이 홀로 사는 노인들을 지극 정성으로 보살피는 것, 또한 신체적인 열등감으로 소실된 자존심을 찾기 위해 사회적으로 유용한 일을 하려고 하고 공부에 열중하는 경우, 성적이 좋지 못한 학생이 운동으로 명성을 얻는 경우 등도 있다.
전치 (displacement)	• 본능적 욕구나 충동의 표현을 재조정해서 자신의 감정을 표출하여도 덜 위험하거나 편안한 대상 혹은 사람을 향해 에너지를 분출함으로써 긴장을 완화시키는 방법이다. • 예 선생님이나 부모님께 꾸지람을 들은 아이가 동생을 때리거나, 자기의 장난감을 부수는 행동, 어린 시절 어머니에 대해 가졌던 사랑의 감정을 어머니에게 직접 표현하지 못할 경우 어머니와 유사한 사람을 자기의 연인으로 삼는다든가, 젖꼭지를 빨고자 하는 욕구가 차단될 경우에 그와 유사한 손가락을 빠는 경우도 이에 속한다.

제3절 심리성적 발달단계

프로이트의 발달단계를 심리성적 발달단계라 하는데, 그 이유는 성적 에너지인 리비도(libido)가 집중된 부위(입, 항문, 성기 따위)에 따라 발달단계를 나누었기 때문이다. 프로이트는 성격이 영아기부터 청소년기까지 구강기, 항문기, 남근기, 잠복기, 생식기의 다섯 단계에 걸쳐 발달하고, 특히 앞의 세 단계가 성격형성에 결정적인 영향을 미친다고 보았다. 각 단계마다 주요 과업을 성취하면서 성장해 나가는데 각 단계로의 진행이 방해받으면 특정 단계에 고착(fixation)될 수 있고, 이러한 고착이 성인기 성격에 직접적인 영향을 미친다고 보았다. 또한 프로이트는 성격발달의 세 가지 기본원칙을 제시하였다(이종복 외, 2007 : 165).

첫째, 정신결정론으로 인간의 정신적 활동을 이전의 초기 생활경험이나 행동의 결과로 보았고, 둘째, 무의식의 중요성으로 인간의 행동이 의식적 과정이라고 보기보다는 인식할 수 없는 무의식에 의해 동기가 유발된다고 보았다. 셋째, 성적 에너지인 리비도는 본능적인 성적 에너지로 행동과 사고의 동기가 된다고 간주하였다.

1. 구강기

구강기(oral stage)는 태어나서부터 18개월까지이며, 이 때 유아는 리비도가 입에 집중되어 있어 입으로 빨고, 삼키고, 깨무는 행위를 통해 쾌감을 느낀다. 생후 약 8개월 동안에 영아의 생존 및 쾌락획득과 밀접한 관련성을 지닌 신체부위는 입, 입술 그리고 혀다. 따라서 영아의 성감대는 구순(口脣)영역에 집중되며, 빨기와 삼키기가 긴장을 감소시키고 쾌락을 성취하는 주된 전략이 된다. 이 단계는 대개 출생부터 약 8개월 정도까지 지속되며 구강적 빨기 단계 또는 구순동조적 단계라고 불린다. 생후 8개월 정도가 되면서 영아는 좌절감을 경험할 때 깨물고 싶은 충동을 느끼게 된다. 이 단계는 약 18개월까지 지속되며, 구순적 깨물기 단계 또는 구순공격적 단계라고 불린다.

이 시기의 영아는 거의 어머니의 젖꼭지를 빨아가면서 성장해 나가는데, 이는 영양섭취로서의 의미만이 아니라 구강 점막의 쾌감을 즐긴다는 의미도 갖고 있다. 이 시기에 어머니와의 사이에 바람직한 감정적 교류와 함께 평온함을 경험하면서 충분한 구강 쾌감을 맛본 영아는 어머니에 대한 신뢰감을 느끼게 된다. 이것은 인간 일반의 신뢰감의 기초가 된다. 이런 경험 가운데 자란 영아는 나중에 타인을 신뢰하고 자신의 능력을 신뢰하는 낙천적인 성격이 형성되어 타인과의 대화를 즐기는 사교적인 사람이 된다. 그러나 반대로 이 시기에 어머니와의 따뜻한 감정적 교류를 경험하지 못하고, 또한 평온한 가운데 구강 쾌감을 맛보는 여유를 갖지 못한다면 외로움을 느끼면서 타인에 대한 불신감을 갖는 성격이 형성되기 쉽다.

프로이트에 의하면 각 단계마다 추구하는 쾌락을 만족시켜야 다음 단계로 넘어갈 수 있다고 한다. 만일 쾌락의 추구가 빈번히 좌절되면 다음 발달단계로 넘어가지 못하고 그 시기에 고착하게 된다고 한다. 이 단계에 고착하게 되면 과식이나 과음, 과도한 흡연, 입맞춤, 수다, 신랄한 비평, 빈정거림 등의 구강기 성격이 나타난다. 구강기의 주요 발달과업으로는 분리/ 개별화, 대상관계의 형성을 통해 신뢰감을 형성하는 것이다.

2. 항문기

출생 후 1년 반에서 3세 사이에는 성감대가 구순영역에서 항문영역으로 옮겨간다고 해서 항문기(anal stage)라고 부른다. 이 시기에 들어서면 항문과 요도(尿道)의 괄약근 발달과 함께 부모에 의한 배설훈련이 시작된다. 항문기는 구강기와는 달리 신체 내부에서 외부로 내보내는 행위(배설)에 의해 쾌감을 즐기는 시기이다. 여기서는 대소변의 배설을 참으면서 어느 정도까지 몸속에 저장하였을 때 생성되는 충족감, 그리고 인내의 한계를 넘어서서 배설할 때 생성되는 해방감을 느끼는 시기이다. 이 시기에 들어서면 처음으로 부모에 의해 양육다운 양육이 시작되며, 이에 의해 유아는 자기 자신을 통제하는 것을 학습하기 때문에 성격형성에 있어 대단히 중요한 의미를 갖는 시기이기도 하다.

프로이트는 이 시기에 형성되는 성격 특성으로 꼼꼼함, 인색함, 완고한 성격의 3요소를 제시하고 있다. 꼼꼼한 성격은 배설물의 시작과 끝을 자신 스스로 깔끔히 처리할 때 생성된다. 또한 배설물은 유아의 입장에서는 부모의 요구에 의해 일방적으로 내보낸다는 의미를 갖고 있기 때문에 처음으로 '내보는 것'에 대한 아쉬움이라는 관념이 유아에게 생성되면서 욕심과 함께 인색한 성격이 나타나게 된다. 나아가 항문기에는 처음으로 타인의 요구에 의한 순종을 경험하는 시기로서, 이때 오히려 이것을 거부함으로써 자신의 주장을 표현하는 경험을 갖게 된다. 그러나 이것이 반복되면 완고하고 반항적인 성격특성이 형성된다.

항문기의 양육이 원만히 진행되기 위해서는 먼저 구강기에 양육자와의 사이에 신뢰감이 잘 형성되어 있어야 한다. 이 시기에 배설훈련이 적절하면 유아는 자신을 스스로 통제할 수 있는 자기통제력과 자율성을 획득하면서 이것에 의해 자존(自尊)감정을 획득하게 된다. 그리고 계획적이고 체계적이면서 일의 순서를 알고 문제상황에 대한 대처능력을 가진 성격으로 발달하게 된다. 하지만, 배설훈련이 너무 빠르거나 엄하면 고집불통, 반항적, 충동적, 가학적 또는 피가학적 성격이 형성되기 쉽다(현정환 외, 2007 : 39-40). 이 단계에 고착된 인간은 산만하고 고집이 세며, 반항적이거나 강박적으로 깨끗하고 질서정연하게 정리정돈을 하는 성격이 된다.

3. 남근기

남근기(phallic phase)는 3~6세까지 지속되는 단계로, 이 시기에는 유아의 성적 관심과 흥분이 더욱 강해지며, 성기에 성적 관심이 집중되어 있다. 남근기의 가장 두드러진 갈등으로는 남아는 오이디푸스 콤플렉스(Oedipus complex)와 여아는 엘렉트라 콤플렉스(Electra complex)를 경험하게 되는 것이다. 오이디푸스 콤플렉스는 남아가 어머니의 사랑을 갈망하고 아버지를 제거하려는 욕망이다. 그러나 실제로 아버지를 제거할 수 없기 때문에 아버지에 대한 경쟁심은 두려움으로 변모하게 된다. 남아는 아버지가 자신의 적대감을 알고 자신을 해칠지도 모른다는 불안감을 느끼게 되며, 이러한 피해의식은 남아가 아버지가 자신의 성기를 잘라 버릴지도 모른다는 불안을 느끼게 하는데, 이것을 거세불안(castration anxiety)이라고 한다. 이 때문에 남아는 어머니에 대한 성적 욕망을 포기한 채 아버지에 대한 적대감을 무의식중에 억압시키고 이 억압된 것은 결과적으로 어머니의 사랑을 받기 위해서는 아버지처럼 되어야 한다는 현상, 즉 아버지를 동일시하는 현상이 일어나게 된다.

엘렉트라 콤플렉스는 여아가 아버지의 사랑을 갈망하고 어머니를 싫어하는 경향으로 남근선망(penis envy)을 느끼게 된다. 여아는 어머니가 자신의 성기를 빼앗았다고 생각하여 어머니에 대한 적개심을 갖게 되며, 동시에 부러운 기관을 가지고 있는 아버지를 소유하고 싶어 한다. 그러나 여아는 남근을 갖는다는 것이 불가능하다는 사실을 인식할 뿐만 아니라 어머니에게 미움을 사서 보복을 당할 위험이 있다고 보고 여아는 스스로 어머니와 동일시하게 된다. 남근기의 주요 과업으로는 부모에 대한 성적 감정을 억압하고 남성성, 여성성에 대한 역할수용과 사회의 가치지향과 윤리를 다룰 수 있는 능력을 표현하는 것이다. 그러므로 이 시기에 형성되는 성격특성에는 동성의 부모특성을 모델로서 모방해 나가는 가운데 남자다움과 여자다움을 배워가고, 동시에 부모의 행동을 통하여 도덕심, 양심과 같은 것을 습득하여 초자아가 형성된다.

4. 잠재기

잠재기(latency stage) 또는 잠복기로 불리는 이 시기는 6~12세를 지칭하며, 성적이고 충동적인 환상들이 대부분 잠복상태에 있으므로 평온한 상태이다. 그래서 이 시기 아동의 관심은 비성적인 것으로 향하면서 학습과 놀이에 열중하게 된다. 아동은 친구들과 우정을 나누며, 스포츠나 게임, 지적 활동 등과 같은 구체적이고 사회적으로 용납할 수 있는 일에 그들의 에너지를 전환시킬 수 있게 된다. 인간관계는 가족중심에서 점차 친구를 포함한 인간관계로 확장해 간다. 이러한 가운데 성적 충동은 학교 친구와의 우정이라든지 부모에 대한 배려 등 비성적인 우정과 사랑의 형태로 변해간다. 이것은 장래에 이성과의 건전한 성적 관계를 만들어 나가는 데 있어 대단히 중요한 의미를 갖는다. 또한 이 시기의 또래관계는 동성중심이어서 동성과의 교제를 통하여 남자다움, 여자다움을 더욱 몸에 익혀나간다.

이 단계의 주요 과업으로는 사회적인 기술 습득, 가치나 규범을 내면화, 또래집단과 어울리기 등이다. 그리고 잠재기에 고착되면 이성과의 성적 관계를 회피하거나 정서적 감정 없이 공격적 방식으로 성적 행동을 하기도 한다(이인정 외, 2003 : 164).

5. 생식기

생식기(genital stage)는 12세 이상으로 사춘기부터 성인기 이전이며 심한 생리적 변화가 특징이다. 호르몬과 생리적 요인으로 성적 감정이 강화되고 성적·공격적 충동이 강해짐으로써 재적응이 필요한 시기이다. 이 단계에서는 성적으로 완전히 성숙하게 되며, 이성을 상대로 한 애정생활을 통해서 성적 충족을 얻게 된다. 또한 현실상황에 적응하여 생활을 즐기고 발전시키는 단계이며, 성인기가 시작되는 시기이기도 하다. 프로이트에 따르면 사랑하고 일하려는 목적을 이룩하는 것이 성숙한 성인의 중심특성이라고 강조하였다. 즉, 사랑하고 일하는 자유와 사랑과 일로부터 만족을 얻는 것이 가장 중요하다. 이 시기의 중요한 과제는 '부모로부터 자유로워지는 독립'이며, '자신의 일과 우정과 사랑을 추구'하는 것이다.

제4절 사회복지실천에 대한 적용

1. 심리적 건강과 증상에 대한 관점

프로이트는 신경성 건강(nervous health)과 신경증(neurosis)을 구분하기는 매우 어렵다고 하였다. 프로이트에 의하면 건강한 성격이란 자아가 잘 발달되고 불안을 효과적으로 처리할 수 있는 경우를 말한다. 즉, 현실의 요구를 처리하여야 하는 자아방어기제가 계속해서 불안을 차단할 수 있을 만큼 충분히 발달하고 다양하여야만 건강한 성격이라 할 수 있다. 이에 반해 어떤 한 가지 자아방어기제를 지나치게 사용하는 것은 정신건강이 좋지 않다는 표시다(권중돈 외, 2008 : 237).

2. 치료목표

프로이트는 최소한의 갈등과 긴장을 경험하면서 성공적으로 심리성적 발달단계를 통과하기 위해서는 적절한 만족이 필요하며, 성장을 방해하는 고착상태에 빠지지 않도록 해야 한다고 하였다. 또한 불안, 즉 외부적 요인에 의해 촉발된 긴장상태는 언제 어디서나 존재하며, 개인을 형성하는 데에 중요한 역할을 하지만, 그 정도가 심해질 때, 특히 원초아와 자아, 초자아 사이에 심한 갈등이 일어날 때 신경증적 불안이 야기되기 때문에 이때 사회복지실천의 개입이 필요함을 강조하였다.

프로이트의 정신분석을 통한 사회복지실천의 치료목표는 증상의 심리 내적인 상징적 속성의 파악과 해석을 통하여 어려운 과거 생활사건, 특히 아동기의 외상을 재구조화하는 것이며, 지속적으로 억압된 무의식을 발견하여 이를 의식수준으로 끌어올려 보다 융통성 있고 성숙한 인간으로 만드는 것이다. 이러한 목적을 성취하기 위하여 자아의식을 강화하여 무의식적인 정신과정에 대한 의식적인 자아통제력을 증진시키고 정서적 갈등의 표출을 통해 외상적 기억에서 벗어나는 데 도움을 주는 사회복지사와 클라이언트의 원조관계를 성립해야 한다고 보았다.

3. 사회복지사의 역할과 실무원칙

1) 사회복지사의 역할

정신분석을 통한 사회복지실천에서의 사회복지사의 주된 역할은 클라이언트로 하여금 그의 마음속에 떠오르는 어떤 기억이나 생각 그리고 어떤 연상이나 감정 등 무엇이든지 말하게 하는 것이다. 가능한 한 왜곡되지 않고, 억압이나 억제 없이 중요하다거나 중요하지 않다거나 하는 것과 같은 사전판단 없이 자유롭게 연상된 내용들을 표현하게 하는 것이다. 이 과정에서 클라이언트의 연상내용들 간의 가능한 관련성과 그 의미를 관찰하고 반성하게 함으로써 클라이언트로 하여금 능동적인 관찰자 혹은 해석자로서의 역할을 하게 하는 것이다. 사회복지사는 클라이언트의 연상의 자유스러운 흐름 속에 개입한다. 즉, 정신분석을 통한 사회복지실천은 클라이언트가 자신의 문제에 대해 통찰하고 자신의 문제를 변화시키는 방법을 인식해서 자신의 삶을 보다 합리적으로 통제할수 있도록 도와주는 것이라 할 수 있다. 프로이트는 치료자의 역할을 산파(産婆)에 비교하였는데, 변화는 변화하고자 하는 클라이언트 자신의 몫이며 사회복지사는 자아기능에 가장 유익한 심리학적 조건들을 가능하게 함으로써 임무를 다하는 것이다(구혜영, 2010 : 40-41).

2) 실무원칙

정신분석을 통한 개입은 클라이언트의 증상에 대한 자각을 증진시키고 비정상적 행동에 대한 통찰을 얻게 함으로써 증상의 의미를 이해하게 하고, 성격구조를 재구조화하는 목적을 지니고 있다. 그러므로 개입과정은 클라이언트와의 대화를 통해 정화, 통찰, 무의식적인 지적・정서적 문제를 이해하고, 재교육의 순서로 이어지는 클라이언트와 사회복지사의 노력의 과정이라고 할 수 있다. 이러한 과정 속에서 정신분석적 접근방법을 활용한 실무원칙은 〈표 10-3〉과 같다(권중돈 외, 2008 : 239).

〈표 10-3〉 정신분석적 접근방법의 실무원칙

- 모든 행동은 의미가 있고, 설명이 가능하다는 점을 수용하라.
- 원조관계에서 클라이언트가 제시한 재료가 지니는 의미를 파악할 수 있도록 경청하라.
- 현재의 박탈된 행동을 관찰하고 분석함으로써, 심리성적 발달단계의 결과를 평가하라.
- 자아방어기제의 활용유형과 활용정도, 성숙수준뿐만 아니라 융통성, 취약성을 평가하라.
- 치료자 자신의 동기와 감정에 주의를 기울이라.
- 클라이언트가 치료자에게 보이는 반응에 대해 해석하라.
- 비강요적 상태에서 클라이언트가 감정, 사고, 행동을 돌이켜 볼 수 있도록 하라.
- 클라이언트의 환상, 감정, 사건에 대해 해석하고, 해석이 효율적인지에 대해 환류할 수 있는 기회를 부여하라.

4. 치료적 기법

1) 자유연상

자유연상(free association)은 정신분석적 개입의 주된 기법의 하나로, 문제행동의 증상과 관련된 것에만 한정시켜 말하게 하는 것이 아니라 클라이언트가 선입견을 배제하고 어떤 감정이나 생각도 억압하지 않은 채 마음에 떠오르는 것이면 무엇이든 즉시 말하는 기법이다. 클라이언트의 무의식 속에 숨겨진 억압된 생각이나 감정들을 확인할 수 있다. 두서없이 하는 이야기들이라 하더라도 모든 이야기는 서로 역동적으로 어느 정도 관련성이 있으며, 마음의 미로를 통한 연상의 연쇄를 따라가면 클라이언트의 마음의 역사와 현재의 상태를 파악할 수 있다. 그리하여 사회복지사는 이것들의 관련성과 의미를 해석해 주면, 클라이언트는 자신의 무의식적인 동기를 이해하고 통찰할 수 있게 되는 것이다.

예를 들면, "지금 떠오르는 생각이나 이야기가 있으면 이야기해 보십시오"

혹은 다양한 형체가 그려진 그림을 보여주면서 "이 그림을 보면 무엇이 연상되는지 그냥 자유스럽게 이야기하십시오"라고 말할 때 이때 부모로부터 학대를 받고 있는 아동은 "자꾸만요, 누구 누구에게 맞아서 엉덩이가 파랗게 피멍이 든 그림이에요"라고 말하면서 스스로가 어려움에 처해 있는 문제 혹은 욕구라고 하는 것들을 이야기하게 된다. 또 어떤 경우는 누군가를 심하게 미워하고 있다면, "누군가를 굉장히 미워해서 그 사람을 죽이는 그런 그림 같습니다"라고 이야기하게 된다. 자연스럽게 그 사람이 도대체 무의식 속에 잠재되어 있는 문제나 갈등, 억압들이 무엇인지를 알 수 있도록 해주는 것, 그것이 바로 자유연상법이다(구혜영, 2010: 43).

2) 꿈의 분석

프로이트는 "꿈의 해석은 정신의 무의식적 활동을 이해하는 왕도다"라고 하였다. 무의식의 영역에 숨겨진 과거에 왜곡되어 억압된 내용을 찾고 이해하는 데 꿈은 최고의 메시지를 전달한다는 의미다. 사회복지사는 클라이언트의 꿈속에 잠재해 있는 의미의 파악을 위해서 꿈에 나타난 내용과 관련시켜 자유연상을 하도록 요청하거나 꿈을 통하여 무의식적 욕구를 찾아내고 클라이언트의 해결되지 않은 문제에 대한 통찰을 얻을 수 있도록 해준다.

3) 정 화

정화란 그리스어로 카타르시스라고 하는데 이 말은 원래 아리스트텔레스(Aristoteles)의 『시학』이란 책에서 나온 것이며, 그 의미를 간단히 설명하면 다음과 같다. 사람이 슬픈 연극을 보면 연민이나 슬픔을 느껴 마음 안의 우울함, 불안감, 긴장감 따위가 해소되고, 마음이 정화되는데 이것을 바로 카타르시스라고 한다. 일종의 정신적 승화작용을 가리키는 말이라고 할 수 있다. 한편 정신분석에서는 마음속의 억압된 감정의 응어리를 행동이나 말을 통해 발산함으로써 정신적 안정을 회복하는 일을 말할 때 카타르시스라고 한다.

프로이트는 히스테리 증세가 매우 고통스러운 기억과 연결되는 방출되지 못한 다량의 정서 때문에 생긴다고 추론하였다. 이 기억들은 마음의 다른 부분과는 연결이 끊어져 있었으나 증상의 형태로 계속 역동적이고 침투적인 효과를 미친다. 따라서 치료의 과제는 방출되지 못한 정서에 대한 '정화적 소산(cathartic abreaction)'과 함께 망각된 사건들을 회상하도록 하는 데 있었다. 여기서 정화적 소산이란 과거의 사건으로 인해 마음의 슬픔, 두려움, 증오심과 같은 감정들이 남아있는 것을 말한다. 프로이트는 히스테리를 일으키는 충격적인 사건들은 아동기에 일어나며 언제나 성적인 성질을 갖는다고 결론지었다(노안영, 2006 : 130).

4) 전이의 분석

전이(transference)란 정신분석 과정에서 클라이언트가 인생 초기의 의미 있는 대상(주로 부모)과의 관계에서 발생했으나 억압되어 무의식에 묻어두었던 감정, 신념, 욕망을 자기도 모르게 사회복지사에게 표현하는 현상이다. 전이는 아동기에 정서적으로 의미 있는 대상에게 밀접하게 관련된 감정이 치료자에게 이동되어 나타나는 것으로 정의될 수 있다. 클라이언트는 치료자에게 감정을 전이함으로써, 현재의 어려움을 야기시키는 초기의 인생갈등을 정서적으로 다시 경험할 수 있다.

정신분석에서 치료자의 주된 업무의 하나는 전이를 유도하고 해석하는 것이다. 전이는 클라이언트가 상담자에게 부여하는 모든 투사의 총합이다. 치료자는 클라이언트 자신이 얼마나 잘못 인식하고 있고 잘못 해석하고 있으며 과거에서 현재와 관련되어 있는지를 이해하도록 돕는다. 대부분의 전이의 감정은 무의식적이며 치료자의 기술은 클라이언트가 이러한 왜곡된 관계를 재편성하도록 돕는다.

5) 역전이의 해결

역전이(countertransference)란 치료자가 클라이언트에게 일으키는 전이현상을 말한다. 즉, 치료자가 자신의 갈등으로 파생되는 왜곡된 관념이 클라이언트로 인하여 발달되는 경우다. 이것은 클라이언트를 싫어하는 감정이나 과잉애착 또는 과잉관여로 나타난다. 이러한 치료자 자신의 왜곡된 반응은 상담의 진전을 방해하기 마련이다. 따라서 효과적인 상담을 위해 치료자는 클라이언트의 분노, 사랑, 아첨, 비판 등의 강력한 감정을 받을 때 발생하는 역전이를 객관적으로 처리할 수 있어야 한다. 역전이는 치료자의 자기자각의 부족을 통해 상담에 영향을 미친다. 왜냐하면 역전이는 치료자가 자신의 신념, 욕구, 특성, 태도가 상담관계 형성 및 상담과정에 영향을 준다는 것을 인식하지 못하고 있다는 가정에서 일어나기 때문이다.

6) 저 항

치료자의 분석과 해석으로 클라이언트가 느끼는 불안의 위협은 자아방어체계를 작동시켜 저항을 통해 억압을 유지하려고 시도한다. 저항(resistance)은 변화보다는 현재 상태를 유지하려고 하는 관성적인 힘이다. 클라이언트가 저항을 하는 주요한 이유는 첫째, 변화에 대한 두려움 때문이다. 둘째, 무의식적 소원과 욕구의 충족을 계속 유지하고 싶어서다. 셋째, 무의식적 갈등을 직시하는 것이 두려워서다(이무석, 1995 : 82). 치료자는 저항을 극복하는 것이 치료의 법칙임을 알고 많은 시간을 들여 저항을 해결하기 위해 부단한 노력을 기울여야 한다.

7) 해 석

해석(interpretation)은 클라이언트가 자유연상에서 보고한 자료, 꿈의 자료, 실언, 증상, 전이 등의 의미를 깨닫도록 하는 치료자의 시도이다. 치료자의 해석은 클라이언트가 사용해 온 방어기제와 저항에 대한 통찰을 얻게 한다. 치료자가 해석을 하는 시점은 매우 중요하다. 빠른 해석은 클라이언트로 하여금 강한 저항을 일으킬 수 있으므로, 해석 시에 적절한 시점을 찾는 것이 중요하다.

프로이트의 정신분석이론은 사회복지실천과정에서 인간이 갖고 있는 문제를 진단하고 분석하는 데에 초점을 둠으로써 사회복지가 우리 사회에 필요한 학문으로, 전문성을 갖는 학문으로 자리 잡게 하는 기본이 되는 지식을 주었다. 실제로 다양한 인간의 행동들을 설명할 수 있도록 과거와 연결되는 부분을 설명하고 인류의 원초적 심성에 대한 이해를 도왔고, 특히 개인의 인성발달에 많은 시사점을 주었다.

그럼에도 불구하고 프로이트 이론은 유아기의 경험들과 억압된 무의식의 내용을 중요시하고 인간을 결정론적이고 비합리적인 존재로 봄으로써 인간의 성격과 행동에 인간의 자율성과 책임성 그리고 합리성을 무시하고 주변 사람들과 환경의 격려, 인정, 처벌 등의 영향력을 간과했다는 것이 한계점으로 지적되고 있다. 그리고 인간의 욕망, 특히 성적 욕구를 지나치게 강조하고 인간을 성욕과 과거의 경험에 지배되는 수동적이고 소극적인 존재로 보는 점도 비판의 대상이 되고 있다. 또한 프로이트 이론은 특정 문화에 한하여 설명되기 때문에 다른 문화나 민족에게는 적용되기 힘들다는 점과 이 이론의 자료가 신경증환자의 치료 과정에서 이루어진 것으로 이것을 거꾸로 추적해 정상인을 설명하는 데 무리가 있다고 비판받기도 한다(구혜영, 2010 : 46).

Chapter 11 분석심리이론과 개인심리이론

융(Carl G. Jung)의 분석심리이론(analytical psychology)은 프로이트(Freud)의 정신분석이론과 인간관, 성격의 변화가능성, 무의식, 정신병리에 대한 관점에 있어서 커다란 차이를 보이고 있다. 융은 인간에게 창조적이고 긍정적인 측면이 존재한다는 사실을 강조하였으며, 정신에너지, 즉 리비도(libido)를 성뿐만 아니라 다른 삶의 에너지를 포함한 일반적인 생활에너지라고 보았다. 그리고 융은 성격발달이 전 생애에 걸쳐 이루어지며 타고난 정신적 소인은 생활 속에서 후천적으로 변할 수 있고 미래의 목표와 열망에 의해서도 형성된다고 보았다(권중돈 외, 2008 : 245).

제1절 분석심리이론

1. 인간관과 기본가정

프로이트는 인간을 무의식적 동기에 의해 지배를 받는 수동적 존재로 보았으나, 융은 인간을 생물학적·심리적·사회문화적 존재로 보고 있으며, 의식과 무의식 간의 본질적인 대립양상을 극복하고 이를 하나로 통일해 나가는 전체적 존재로 본다. 이러한 전체적 존재로서의 인간은 역사적이면서 동시에 미래지향적인 존재다. 즉, 인간은 실재했던 과거로부터 영향을 받으면서 현재를 살아가지만 미래의 목표와 가능성을 달성하기 위하여 노력하고 자신의 행동을 조절하는 존재로 보았다. 따라서 인간은 인과론적 존재이자 목적론적 존재라는 것이다(김윤정, 2011 : 91).

융은 인간이 완성 또는 자기실현을 달성하기 위하여 앞으로 나아가고자 하는 경향을 지니고 있다고 보고 있다. 다시 말해, 인간은 누구나 자신의 잠재된 능력을 펼쳐 나가고자 하는 성향을 지니고 있다. 융은 프로이트가 인간을 불변적 존재로 보는 것과는 달리 인간을 가변적 존재로 본다. 인간의 정신구조는 삶의 과정을 통하여 후천적으로 변할 수 있다고 본다.

융 이론의 인간관을 다음과 같이 정리해 볼 수가 있다.

① 인간은 미래지향적인 목표와 성장지향적인 존재이다.

② 인간은 변화 가능하며 창조적이며 긍정적인 측면이 있다.

③ 인간은 생물학적-심리적-사회문화적 전체적인 존재이며, 일생을 통해 분화되고 통합되어 가는 존재이다.

이러한 인간관에 근거하여 발전된 융의 분석심리이론의 기본가정은 〈표 11-1〉에서 보는 바와 같다(권중돈 외, 2008: 247).

〈표 11-1〉 융의 분석심리이론의 기본가정

- 정신 또는 성격은 부분들의 단순한 집합이 아니라 하나의 전체성을 이루고 있다.
- 인간행동은 의식과 무의식 수준에서 서로 상반되는 두 가지 힘에 의해 동기화된다.
- 인간의 행동은 과거에 의해 상당한 정도로 결정되지만 미래의 목표와 가능성에 의해 조정된다.
- 성격의 발달은 전 생애에 걸쳐 일어나는 개성화 또는 자기실현의 과정이며, 인생 전반기와 후반기에 각기 다른 특성을 보인다.
- 발달은 타고난 소인 또는 잠재력을 표현해 나가는 것이지만, 후천적 경험에 의해 서로 다르게 표현된다.
- 개인은 독립된 존재가 아니라 역사적으로 연결되어 있으며, 사회적 규범이나 문화의 요구에 적응해 가며, 개인은 자기실현 과정을 통하여 사회의 발전에 기여한다.
- 심리적 건강은 정신의 전체성을 유지하는 것이며, 정신병리는 이러한 전체성의 분리현상이다.
- 정신병리를 파악함에 있어서는 원인과 함께 병리가 지니는 의미를 동시에 파악하여야 한다.
- 내담자의 원조는 무의식의 의식화를 통한 개성화를 촉진하고, 정신의 전체성을 회복할 수 있도록 하는 것이다.

2. 주요 개념

융이 정신의 구조를 의식과 무의식으로 구분한 것은 프로이트와 비슷하지만 무의식을 이해하는 데 있어 큰 차이점을 보인다. 융은 무의식을 개인무의식과 집단무의식으로 구분하였다. 개인무의식은 프로이트가 제안한 무의식과 유사한 개념이며, 집단무의식은 융이 독창적으로 주장한 그의 이론의 가장 중요한 개념이라 할 수 있다. 그는 집단무의식을 중심으로 거의 분석심리학을 확립하였다. 융은 인간의 정신을 생리적 충동에 예속되지 않은 독자적 실체로 보고, 이를 의식, 개인무의식, 집단무의식이라는 세 가지 영역으로 나누었다. 각 영역을 구성하는 주요 요소들과 함께 그 기능과 특성을 살펴보고자 한다.

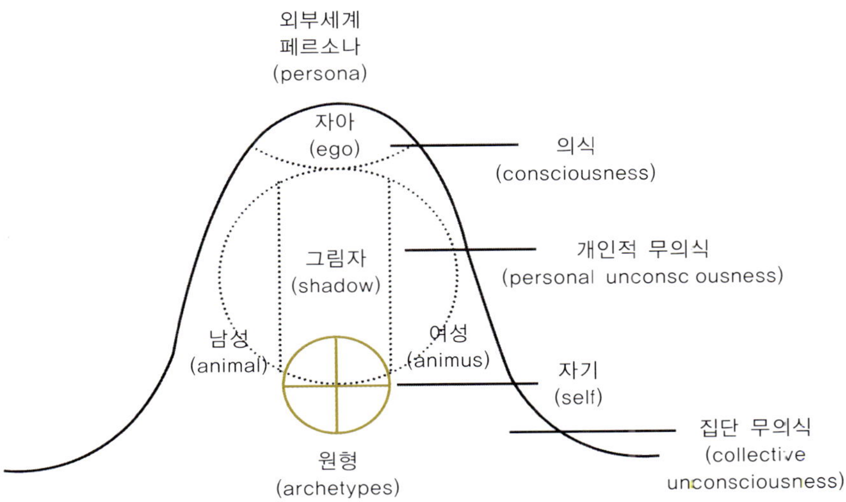

|그림 11-1| 융 이론의 정신구조

출처 : Crain(1983). 서용연 역(2007). 발달의 이론, p. 315.

1) 의식, 자아와 페르소나

의식(consciousness)은 개인이 직접 인식할 수 있는 정신의 부분이다. 그러나 의식은 우리의 정신의 모든 것을 대변하지 않으며, 극히 자그마한 일부에 지나지 않는다. 오직 주어진 순간에 몇 가지의 내용을 동시에 붙잡아 놓을 수 있을 뿐이다. 마음의 구조에서는 의식보다 무의식의 영역이 훨씬 크다. 무의식을 큰 바다에 비유한다면 의식은 바다에 떠 있는 자그마한 섬과 같다. 의식의 형성은 자기의 신체와 존재에 대한 인식을 통해서, 그리고 일련의 기억에 의해서 이루어지며, 사고, 감정, 감각, 직관이라는 심리적 기능을 서로 다르게 사용하고, 의식을 외부 또는 내부로 향하게 하는 과정에서 점차 분화되어 간다(이부영, 2005 : 63).

개인의 의식이 분화되어 가는 과정에서 자아(ego)가 생겨난다. 자아는 의식적인 지각, 기억, 사고, 감정 등으로 이루어져 있으며, 의식의 주인으로서 의식을 지배한다. 개인이 생활하는 과정에서 관념, 감정, 기억, 사고, 지각 등의 무수히 많은 심리적 현상에 직면하게 되지만 이들 중 대부분은 의식에 도달하기 전에 자아에 의해 배제되기 때문에 의식화되는 것은 매우 적다. 자아가 의식화를 허용하거나 허용하지 않는 것은 자아를 우세하게 지배하는 기능이 무엇인가와 관련이 있다. 또한 경험의 강도가 약한 것은 의식화되기 어렵지만 강도가 강한 경험은 쉽게 의식화될 수 있다(Hall & Nordby, 1973).

자아는 지각, 사고, 감정 및 기억과 관련된 정신의 일부분인 의식적인 마음이다. 이것은 우리 자신에 대한 의식뿐만 아니라 외부세계에 대한 우리들의 자각도 포함된다. 자아는 우리 스스로의 지각이며, 의식세계의 정상적인 활동을 이행하는 책임과 관련되어 있다. 자아는 우리에게 노출된 자극의 일부를 의식적인 지각으로 받아들이는 선택적인 방법으로 행동한다. 이것은 우리가 우리 자신의 세계를 지각하는 방법에서의 안정성이라 할 수 있는 연속성, 일관성 및 정체성을 제공한다(Schultz & Schultz, 1994 : 81).

자아는 외부세계와 접촉하는 과정에서 자신이 속한 사회집단의 견해나 가치관, 행동규범을 지각하게 되고, 그 집단의 요구에 적응하기 위한 여러 가지 행동양식을 익히게 된다. 이와 같이 자아가 외적 세계에 적응하기 위하여 사용하는 여러 가지 행동양식을 융은 페르소나(persona)라고 하였다.

페르소나는 자아의 가면으로 개인이 외부세계에 내보이는 이미지이다. 즉, 이것은 개인이 사회적 요구에 적절히 반응하기 위해서 다른 사람들에게 내보이는 공적인 모습 또는 역할인 것이다. 페르소나는 개인이 공개적으로 보여주는 가면 또는 외관으로서, 개인이 사회적 요구들에 대한 반응으로 밖으로 내놓는 공적 얼굴이다. 우리는 페르소나를 통해 다른 사람과 관계하면서 좋은 인상을 주거나 자신을 은폐시킨다. 겉으로 표현된 페르소나와 내면의 자기가 너무 불일치하면 표리부동한 이중적인 성격으로 사회적 적응에 곤란을 겪게 된다(노안영, 2006 : 168).

2) 개인무의식, 콤플렉스와 그림자

융은 인간의 무의식이 개인무의식(personal unconsciousness)과 집단무의식(collective unconsciousness)의 두 가지 수준으로 이루어져 있다고 하였다.

개인무의식은 의식에 인접해 있는 부분으로 쉽게 의식화될 수 있는 망각된 경험이나 감각경험으로 구성된다. 개인무의식의 자료는 개인의 과거경험에서 비롯된 내용이다. 이런 점에서 개인무의식은 프로이트의 전의식과 유사한 개념이지만 무의식까지 포함한 개념이라고 할 수 있다. 개인무의식은 의식되었지만 그 내용이 중요하지 않거나 고통스러운 것이기 때문에 망각되었거나 억제된 자료의 저장소이다. 즉, 너무 약하기 때문에 의식에 도달할 수 없거나 또는 의식에 머물 수 없는 경험은 모두 개인무의식에 저장된다.

개인적 무의식에는 복합체라는 뜻의 콤플렉스(complex)가 존재하는데 어떤 특정 주제와 관련된 정서, 기억, 지각, 사고 등이 한데 묶여진 관념 덩어리를 말한다. 콤플렉스를 가진 사람은 콤플렉스가 인식되는 의식영역의 부분이 아니라 개인적 무의식 속에 있기 때문에 자신이 콤플렉스에 의해서 얼마나 통제를 받고 있는가를 알지 못한다. 그러므로 콤플렉스는 개인의 사고의 흐름을 방해하거나 의식의 질서를 일시적으로 또는 장기적으로 교란시킨다. 또한 감정적으로 동요하거나 흥분하게 하고, 강한 정서적 반응을 경험하게 하며, 이를 행동으로 표현하게 만들기도 한다. 예를 들어, 모성 콤플렉스(mother complex)는 어머니에 관한 생각, 감정, 기억 등이 모여 하나의 콤플렉스를 형성한 것이다. 어떤 사람의 성격이 어머니에 의해 지배될 때 그는 강한 모성 콤플렉스를 가졌다고 할 수 있다. 그의 생각, 감정 및 행동은 어머니에 대한 개념에 따라서 좌우된다. 어머니가 말하고 느끼는 것은 그에게 중대한 의미를 가진 것이며, 마음에 어머니의 상이 크게 자리 잡고 있다(이상로 외, 1987).

개인무의식 속에는 자신도 모르는 또 다른 자신이 존재하고 있어 자신의 모습과 전혀 다른 모순된 행동을 하게 만들기도 한다. 즉, '등잔 밑이 어둡다'는 말처럼 등잔이라는 자아의 이면에 자신이 모르는 자신의 분신인 그림자(shadow)가 존재한다. 그림자는 의식적인 자아와 상충되는 무의식적 측면으로, 자신도 모르게 자신이 지향하고자 하는 것과는 전혀 다른 모순된 행동을 하게 만드는 원인이다. 그림자는 인간의 양면성, 밝고 긍정적인 면과 어둡고 부정적인 면을 반영한 원형이지만 주로 원초적인 동물적 본성을 포함하여 스스로 의식하기 싫은 자신의 부정적인 측면으로 이루어져 있다. 사회에서 부정되거나 부도덕하고 악하다고 생각되는 것은 그림자와 관련되어 있다. 그림자는 무의식적으로 외부세계에 투사될 경우에 비로소 개인은 그림자를 인식할 수 있는 기회를 갖게 되는데, 이때 대부분 혐오감이나 불쾌감을 갖게 된다. 예를 들어, 자기 스스로는 정확한 이유를 모르지만 누군가를 만났을 때 이유 없이 미운 감정이 드는 경우가 여기에 해당한다(권중돈 외, 2008 : 250).

3) 집단무의식과 원형

융은 모든 인류에게 공통적으로 유전되어 온 집단무의식이 정신의 심층에 존재한다고 믿었다. 이 집단무의식(collective unconsciousness)의 개념은 분석심리이론의 가장 독창적이고 핵심적인 개념이다. 집단무의식은 개인적 경험이 아니라 사람들이 인류의 역사와 문화를 통해 공유해 온 모든 정신적 자료의 저장소이다(노안영, 2006 : 210). 집단무의식은 개인의 지각 · 정서 · 행동에 영향을 주는 인류 조상 대대의 과거부터 물려받은 정신적 소인이다. 집단무의식은 개인이 한 번도 직접적으로 의식하지 못한 정신세계이며, 이러한 집단무의식은 인류 역사의 산물인 신화, 민속, 예술 등이 지니고 있는 영원한 주제를 통해 간접적으로 관찰될 수 있다.

집단무의식은 수많은 원형들로 구성되어 있다. 원형(archetype)은 커다란 정서적 요소를 내포하는 보편적인 관념으로서, 시간, 공간, 문화나 인종의 차이와 관계없이 모든 인간에게 보편적으로 존재하는 인류의 가장 원초적인 행동유형(behavior patterns)이며, 동시에 인간이 갖는 보편적이고 집단적이며 선험적인 심상(心象, image)을 말한다. 원형은 여러 세대를 통해 계속적으로 반복되어 온 경험이 마음속에 영구히 축적된 것이다. 예컨대 탄생, 죽음, 사랑과 증오, 어린이, 노인, 부모, 신과 악마, 남성과 여성, 영웅 등에 대한 보편적 이미지 역시 인류가 원시시대부터 새겨온 경험의 축적으로 생겨난 원형의 예라고 할 수 있다. 논리 이전의 사고에 기원을 둔 이와 같은 원초적인 심상과 상황은 사람들에게 놀랄 만큼 비슷한 감정을 불러일으킨다.

4) 아니마와 아니무스

융은 인간이 태어날 때 본질적으로 양성을 가지고 태어났다는 양성론적 입장을 취했다. 이러한 이론적 입장을 반영한 개념이 아니마와 아니무스다. 즉, 남성의 내부에 있는 여성성을 아니마라고 하고, 여성 내부에 있는 남성성을 아니무스라고 한다. 남성성의 속성은 이성(logos)이고, 여성성의 속성은 사랑(eros)이다. 인간은 누구나 양성성을 갖고 태어났기 때문에 이성과 사랑을 겸비하고 있다고 볼 수 있다. 따라서 성숙된 인간이 되기 위해서 남자는 내부에 잠재해 있는 여성성, 즉 사랑을 이해하고 개발해야 하며, 여자는 내부에 있는 남성성, 즉 이성을 이해하고 개발하는 것이 필요하다. 즉, 현명한 여자가 되기 위해서는 사랑뿐만 아니라 이성을 갖추는 게 요구된다.

5) 자기와 자기실현

자기(self)는 모든 의식과 무의식의 주인이다. 융은 인간이 실현하기 위해 타고난 청사진을 자기로 보았다. 융은 자기가 인생의 궁극적인 목표이자 가장 중요한 원형이라고 하였다. 성격의 상반되는 측면들을 균형 있고 조화롭게 만들려는 통일성과 통합성, 중심성, 전체성, 안정성을 향해 나아가게 하는 힘이 된다. 완전한 자기인식이나 자기실현은 어렵다고 하더라도 항상 목표를 향해 동기를 유발하는 힘으로 작용한다. 자신에 대한 객관적인 지식을 갖기 위해서는 훈련, 인내, 지속성 및 여러 해 동안의 고된 작업이 필요하다. 자기인식을 위해서 요구되는 또 한 가지의 필요조건은 성격의 모든 체제가 충분히 나타나 발달하는 것인데, 이것은 중년층에 가서야 비로소 발달하기 때문에 융 자신의 일생에서와 같이 중년기가 인간의 성장단계에서 심리적 건강을 성취하기 위한 결정적인 시기라고 하였다(구혜영, 2010 : 66).

융의 이론에 따르면 개인의 자기실현(self-actualization)은 자신에 대한 정확한 지각과 미래의 계획 및 목표가 수반된다고 하였다. 개인이 자신을 정확히 인식하지 못하고 자기를 실현한다는 것은 불가능하므로, 융은 자기실현을 달성하는 것보다 더 중요한 것은 정확한 자기인식이라 하였다.

3. 성격유형 및 성격발달

1) 성격유형

융은 자아성향과 심리적 기능이라는 두 가지 축을 조합해 여덟 가지 성격의 유형으로 분류하고 있다. 그러나 중요한 것은 유형은 범주와 같은 것으로 같은 유형에 속한 사람들이 서로 비슷하기는 하지만 반드시 같은 성격을 가지고 있다는 것은 아니다. 자아성향(ego orientation)은 삶에 대한 일반적인 태도를 가리키는 말로서 자아가 갖는 정신에너지의 두 방향, 즉 외향성과 내향성을 말한다. 외향성은 정신에너지인 리비도가 외부로 향하며, 객관적 사실과 조건에 의해 좌우되는 것을 의미한다. 외향적인 사람은 사람, 사물, 사건 들에 무한히 흥미를 느끼며 환경에 쉽게 적응한다. 이에 비해 내향성인 사람은 리비도가 주관적 정신구조와 자신의 성찰로 향해 있다. 융은 외향적인 사람과 내향적인 사람은 기질적으로 삶을 각각 다르게 바라볼 수밖에 없지만, 그들은 좋다거나 나쁘다거나 혹은 바람직하다거나 바람직하지 않다 등의 평가대상이 아니고 모두 정상적이고 건강한 사회구성원이라고 보았다. 심리적 기능(psychological function)은 사고, 감정, 감각, 직관이라는 네 가지로 분류된다. 심리적 기능 중 어떤 기능을 우선적으로 사용하고 어떤 기능을 비교적 덜 사용하는가에 따라 개인의 기본적인 성격이 달라진다. 융(Jung, 1968)은 성격유형이 편의상 개인차를 서술하기 위한 체계이지 결코 모든 사람이 여덟 가지의 고정된 타입의 하나에 속해 있다고 주장하지 않았다. 융의 8가지 성격유형을 기본으로 마이어스와 브릭스(I. Myers & C. Briggs)는 '판단-인식'의 축을 추가하여 16개의 성격유형을 제안하고, 이를 측정하는 검사인 MBTI(Myers-Briggs Type Indicator)를 개발하였으며, 이 검사는 일반적으로 선호하는 성격검사 중의 하나가 되고 있다(오창순 외, 2010 : 100).

2) 성격발달

융은 성격발달을 무의식적 내용을 의식화하고 통합해 가는 과정인 개성화(individuation)를 통한 자기실현(self-actualization) 과정으로 보았다. 또한 자아, 개인무의식, 집단무의식이라는 세 가지가 서로 분리되어 있으나 서로 교류하는 체계로 구성되어 인간의 일생에 걸쳐 연속적 과정으로 변화를 만들어 낸다고 보았다. 융은 구체적인 성격 발달단계를 서술하기보다 인생 후반기인 중년기와 노년기의 성격발달을 보다 중요하게 다루고 있다. 그는 성격발달을 아동기, 청년기, 중년기 및 노년기의 4단계로 나누었는데, 대략적인 특징은 〈표 11-2〉와 같다.

〈표 11-2〉 융의 성격발달의 구분과 특징

구 분		특 징
아동기	인생 전반기	• 성격형성에 중요한 시기는 아님 • 본능에 의해 지배되며, 행동의 규율과 통제가 없고 무질서하며 혼란스러운 상태 • 자아가 아직 형성되지 않은 시기이므로 심리적 문제 없음
청소년기 및 성인 초기	인생 전반기	• 정신적 탄생기 – 일정한 성격형태의 내용발달 • 외적・신체적으로 팽창하는 시기, 성숙함에 따라 자아가 발달 • 외향적인 가치와 관계되는 문제와 갈등이 많으며 외부세계에 적응하는 시기
중년기	인생 후반기	• 정신적 변화의 시기 – 외향적 목표와 야망의 의미가 퇴색되기 시작 • 외부세계의 적응과 정복에 쏟았던 에너지가 자기 내부로 지향됨 • 자기 내부의 잠재력에 깊은 관심의 시기 – 정신적 가치의 실현 시기
노년기	인생 후반기	• 자신에 관한 진지한 관심의 시기 • 죽음을 향한 정리의 시기 – 죽음 앞에서 생의 본질을 이해하려는 시기

출처 : 오창순 외(2010), p. 103.

4. 사회복지실천에 대한 적용

1) 심리적 건강과 증상에 대한 관점

융은 정신적으로 건강한 사람은 현재 자신이 직면한 과업을 효과적으로 처리하고 현재 상황에 잘 적응하면서 자기인식을 위한 꾸준한 노력을 통하여 무의식을 의식화하여 자기실현을 이루어 가는 사람이라고 보고 있다. 융은 정신병리를 정상적인 기능에 장애가 일어난 것에 지나지 않으며, 자기실현을 향한 개인의 성장이 멈춘 것이라고 보았다(권중돈 외, 2008 : 254).

2) 치료목적

융은 치료자가 너무 확실한 목적이나 목표를 갖기보다는 클라이언트의 성질을 따라야 하며 클라이언트 속에 들어있는 창조의 싹을 분화, 발전시키는 것이 치료목적이 되어야 한다고 하였다. 여기서 창조의 싹이란, 클라이언트에게 주어진 독특한 재능과 능력을 말한다. 치료자는 클라이언트가 자기 속에 있는 창조의 싹(잠재능력)을 발견할 수 있도록 도와줄 뿐만 아니라, 그것을 개발할 수 있도록 용기를 주어 자기실현을 해나갈 수 있도록 원조하는 것이 개입의 목적이다.

3) 치료자의 역할과 실무원칙

융은 프로이트보다 훨씬 꿈의 해석을 상담 및 심리치료의 방법으로 중요시하였다. 꿈 분석은 융의 분석심리학에서 가장 중요한 방법으로 클라이언트의 무의식을 이해하는 데 사용된다. 치료자는 클라이언트의 꿈을 해석함으로써 혹은 무의식적 목소리를 경청함으로써 클라이언트의 문제를 해결하는 데 초점을 둔다. 그러므로 융이론을 사회복지실천현장에 접목할 때 사회복지사는 깊은 무의식과 외침인 꿈을 파악하여 부단한 자기분석을 통해 자기실현을 이르도록 도와야 한다.

사회복지사는 클라이언트의 자기실현을 지원하는 것에 개입목표를 두어야 하는데, 구체적인 개입과정을 살펴보면 다음과 같다.

① 고백단계 - 자신의 개인사를 고백함으로써 정화를 경험하며 의식적 및 무의식적 비밀을 치료자와 공유하는 단계이다. 고백을 통해 클라이언트와 사회복지사는 치료적 동맹관계를 형성할 수 있다.

② 명료화단계 - 클라이언트가 정서적이거나 지적으로 자신의 문제에 대한 통찰을 얻게 하는 것이다. 증상적 의미, 아니마와 아니무스, 그림자, 현재 생활상황과 고통 등을 명료화함으로써 문제의 기원에 대해 알게 된다.

③ 교육단계 - 클라이언트가 사회적 부적응이나 불균형적 삶을 초래하게 된 발달과정 문제에 초점이 맞춰진다. 페르소나와 자아에 초점을 맞춰서 슬기롭게 현실적인 사회적응을 할 수 있도록 안내한다.

④ 변형단계 - 클라이언트와 사회복지사 간의 역동적인 상호작용을 통해 자기실현으로의 변화가 이루어지는 단계이다. 의식과 무의식을 포함한 전체

적 성격이 자기실현을 이루기 위한 과정, 즉 개성화를 지향하는 과정에 맞춰진다.

분석심리이론에 입각한 정신치료에서 따라야 하는 실무원칙은 다음과 같다(권중돈 외, 2008 : 256).

① 내담자의 일생에 걸친 성격발달 과정과 내담자가 속한 사회의 역사문화적 속성을 이해하라.

② 내담자가 지닌 정신의 자기조절체계와 무의식적 창의성과 치유능력을 적극적으로 활용하라.

③ 내담자의 의식상태에 대한 철저한 탐색을 통하여 자기인식을 확립하고, 무의식이 보상하고자 하는 바를 이해하라.

④ 내담자의 발달단계에 적합한 융통성 있는 치료목표를 설정하라. 즉, 인생 전반기에 속한 내담자는 사회적 적응 그리고 인생 후반기에 속한 내담자는 내적 적응을 강화하되 개인에 따라 융통성 있게 치료목표를 설정하라.

⑤ 내담자의 병리보다는 건강한 측면을 더욱 중시하라.

⑥ 치료자는 행동의 주체가 되기보다는 내담자와 함께 있어주는 사람이 되라.

⑦ 내담자가 자신의 무의식 세계를 인식하고 자기를 실현할 수 있도록 도와야 한다.

4) 치료적 기법

융은 실용주의자로서 이론이나 기법에 얽매이지 않고 클라이언트에게 도움이 되면 무엇이든지 활용하라고 권유하였다. 융이 자주 활용한 기법들을 살펴보면 다음과 같다(노안영, 2006 : 172-174).

(1) 꿈 분석

꿈 분석(dream analysis)은 융의 분석심리학에서 가장 중요한 방법으로 클라이언트의 무의식을 이해하는 데 사용된다. 융은 꿈이 미래를 예견해 준다고 보았다. 따라서 꿈은 개인으로 하여금 그가 일어나리라고 기대하는 경험과 사건을 준비하도록 도와준다고 믿었다. 융은 꿈이 보여주려고 하는 가능한 의미를 밝히기 위해 확충법을 사용하였다. 특별한 상징으로 시작하여 그것에서 점점 발전해 가는 자유연상과 다르게, 확충법은 환자와 분석자가 상징들의 이해를 확장하려는 시도로 어떤 주제가 탐색될 때까지 같은 상징들을 계속해서 재평가하고 재해석하는 치료기법이다. 융은 단일 꿈의 분석은 잘못된 해석으로 이끌 수 있지만 일련의 꿈들의 분석은 환자가 직면하는 문제에 대한 보다 정확한 해석을 달성하는 수단으로서 기여할 수 있다고 믿었다.

(2) 상징의 사용

이 기법은 클라이언트의 사고, 감정, 행동을 추동하는 역동성과 패턴을 상징적으로 생각하고 이해할 수 있는 능력을 필요로 한다. 이러한 패턴은 내담자의 꿈, 증상, 환상 등에서 상징적이거나 간접적 형태로 나타날 수 있다. 치료자가 이러한 심리적 숨은 의미를 이해하는 능력은 우리의 문화적 저장고인 신화, 동화, 예술작품, 문학, 종교 등에서 발견되는 많은 상징들을 이해함으로써 향상될 수 있다(Seligman, 2001 : 111).

(3) 단어연상검사

이 검사는 개인이 어떤 자극단어를 마음에 떠오르는 어떤 단어로 반응하는 투사기법이다. 융은 각 자극단어에 환자가 반응하는 데 걸리는 시간 및 자극단어의 정서적 효과를 결정하기 위해 생리적 반응을 측정하였다. 융에 의해 시작된 이래로, 피험자가 자극단어에 즉각적으로 마음에 떠오르는 어떤 단어로 반응하는 단어연상검사(word association)는 실험적 및 임상적 도구로 심리학 연구에 적용되어 왔다.

(4) 증상분석

이 기법은 환자가 보고하는 증상에 초점을 둔다. 즉, 분석자는 환자로 하여금 증상에 대한 자유연상을 하도록 하여 그러한 내용을 해석하는 것으로 프로이트의 정화방법과 유사하다. 환자의 증상은 분석자의 증상원인에 대한 해석을 통해 감소되거나 사라지게 된다. 융은 이 기법이 단지 '외상후 스트레스 장애'에 도움이 된다고 생각하였다(Sharf, 2000 : 100-101).

(5) 사례사

이 방법은 심리적 장애의 발달사를 추적하는 데 사용된다. 융은 이 방법이 자주 환자로 하여금 태도변화를 야기하는 데 도움이 된다는 것을 발견하였다. 융은 자신의 사례연구를 '생애사 재구성(life-history reconstruction)'이라고 불렀다. 융은 환자로 하여금 과거경험에 대해 회상하도록 하여 조사함으로써 현재의 신경증을 설명할 수 있는 발달패턴을 확인하여 생애사 재구성을 하도록 한다.

이상에서 살펴본 바와 같이 융의 분석심리이론은 현대 심리학의 발전에 크게 영향을 미쳤으며, 정신의학, 철학, 종교학 등을 비롯한 다양한 학문분야의 발전에도 크게 기여했다. 이러한 학문적인 공헌에도 불구하고 융의 이론은 몇 가지 측면에서 비판을 받고 있다.

첫째, 융의 이론은 개념이 너무 어려워 이해하기가 쉽지 않다는 것이다. 즉, 이것은 개념의 명료성이 다른 정신역동이론에 비해 부족하며, 이론 간의 관련성이 애매하다는 것이다. 또한 융의 이론은 체계적으로 구성되어 있지 못하며, 신비로움과 초자연적인 것과 깊이 관련되어 있어서 모호한 점이 많다(Schultz & Schultz, 1994 : 95).

둘째, 융의 이론은 프로이트와 마찬가지로 환자의 치료과정에서 나타난 경험적 자료를 바탕으로 연구한 것이기 때문에 과학적인 검증이 어렵다. 또한 그의 이론은 문화, 종교, 신화, 상징, 연금술, 신비 등과 관련된 자료를 활용하여 연구한 것이기 때문에 실증적인 검증이나 설명이 어렵다(Engler, 1991 : 99).

제2절 개인심리이론

아들러(Adler)는 프로이트(Freud)에 비해 성경형성에 있어서의 사회적 영향을 더욱 중시하며 인간행동이 사회적 힘에 의해 동기화된다는 사회목적론적 관점(socioteleological approach)을 취하고 있으므로, 신프로이트학파로 분류되고 있다. 그리고 인간의 성격은 유전이나 환경적 요인보다는 각 개인의 주관적 결정에 의해 창조되며, 인간은 낮은 곳에서 높은 곳으로, 열등에서 우월한 상태로의 상향 이동을 추구하는 존재로 보는 성장모델의 특성을 고려하여 인본주의 또는 현상학적 이론의 선구자적인 역할을 한 것으로 보고 있다.

1. 인간관과 기본가정

아들러(Adler, 1927)는 인간을 유일한, 분해할 수 없는 자아일치된, 그리고 통합된 실재라고 보고 있다. 아들러는 자아일치된 통합된 성격구조를 개인의 생활양식이라 하였다. 아들러(Adler, 1956)는 인간을 통일된 관계체계로 생각하며, 협동하고 상호작용하는 사회관계를 맺을 수 있는 선천적 능력을 가지고 태어난다고 하였다. 즉, 인간을 사회적 동물이라 전제하고, 인간발달은 사회적 자극에 의해 동기화된다고 보았다. 아들러는 인간은 성적 동기보다 사회적 동기에 의해 주로 동기화된다고 본다. 개인은 사회 속에서 목표지향적으로 행동한다. 개인은 자신의 행동을 선택하며 그에 대한 책임을 진다. 사회 속에서 삶의 의미, 성공, 완전성을 추구한다.

아들러(Adler, 1964)는 인간의 유전과 환경의 중요성은 인정하지만 개인은 두 요인 이상의 산물이며, 창조적인 힘을 가지고 자기 삶을 결정할 수 있다는 것이다. 아들러는 인간을 낙관적으로 보았으며 우리 스스로가 우리 자신을 개발하고 우리의 운명을 형성한다고 주장한다. 무의식을 강조한 프로이트와 다르게 우리가 볼 수 없고 통제할 수 없는 무의식의 힘보다 의식의 힘을 강조한다. 우리는 스스로 자신의 삶을 위해 힘을 형성하고 창조적 방법으로 자신의 독특한 생활양식을 구성하기 위해 그 힘을 사용하는 존재이다. 인간은 누구나 독특성이 있고 자기 자신을 보다 훌륭하게 창조하고 완성하기 위한 자유의지와 선택을 가지고 있다고 보았다.

아들러의 개인심리이론의 기본가정은 다음과 같다(권중돈 외, 2008 : 258).

① 인간은 독특하고, 더 이상 분해할 수 없으며, 자아일치적이고, 통합된 실체다.
② 발달이란 완전한 것을 향한 능동적인 노력, 즉 성장을 위한 노력이다.
③ 유전, 문화적 압력이나 본능적 욕구는 발달에 영향을 미치는 요인이긴 하지만 대부분의 발달은 개인의 능동적 선택에 의하여 이루어진다.
④ 발달은 5세경에 거의 형성되며, 이후에는 근본적인 변화가 없다.
⑤ 개인은 환경을 주관적으로 파악하고, 이러한 주관적 신조나 믿음에 따라 행동한다.
⑥ 자아는 창조적 힘을 가지고 있으며, 열등에 대한 보상과 미완성을 극복하고 완성을 추구하고자 하는 성향을 지니고 있다.
⑦ 심리적 건강은 개인이 우월성을 추구하는 과정에서 환경적 방해를 어느 정도 극복하느냐와 사회적 관심 정도에 달려있다.
⑧ 치료과정은 보다 지시적이며, 치료자는 능동적 참여자다.

2. 주요 개념

1) 열등감과 보상

아들러(Adler, 1939)는 열등감은 인간에게는 보편적이라고 믿으며, 우리가 인간이 된다는 것은 열등감 정복을 향해 나아가면서 계속적인 압력을 받아서 열등감을 갖는다고 하였다. 인간은 태어날 때부터 심한 신체적 약점이나 결함을 가지고 있다고 하였으며, 아들러는 처음에는 어느 한 부분이 열등하거나 약하기 때문에 병에 걸린다고 보았으나 그 후 신체적 측면을 포함하여 심리·사회적 측면도 열등에 포함된다고 하였다.

한편 아들러(Adler, 1931)는 심한 신체적 약점이나 결함이 있는 사람이 연습이나 훈련을 통해 이를 보상하려는 노력을 하며, 이들 중 일부는 결국 그 약점을 보상하는 것을 주목하였다. 이와 관련해 아들러(Adler, 1956)는 인간은 항상 좀 더 나아지고 싶어 하기 때문에 본질적으로 열등감이 발달하게 되어 있다고 주장한다. 보상은 잠재력을 발휘하도록 인간을 자극하는 건전한 반응이다. 열등감은 항상 긴장을 낳기 때문에 우월감을 향해 나아가게 하는 자극이 되기도 한다. 즉, 열등감만으로는 완성과 성공을 이룰 수 없다. 열등감, 재능, 용기, 사회적인 관심과 연결되어야만 완성과 성공이 가능하다.

아들러는 열등감과 그에 대한 보상노력이 인간을 발전시키는 원동력이다고 보았다. 그러나 아무리 열등감을 극복하기 위해 노력해도 어떤 이유로든 안 될 때는 열등감이 더 강화되어 소위 병적 열등감에 이를 것이다. 아들러는 병적 열등감에 이르는 환경을 신체적 기관의 결함, 응석받이로 키움, 방임 등으로 서술하였다. 즉, 신체기관의 결함으로 다른 사람과 성공적으로 경쟁하기 어려울 때, 응석받이로 자라 스스로 문제해결 능력이 없다고 생각할 때, 방임으로 말미암아 자아존중감이 상당히 낮은 때에 병적 열등감을 갖게 된다. 그는 이것을 성인기 신경증의 주요 원인으로 보았다(최경덕 외, 2013 : 66-67)

2) 우월에 대한 추구

아들러는 인간생활의 기초이며 향상의 동기로 마이너스(−)에서 플러스(+)로, 아래에서 위로, 미완성에서 완성으로 나아가는 우월에 대한 추구를 주장하였다. 우월성의 추구는 열등감에 대한 보상의 노력에서 이어지는 개념이다. 출생에서 사망에 이르기까지 우월성 추구의 노력은 인간을 현 단계보다 높은 다음 단계의 발달로 이끌어 준다. 아들러는 이렇게 우월이라는 목표는 개개인에게 있어서 매우 개인적이며 독창적인 것이라 보고 그 사람이 자신의 인생에 부여한 의미에 따라 나타난다고 말하였다. 그리고 우월의 목표는 긍정적·부정적으로 나누어서 생각할 수 있는데 긍정적 경향은 사회적인 관심이나 다른 사람의 행복을 지향하는 이타적 목표이고, 부정적 경향은 개인적인 우월성을 추구하는 지나친 자기존중, 권력, 개인적 허세와 같은 이기적인 목표라고 보았다.

아들러는 우월성의 추구가 건전하게 이루어진 성격에 사회적 관심을 가미하고 있음을 설명하고 있다. 즉, 사회적 관심을 가진 바람직한 생활양식을 바탕으로 한 우월성 추구가 건강한 삶이라고 할 수 있다.

3) 사회적 관심

개인심리학에서는 인간을 사회적인 존재(social being)로 보며, 그들은 타인과 협력할 줄 알며, 보다 나은 지역사회를 위해 공헌할 줄 아는 존재로 규정지었다. 여기서 사회적 관심(social interest)은 사회에 대하여 동일시와 감정이입(empathy)을 하는 것으로 타인의 눈으로 보고, 타인의 귀로 듣고, 타인의 마음으로 느끼는 것이다. 아들러는 인간이 이러한 관심으로 시작하여 서로 협동하고 인류를 위해 공헌하는 것으로 인해 인류가 발전하게 되었다고 말하고 있다. 아들러는 사회적 관심을 '참된 인생'과 '잘못된 인생'의 척도로 사용하고 있는데, '잘못된 인생'의 사람들은 사회적 관심이 결여되어 있기 때문에 어떤 상황에 부딪히면 협동에 의해 문제가 해결될 수 없어 실패자가 된다. 또한 그들이 인생에 부여하는 의미도 개인적인 의미여서 자신의 목표를 달성함에 있어서도 자신 외에는 아무 이익도 받지 못하고 그들의 성공도 역시 허구적인 우월감에 지나지 않는다. 여기서 말하는 개인적인 의미 또한 사회 속에서 타인과의 관계가 없이는 무의미한 것으로, 즉 타인과의 관계 속에서만 의미가 있는 것이다. 우리 모두는 이러한 의미를 구하려고 하는데 이러한 의미는 타인의 삶에 공헌하는 것 속에서 찾을 수 있다(이효선 외, 2012 : 120-121).

아들러는 사회적 관심은 선천적으로 타고나는 것이긴 하나 사회적 관계로부터 많은 영향을 받는다고 하였다. 아동과 가장 먼저 접촉하고, 대인관계에 가장 많은 영향을 주고, 사회적 관심의 발달에 가장 커다란 영향을 주는 사람은 어머니다. 어머니가 자신의 인생과업에 충실하고, 자녀에게 진실되고 깊은 사랑을 보여주어야 하며, 남편, 다른 자녀, 그 외의 다른 사람에게 사랑으로 대해야 한다. 그렇게 되면 아동은 어머니의 이러한 넓은 사회적 관심을 통하여 이 세상에는 다른 중요한 사람들이 있다는 것을 배울 수 있게 된다.

아들러는 아동의 사회적 관심에 영향을 미치는 두 번째 중요한 인물로서 아버지를 들고 있다. 아버지는 우선 아내, 일, 사회에 대해 긍정적 태도를 지녀야 하고, 자녀 모두를 동등한 인격체로 대하고 아내와 동등한 위치에서 협력하며 자녀를 돌볼 수 있어야 하고, 정서적 격리나 가부장적 권위주의와 같은 잘못된 태도는 버려야 한다.

아들러는 부모의 부부관계가 자녀의 사회적 관심의 발달에 지대한 영향을 미친다고 했다. 부모의 결혼생활이 불행한 경우 자녀는 사회적 관심을 발달시킬 기회를 거의 갖지 못한다. 아내가 남편 대신에 자녀들에게 정서적 지지를 제공한다면 과잉보호가 되고, 자녀의 사회적 관심을 억누르게 된다. 만일 남편이 아내를 공공연히 비난한다면 자녀는 부모에 대해 존경심을 갖지 못한다. 부부 사이에 불화가 있으면 자녀들은 부모를 서로 이간하여 중간에서 어부지리를 얻는 방법을 배우게 되므로, 건전한 사회적 관심을 발달시키지 못한다(권중돈 외, 2008 : 261).

4) 생활양식

생활양식(lifestyle)이란 개인의 특질, 행동, 습관의 형태를 말하는 것으로 인생의 목표에 도달하기 위해 스스로 설계한 독특한 좌표를 의미한다. 생활양식은 열등감을 극복하고 우월을 향한 추구를 실현하기 위해 인간이 취하는 구체적인 대처양식이며, 개인의 성격을 기능하게 하는 원리로 작동한다. 모든 사람은 각자의 생활양식을 지니고 있으며, 어느 누구의 생활양식도 같을 수는 없다. 생활양식은 삶을 영위하는 근거가 되는 기본적 전제와 가정을 의미한다. 생활양식은 삼단논법에 의해 “나는 ~이다-세상은 ~다-그러므로, 나는 ~다”로 표현될 수 있다. 우리는 생활양식에 따라 생각하고, 느끼고, 행동한다.

아들러의 견해에 따르면, 생활양식은 대부분 4~5세 무렵에 형성되며, 이 시기 이후 개인의 생활양식은 거의 변화지 않는다. 물론 사람들은 계속 그들의 독특한 생활양식을 새로운 방식으로 나타내는 것을 배우지만, 그것은 단순히 어릴 때 정착된 기본구조의 확대일 뿐이다. 이렇게 형성된 생활양식은 계속 유지되어 그 후 행동의 뼈대를 이룬다.

아들러는 인생과업에 접근하고 이를 해결하는 태도에 따라 몇 가지 생활양식을 나타내었는데, 사회적 관심과 활동수준에 따라 다음과 같이 네 가지 유형으로 나누었다(Ansbacher & Ansbacher, 1995 : 139).

① 지배형

지배형(the ruling type)은 활동수준은 높지만 사회적 관심이 낮은 양식으로 타인에 대한 관심이 부족하다. 외부세계를 지배하려는 태도를 가지며, 사회적 활동수준은 높지만 타인의 복지에 대하여 고려하지 않으며, 공격적이고, 부주의하고, 독재자의 성격을 갖기 쉽다. 부모가 막무가내로 힘을 통해 자녀를 지배하고 통제할 때 자녀의 생활양식은 지배형으로 형성된다.

② 기생형

기생형(the getting type)은 부모가 자녀를 지나치게 과잉보호할 때 나타나는 태도로서 활동수준은 중간이고 사회적 관심이 낮은 수준이다. 이들은 타인과의 관계에서는 수동적이며, 타인을 자신의 욕구를 충족시키기 위한 도구로 생각하며, 타인에게 더 많은 것을 얻어내는 것에만 집중하고 되돌려주지 않는다. 사랑하는 자녀가 원한다 하여 부모가 무엇이나 들어줄 때 자녀는 이러한 기생형의 생활양식을 배운다는 것을 명심할 필요가 있다.

③ 회피형

회피형(the avoiding type)은 매사에 소극적이며 부정적인 특징을 가진다. 이러한 생활양식을 가진 사람은 자신감이 없기 때문에 적극적으로 직면하는 것을 피한다. 회피형 사람은 마냥 시도하지도 않고 불평만 하기 때문에 사회적 관심이 떨어져 고립되게 된다. 부모가 자녀교육을 할 때 자녀의 기를 꺾어버리는 것이 이러한 회피형 생활양식을 갖게 할 수 있다(노안영, 2006 : 142).

④ 사회적 유용형

사회적 유형형(the socially use type)은 아들러가 제시한 유형 중 가장 건강한 유형으로 활동성과 사회적 관심이 모두 높은 유형이다. 이들은 일, 우정, 사랑과 같은 사회적 문제를 가장 중요한 문제로 여기고, 이를 해결하기 위해 타인과 협동하고, 문제에 직면하는 용기를 가지며, 타인의 복지에 기여하려는 의지를 갖고 있다고 말하고 있다.

5) 창조적 자아

창조적 자아(creative self)는 아들러의 최고의 업적이 되는 개념이다. 창조적 자아는 생의 의미를 제공해 주는 원리이다. 개인의 창조적 힘에 의해 생활양식이 발달한다는 주장은 인간이 스스로 생활양식을 창조할 자유를 가지고 있다는 것을 말한다. 창조적 힘은 그의 인생목표와 그 목표를 추구하는 방법도 결정하며, 사회적 관심의 발달에도 공헌한다. 즉, 각 개인은 자기 자신의 생활양식을 창조할 자유를 가지고 있고 자신의 존재와 행동에 대한 책임을 스스로 져야 한다는 것이다. 창조적인 자아를 형성한 사람은 자신의 인생의 목표를 세우고 그 목표를 향하여 나아가는 방법들을 알며, 사회적 관심에도 공헌하며, 자발적인 삶을 사는 사람이다. 개인의 지식과 경험, 유전적인 요인들은 상황 속에서 그 무엇을 수용할 것인지, 어떻게 행동할 것인지, 사상을 어떻게 해석할 것인지를 선택할 수 있는 창조적 힘을 가질 수 있게 한다고 보았다(강기정 외, 2009 : 54). 즉, 창조적 자아는 인생목표와 그 목표를 추구하는 방법을 결정하고, 사회적 관심의 발달에도 공헌하며, 지각, 기억, 상상, 환상, 꿈에도 영향을 주어 각 개인을 자주적인 사람이 되게 만든다(권중돈 외, 2008 : 262). 그러므로 다른 사람과 차별화된 나만의 가치, 내가 가지고 있는 재능과 특성들을 알아야 한다. 내 안에 있는 창조적 자아를 깨워야 한다. 내가 가지고 있는 잠재능력, 내가 잘할 수 있는 것을 찾아서, 자신의 가치를 발견하고, 창조의 목적에 따라 자주적인 삶을 살아야 할 것이다.

6) 가상적 목표

아들러는 개인의 궁극적 목적은 현실에서 결코 검증되거나 확인될 수 없는 가상적 목표라고 하였다. 각 개인의 우월성의 추구는 그들이 채택하는 가상의 목표에 의해 결정된다고 했다. 그리고 개인의 가상적 목표는 자기 스스로 결정한 것이므로, 자신의 창조력에 의해 형성되고 각 개인마다 독특한 것이라고 하였다. 그러므로 한 개인의 가상적 목표를 이해하게 되면, 그의 다른 행동이 지니는 의미를 알 수 있으며, 생활양식도 이해할 수 있게 된다.

아들러는 개인의 가상적 목표는 현실에 효과적으로 대처하는 데 도움이 되며, 일상생활에서 그런 목표가 도움이 되지 못한다면 목표들은 수정되거나 포기해야 된다고 하였다. 아들러는 인간행동과 성격은 과거의 경험보다는 미래의 기대로부터 영향을 받는다고 하였다. 목표는 미래에 있는 것이 아닌 미래에 대한 현재의 지각에 있는 것이며, 실체가 아님에도 불구하고 성격과 인간행동에 강한 영향을 미친다(장세철 외, 2008 : 164-165). 예를 들어, '간절히 원하는 마음과 노력을 통해 내 꿈은 이루어질 것이다'라는 목적설정은 그것을 성취하기 위해서 얼마나 열심히 노력해야 하는가를 잘 알게 한다. 가상적 목표는 자신의 강한 신념이나 가치를 의미하는 것으로 현실을 효과적으로 대처하도록 해주며, 인간은 스스로 가상적 목표를 형성할 수 있고, 자신의 행동의 의미와 생활양식도 이해할 수 있다.

7) 가족형상

사회적 요인이 성격에 미치는 영향을 강조하면서 아들러는 가족성원 간의 정서적 유대, 가족의 크기, 가족의 성적 구성, 출생순위, 가족역할 모델 등을 포함하는 가족분위기를 의미하는 가족형상(family constellation)은 이후의 성격발달에 지대한 영향을 미친다고 하였다. 더 나아가서는 이웃, 학교, 종교 등의 사회문화적 힘이 개인의 성격에 많은 영향을 미친다는 점을 인정하고 있다(권중돈 외, 2008 : 262). 그는 이와 같이 복합적인 개념인 가족형상 중에서 형제들의 출생순위를 매우 중시하였으며, 출생순위에 수반되는 상황에 대한 개인의 지각이 더 중요하다고 하였다(Adler, 1931 : 144-155). 즉, 가족의 환경은 계속 역동적으로 변화하기 때문에 출생순위에 대한 설명은 각 상황에서 아동과 가족이 서로 어떤 영향을 주는지 고려하여 해석되어야 한다는 것이다. 가족의 경제적 형편, 주거지의 변화, 부모의 나이, 이혼이나 죽음 등에 따라 아동의 행동은 상대적이다. 맏이가 장애아로 태어난 경우 둘째 아이가 실질적인 맏이역할을 하기도 한다. 따라서 출생순위에 따른 행동유형은 하나의 지침으로 이해하는 것이 좋다(Dinkmeyer & Sperry, 1999). 그러나 일반적으로 어떤 특정 출생순위에 태어난 아이들은 비슷한 특징들을 갖고 있는 것으로 알려지고 있다.

맏이는 편애를 받는 위치를 타고나지만 이 위치가 그리 오래가지 않는다. 동생이 태어남으로써 자신의 자리를 물려주어야 하기 때문이다. 따라서 맏이는 첫째의 위치를 유지하고, 자신의 경쟁자를 제2의 자리에 두려고 하는 유형과, 낙담하여 둘째 아이에게 정복당하도록 자신을 내버려 두는 유형으로 상반되게 나타난다.

둘째 아이는 형제와 계속 경쟁하면서 서로 다른 성격을 발달시키기도 하는데, 두 아이의 연령이 비슷하고 성별이 같을 때 더욱 그렇다. 셋째 아이가 출생할 경우 둘째 아이는 양쪽에서 '짓눌린(squeezed)' 아이가 된다. 이 경우 둘째 아이는 위아래 형제들에게 압력을 받아 힘이 약해지거나 아니면 형제들을 희생시켜서라도 자신의 지위를 올리려고 하는 유형 중 하나를 선택한다.

막내는 다른 모든 형제들을 이기려 하거나, 늘 돌봄을 받으면서 관심을 받는 대상이기를 기대하면서 아기로 남으려 하는 두 가지 유형 중 하나를 선택하려는 경향이 있다(오창순 외, 2010 : 129).

3. 성격발달에 대한 관점

아들러는 프로이트와 마찬가지로 생후 5년까지를 성격형성의 절대적 시기로 보며, 그 이후에는 성격의 기본구조가 거의 변화되지 않는다고 보는 결정론적 관점을 취하고 있다. 그러나 개인심리이론에서는 불변성(不變性)의 가정이 프로이트 이론에 비하여 그 강도가 매우 낮다. 그는 성격발달에 영향을 미치는 두 가지 양대 요인, 곧 유전과 환경을 인정하면서도 개인적인 주관의 영향력을 보다 중시하였다. 예를 들어, 아동의 객관적인 출생순위보다는 출생순위에 대한 아동의 주관적인 지각이 성격형성에 중요하다고 보았다.

아들러는 인간이 선천적으로 성장하고자 하는 경향을 지니고 있으며 인간의 성장과 발달은 완전과 우월을 추구하는 인간의 노력이 엮어진 결과라고 주장한다. 개인이 경험한 열등감은 가상적인 목표를 성취하기 위한 우월 추구의 동기로 작용하게 된다. 우월 추구의 과정에서 긴장과 갈등을 경험할지라도 이를 극복하고 성장하고자 하는 노력은 멈춰지지 않는다. 인간발달은 외적인 환경자극에 대한 단순한 반응이 아니라, 자기발생적이고 미래지향적인 개인의 노력의 대가로 이루어지는 것으로 이해된다.

4. 사회복지실천에 대한 적용

1) 심리적 건강과 증상에 대한 관점

아들러는 심리적으로 건강한 사람은 용기를 가지고 문제에 직면하고, 삶을 현실적으로 바라보는 사람이며, 타인의 안녕과 행복에 기여하려는 의지를 갖고 있는 사람이라고 보았다. 반면에 아들러는 부적응적인 사람은 현재의 자신과 이상적 목표 사이에 상당한 거리를 두고 있는 사람이라고 하였다. 이런 사람은 개인의 이익 추구에만 관심이 있을 뿐 타인의 안녕과 복지에는 관심이 없는 사람으로서, 회피형, 지배형, 획득형 생활양식을 지니고 있는 사람들이 많다. 적응을 잘 못하는 사람은 사회적 관심도 부족한 사람이다. 이런 사람들은 자기중심적이고, 개인적인 우월성을 위해 그리고 남보다 우월하기 위해서 노력하며, 사회적 목적의식이 부족하다. 단지 사적인 의미를 가진 삶, 즉 자기 이익과 자기 보호에 사로잡힌 삶을 살게 된다(권중돈 외, 2008 : 264-265).

2) 치료목표

아들러는 치료자가 클라이언트의 문제해결을 위해 그에게 부족한 사회적 관심, 용기를 불어넣어 바람직한 삶을 영위하도록 조력해야 한다고 하였다. 클라이언트를 조력하는 방법으로 '격려치료'가 있다. 격려치료에서 치료자의 주요한 역할은 낙담한 클라이언트에게 용기를 불어넣는 것이다. 격려치료에서 보면 심리적으로 문제를 가진 사람은 용기를 잃고 낙담한 사람이다. 우리는 크고 작은 많은 어려움에 부딪히며 삶을 영위한다. 사람들을 크게 두 분류로 나누면, 어려움에 포기하고 용기를 잃고 낙담한 사람들과 자신이 아무리 어려운 상황에 처해도 좌절하지 않고 용기를 가진 사람들로 구분할 수 있다. 정신적으로 건강한 사람이라면 끊임없이 자신을 격려하면서 용기를 잃지 않는 사람이라고 할 수 있다. 심리적으로 부적응 상태에 있는 사람은 용기를 잃고 자신감과 책임감을 상실한 낙담한 사람이라고 할 수 있다. 그러므로 개인심리치료에서는 클라이언트가 시련을 극복할 수 있는 용기를 갖도록 격려하며, 자신의 사고, 감정, 행동에 책임을 질 수 있도록 원조하는 데 치료의 목표가 있다. 그리고 클라이언트의 삶에 대한 잘못된 신념을 확인하고 변화가 되도록 왜곡된 삶의 동기를 수정하는 데 초점을 두어 사회적인 관심을 갖도록 격려하고, 새로운 생활방식을 갖도록 원조하는 것이 치료의 목표이다.

3) 치료자의 역할과 실무원칙

개인심리이론에 의하면 인간은 '먼저 생각하고 다음에 행동하며 그 다음에 느낀다'고 한다. 그러므로 치료자는 치료의 인지적 측면에 초점을 두고 내담자가 자신의 삶 속에서 잘못된 가정과 결론을 발견하고 그것을 교정하도록 원조하는 역할을 수행한다. 이러한 치료자가 개인심리이론에 입각한 개입을 할 때 지켜야 할 실무원칙은 다음과 같다(권중돈 외, 2008 : 266).

① 인간은 통합적 존재이므로, 모든 행동을 전체적 관점에서 이해하라.
② 인간행동을 목적론적인 개념의 맥락에서 이해하라. 즉, 클라이언트의 행동을 이해하기 위해서는 개인의 독특한 인생목표와 이의 추구방법을 이해하여야 한다.
③ 클라이언트가 자신이 지닌 열등감을 직시하고, 용기를 가지고 문제에 직면할 수 있도록 격려하라.
④ 클라이언트의 생활양식을 이해하라.
⑤ 과거를 이해하려고 노력해야 하지만 현재를 변화시키고 미래의 행동과 목표를 선택하고 추구하는 것에 강조점을 두라.
⑥ 클라이언트의 환경에 대한 반응양식과 지각을 이해하고, 왜곡된 지각을 해결하라.
⑦ 클라이언트의 우월성 추구를 방해하는 환경적 요소를 찾아 해결하라.
⑧ 클라이언트의 사회적 관심을 증진시키라.
⑨ 치료과정에서 해석뿐만 아니라 설득, 변화를 위한 제안을 하라.

4) 치료적 절차와 기법

아들러 학파가 일반적으로 가정하는 치료과정의 네 가지 단계는 상담관계 형성, 평가와 분석, 해석과 통찰, 재정향이다. 상담관계 형성에서는 치료자와 클라이언트가 우호적이며 대등한 관계를 형성할 것을 강조한다. 평가와 분석에서는 클라이언트의 현재의 부적절한 생활양식을 파악하고 클라이언트의 역동성을 탐색하여 그의 신념, 감정, 동기, 목표를 이해한다. 해석과 통찰에서는 클라이언트의 삶의 방향과 목표에 대한 자각을 일깨우고, 자신의 잘못된 목표와 자기패배적 행동에 대한 통찰을 발달시킨다. 재정향에서는 클라이언트가 목표를 성취할 신념과 행동에 있어 변화를 만들도록 함으로써, 새로운 방향을 갖도록 조력한다.

생활양식의 재정향을 위해 사용되는 기법들을 살펴보면 다음과 같다.

① 즉시성

치료과정 중에 일어나는 것이 일상생활에서 생기는 것의 표본이라는 사실을 클라이언트가 깨닫도록 해야 한다. 클라이언트가 보이는 언어적이거나 비언어적인 의사소통은 클라이언트에게 갑자기 나타나는 것이 아니기 때문에 치료자가 이러한 의사소통에 대해 추측할 수 있도록 도와준다.

② 격려

아들러 상담의 가장 중요한 중재기법 중의 하나가 격려이다. 즉, 클라이언트의 기를 살려주는 작업이다. 치료자는 클라이언트가 열등감과 낮은 자기개념(self-concept)을 극복할 수 있도록 도울 수 있다.

③ '마치 ~처럼' 행동하기

클라이언트는 '마치 ~인 것처럼 행동하도록' 요청된다. 만약 클라이언트가 새로운 행동을 시도하기를 원하지 않는다면, 새 옷을 한 번 입어보듯이 새로운 역할을 시도해 보도록 제안한다. 매력적인 옷은 클라이언트를 새로운 사람으로 만들지는 않지만, 이것은 클라이언트에게 새로운 감정, 아마도 자신감을 줄 것이다.

④ 단추 누르기 기법

단추 누르기 기법은 클라이언트가 유쾌한 경험과 유쾌하지 않은 경험을 번갈아 가면서 생각하도록 하고 각 경험과 관련된 감정에 관심을 가지도록 하는 것이다. 이 기법의 목적은 클라이언트에게 그들이 무엇을 생각할지를 결정하여 자신이 원하는 감정은 무엇이든지 만들어 낼 수 있다는 사실을 가르치려는 것이다. 단추 누르기 기법을 통해서 클라이언트가 자신이 우울을 선택했으며, 우울은 자기 생각의 산물임을 인식하도록 도와준다. 치료자는 클라이언트에게 두 가지 단추, 즉 우울단추와 행복단추를 가지고 집에 가라고 하며, 그에게 앞으로 겪게 될 사건에 어느 단추를 쓸 것인지는 자기가 통제할 수 있다고 말한다(노안영, 2006 : 153).

아들러는 전인적인 접근을 주창하며 과거보다는 현재와 미래에 초점을 두어 인간이 현재를 바탕으로 미래지향적인 삶의 목적을 향해 노력한다고 보았다. 아들러는 인간이 현재보다 나은 상태인 완전성을 실현하기 위해 노력하는 존재이므로 누구나 어떤 측면에서는 열등감을 느끼고 있다고 하였다. 인간은 열등감을 극복하기 위해 노력하며, 열등감을 어떻게 극복하느냐가 심리적 건강을 좌우한다고 보았다. 아들러는 인간을 사회적이고 목적론적인 존재로 보았고, 인간의 사회적 관심을 강조하였다. 아들러 이론은 아동지도, 부모교육, 가족상담 등 다양한 사회복지실천 분야에서 유용한 지식기반을 제공하고 있다.

Chapter 12 자아심리이론과 교류분석이론

에릭슨(Erikson)은 사회문화적 환경이 성격발달에 지대한 영향을 미친다고 하였다. 사회적 힘이 성격발달에 미치는 영향을 강조하여 그의 이론을 심리사회이론(psychosocial theory)이라고도 한다. 에릭슨은 인간의 전 생애에 걸친 발달과 변화 가능성을 강조, 병리적인 것보다는 정상적이고 건강한 측면을 강조하였으며, 자아정체감 확립의 중요성, 문화적 · 역사적 요인과 성격구조의 관련성을 중시하였다(Hjelle & Ziegler, 1976).

제1절 자아심리이론

1. 인간관과 기본가정

에릭슨은 인간을 자아에 의해 동기화되는 내적 통합성, 판단력, 성공지향 능력을 지니고 있는 합리적 존재, 창조적 존재, 이성적 존재로 보았다. 즉, 인간 내부에 있는 자아가 개인이 직면하는 갈등이나 문제에 대한 합리적인 해결방안을 탐색하고, 현실을 검증하고 창조적으로 문제를 해결해 나가며, 실패 시 새로운 대안을 모색할 수 있다는 것이다. 또한 에릭슨은 인간을 이해하기 위해서는 인간은 생리 · 심리 · 사회적인 총체적 존재이자 환경 속의 존재(person in environment)라는 인식이 필요함을 강조하였다. 즉, 지리적 · 역사적 환경과 다른 유기체와의 지속적인 상호 적응과정에서 개인적 질서와 사회질서를 따르는 통합적 존재로 본 것이다. 그러므로 각 개인의 심리적 발달은 선천적이고 유전적인 요소와 부모의 양육방식, 학교에서의 경험, 또래집단과의 경험, 그 외 사회적 관계망과의 관계와 상호작용에 의해 결정된다고 보았다. 이와 같이 인간은 환경적 어려움에 도전하여 이를 극복하고 끊임없이 새로운 발달과업과 투쟁하여 더 나은 자아를 획득하려 하며 변화, 성장을 하는 가변성을 지닌 존재라고 하였다. 인간의 발달은 끝이 없으며, 전체 생활주기를 통하여 지속적으로 발달한다고 보았다.

프로이트(Freud)는 개인의 성격은 정신 내적 갈등의 결과물이라고 본 반면, 에릭슨은 인간의 전 생애에 걸친 발달과 변화를 강조하면서 사회문화적 환경이 성격발달에 지대한 영향을 미친다고 보았다. 어떤 심리적 현상이라도 반드시 생물학적 · 행동적 · 경험적 · 사회적 요인 간의 상호작용으로 이해해야 하며, 병리적인 것보다는 정상적인 측면과 건강한 측면을 강조하였다. 그리고 자아정체감 확립의 중요성, 문화적 · 역사적 요인과 성격구조의 관련성을 중시하였다(구혜영, 2010 : 47-48).

에릭슨의 자아심리이론의 인간관을 정리하면 다음과 같다(김용준 외, 2012 : 189-190).

첫째, 인간은 환경 속의 존재라는 것이다. 인간의 이해를 위해서는 개인을 생리 · 심리 · 사회적 총체로 인식하여야 한다.

둘째, 인간은 창조적 존재이다. 환경 안에서 합리적으로 생각하고 갈등이나 문제를 해결하고 창조적으로 대처가 가능한 존재이다.

셋째, 인간은 변화와 성장의 존재이다. 개인은 끝없이 새로운 발달과업을 성취하면서 갈등을 해결하고 더 나은 자아를 획득하려고 한다.

넷째, 인간행동의 상호작용의 이해이다. 인간의 성격은 개인의 신체적 요인, 심리적 요인과 사회문화적 요인의 상호작용에 의한 결과물로 본다.

이러한 인간관에 근거한 자아심리이론의 기본가정은 다음과 같다(권중돈 외, 2008 : 273).

① 발달은 생리 · 심리 · 사회적 속성을 지니며, 전체 생애에 걸쳐 일어난다.

② 생물학적 요인에 의하여 발달이 추진되긴 하지만, 개인적 정체감은 사회 조직과 분리되어 존재할 수 없다.

③ 자아는 환경에 대한 유능성과 지배감을 확보하려고 하기 때문에 발달에 중요한 역할을 한다. 사회제도와 보호자는 개인적 효과성(personal effective)의 발달에 긍정적 지지를 제공한다. 그리고 개인의 발달은 사회를 풍요롭게 한다.

④ 발달은 심리사회적 위기가 일어나는 8단계로 구분될 수 있다. 성격은 각 단계의 위기를 해결한 결과다. 각 생활단계는 이전 단계의 성공에 기반을 두고 있으며, 새로운 사회적 요구와 새로운 기회를 제공한다.

⑤ 생활단계에 동반되는 심리사회적 위기는 보편적인 것이며, 모든 문화에서 일어난다. 각각의 문화에 따라 각 생활단계의 해결방안이 서로 다르다.

⑥ 심리적 건강은 자아강점(ego strength)과 사회적 지지의 기능에 달려있다.

⑦ 위기를 성공적으로 해결하지 못하고, 사회제도로부터 소외될 경우 자아정체감의 혼란이 야기된다.

2. 주요 개념

1) 자 아

에릭슨은 자아(ego)를 일생 동안의 신체·심리·사회적 발달과정에서 외부환경에 대처하고 적응하는 과정에서 형성되는 역동적인 힘으로, 개인이 환경에 성공적으로 적응하는 데 필수적인 기본적 기능을 수행하는 성격의 일부분으로 정의하였다. 즉, 자아의 발달은 사회적 환경과 가치체계의 특성에 따라 상호적으로 관련된다고 보았다. 그리고 자아기능은 자율적이고 타고난 것이며, 개인과 환경 간의 관계를 중재하고 방어기제를 통하여 불안으로부터 개인을 보호하는 기능을 한다고 보았다(조흥식 외, 2010 : 75). 자아기능 정도를 파악하기 위해서는 성, 연령 및 생활양식의 차이뿐 아니라 문화적, 인종적 그리고 민족적 다양성을 반드시 고려하여야 한다. 자아의 대처능력 결여뿐만 아니라 개인의 욕구와 능력이 환경적 조건이나 자원과 합치되지 않을 때, 사회적 기능상의 문제가 나타난다. 자아는 환경에 대한 유능성과 지배력을 확보하려고 하기 때문에 발달에 중요한 역할을 한다(구혜영, 2010 : 49). 그러므로 자아는 생애 각 단계에서 그것을 둘러싸고 있는 새로운 문제들에 대해 합리적인 해결방안을 탐색하고, 현실을 검증하고, 창조적으로 해결해 나가는 한편 새로운 대안을 모색한다.

2) 자아정체감

에릭슨의 자아심리이론의 초점은 개인이 '자아정체감(ego identity)'을 발전시키는 과정으로 보았다. 자아정체감은 개인이 '나는 누구이며 어느 위치에 서 있는가'를 알고자 하는 인식과 노력의 결과로 형성된다고 하였다. 자아정체감은 자신의 독특성에 대한 비교적 안정된 느낌을 갖는 것으로, 행동이나 사고 혹은 정서의 변화에도 불구하고 변화하지 않는 부분이 무엇이며 자신이 누구인가를 아는 것이다. 즉, 자아정체감은 자신에 관해서 통합된 관념을 가지고 있느냐에 대한 개념이다. 자아정체감이 형성되었다는 것은 자기의 성격, 취향, 가치관, 능력, 관심, 인간관, 세계관, 미래관 등에 대해 비교적 명료한 이해를 하고 있으며, 그런 이해가 지속성과 통합성을 가지고 있는 상태를 말한다.

마르시아(Marcia, 1966)는 에릭슨의 정체감 형성 이론에서 두 가지 차원, 즉 위기(crisis)와 수행(commitment)을 중요한 구성요소로 보고, 이 두 차원의 조합을 통해 자아정체감을 네 범주로 나누었다. 여기서 위기란 자신의 가치관에 대해 재평가하는 기간을 의미하고, 수행은 계획, 가치, 신념 등에 대해 능동적 의사결정을 내린 상태를 의미한다.

① 정체감 성취

정체감 성취(identity achievement)는 위기를 성공적으로 극복하고 정치적 또는 개인적 이념체계를 확립하며, 자신의 의사에 따라 자율적 의사결정을 하며, 직업적 역할을 성공적으로 수행할 수 있는 상태를 의미한다.

② 정체감 유예

정체감 유예(identity moratorium)란 현재 정체감 위기의 상태에 있으면서 자아정체감 형성을 위해 다양한 역할, 신념, 행동 등을 실험하고 있으나 의사결정을 못한 상태를 말한다. 정체감 유예로 분류된 사람의 대부분은 정체감 성취로 옮겨가지만, 그중에는 더러 정체감 혼미 방향으로 기울어지는 경우도 있다.

③ 정체감 유실

정체감 유실(identity foreclosure)은 부모나 사회의 가치관을 자신의 것으로 그대로 선택하므로 위기도 경험하지 않고 쉽게 의사결정을 내리지만 독립적 의사결정을 하지 못하는 상태다. 이러한 정체감 유실상태의 특수형태로 부정적 정체감(negative identity)이라는 것이 있다. 이는 부모의 가치관이나 사회적 가치관과 정반대가 되는 자아개념을 의미하는 것으로, 개인적 성공에 대한 부모나 사회의 지원을 받지 못할 때 형성된다. 이는 위기를 경험하지 않고 섣부르게 의사결정을 하는 사람들이 이 범주에 속한다. 비록 자아정체감 형성을 위해서 심각한 위기가 꼭 필요한 것은 아닐지라도 독립적 사고와 의사결정 등은 자신의 신념, 가치관 등에 대한 고통스러운 의문제기가 없이는 불가능하므로, 성숙되고 통합된 정체감 발달을 위해서는 위기를 경험하는 것이 필요하다고 한다(정옥분, 2007 : 444).

④ 정체감 혼미

정체감 혼미(identity diffusion)란 자아에 대해 안정되고 통합적인 견해를 갖는 데 실패한 상태를 말한다. 이 범주에 속하는 경우는 위기를 경험하지 않았고 직업이나 이념선택에 대한 의사결정을 하지 않았을 뿐만 아니라 이러한 문제에 관심도 없다. 개인적 신념체계를 확립하지 못하여 자기 자신의 능력에 대해 회의를 품고 있으며, 직업역할을 수행하지도 못하는 사람들이 여기에 속한다. 이런 점에서 유예와 구별된다. 유예는 자아에 대해 통합된 견해를 갖지 못했더라도 자아정체감과 관계된 갈등은 해결하려고 열심히 노력하고 있는 경우이기 때문이다.

에릭슨은 정체감 성취나 유예는 심리적으로 건강한 것이지만 정체감 유실이나 혼미는 부적응적인 것이라 하였다. 정체감의 성취나 유예 상태에 있는 청소년은 자아존중감이 높고, 추상적이고 비판적인 사고를 하며, 현실자아와 이상자아 간의 차이가 크지 않고, 높은 수준의 도덕성을 갖고 있으며, 자신을 지나치게 의식하지 않고 있는 모습 그대로 다른 사람들에게 자신을 드러내 보인다. 이에 반해 정체감 유실이나 혼미 상태에 있는 청소년들은 독단적이고 융통성이 없고, 부적응적인 행동이나 문제를 일으키며, 다른 사람과의 의견차이를 수용하지 못하고 자신을 거부한다고 생각하고, 타인으로부터 거부당할 것에 대해 두려워하기도 하며, 자신의 인생이 어떻게 되든 상관없다는 식으로 다른 사람의 행동을 그대로 모방하거나 미래에 대한 아무런 꿈도 갖고 있지 않은 경우가 많다(권중돈 외, 2008 : 156).

3) 점성원리

에릭슨(Erikson, 1968)은 자아심리이론의 자아발달은 점성원리에 기초한다고 하였다. 점성원리(epigenetic principle)란 성장하는 모든 것은 기초안을 가지며 이 기초안으로부터 부분이 발생하고, 각 부분이 특별히 우세해지는 시기가 있다는 것이다. 이 모든 부분이 발생하여 기능하는 전체를 이루게 된다는 것이다. 즉, 점성원리는 인간의 발달이 어떤 방식으로 이루어지는가, 특히 이전 단계와 그 다음 단계가 어떤 연관성을 가지며 발달하는가를 설명하는 관점이라고 할 수 있다. 점성원리를 보다 쉽게 설명하자면 인간의 발달은 이미 존재하는 것을 바탕으로 이루어지므로 이전 단계에서의 발달과업의 성취 여부는 다음 단계의 발달에도 지속적으로 영향을 준다는 것이다. 그렇게 볼 때 매 단계는 완전히 끝나버리는 것이 아니라 후에도 지속적으로 그 영향을 남기면서 전체 성격형성에 영향을 주게 된다. 이러한 발달의 원리를 점성원리라고 한다(김윤정, 2011 : 101-102).

4) 발달의 양극 개념

에릭슨 이론의 독특한 측면 가운데 하나는 발달의 양극 개념을 통해 각 발달단계의 특징과 기능을 설명하고 있다는 것이다. 에릭슨은 각 발달단계마다 특정한 규범적 사건, 곧 심리사회적 위기와 발달과업이 있으며, 특정 단계에서의 심리사회적 위기의 성공적인 해결은 개인의 인성을 견고하게 만들고 이후의 발달과제를 잘 다루어 나가도록 돕는다고 설명하고 있다. 위기는 인생주기의 여덟 단계마다 사회적 발달과정에서 다루어져야 하지만 반드시 그 단계에서 해결되어야 하는 것은 아니다. 그러나 각 단계마다 특유한 발달과업을 갖고 있다. 한 개인의 특징적인 행동패턴은 이러한 과제 또는 위기가 궁극적으로 어떻게 해결되는가에 의해 결정된다고 하였다(임은희, 2010 : 85).

에릭슨은 발달의 각 단계마다 심리사회적 위기가 반드시 뒤따르게 된다고 주장한다. 그리고 이 위기는 개인의 신체적·생리적 성숙과 사회문화적 요구 간의 갈등에서 비롯된다고 설명하고 있다. 에릭슨은 이 발달적 위기를 각 단계마다 서로 대립되는 양극 개념, 곧 긍정적 발달과 부정적 발달로 제시하고 있다. 그는 각 단계에서 발달과업을 성공적으로 수행하는 것이 규범적 위기를 극복하는 관건이 되고, 위기에 대한 개인의 대처결과에 따라 정상적 발달 또는 비정상적 발달로 이어지게 된다고 설명하고 있다.

에릭슨은 특정 단계의 심리사회적 위기의 해결은 이전 단계의 성패와 직결된다고 보았다. 성장과정에서 발생하는 발달적·규범적 위기를 만족스럽게 해결하게 되면 긍정적인 자아특질이 강화되고 건전한 발달이 가능하게 되지만, 위기가 제대로 해결되지 못할 경우 자아는 손상을 입게 되고 부정적인 자아특질이 강화된다. 즉, 각 발달단계의 위기가 성공적으로 해결된다면 개인은 정체성 확립을 위해 다음 단계로 나아가게 된다는 것이다(Allen, 2003 : 153). 에릭슨은 심리사회적 위기의 결과로 단계마다 두 가지 측면의 자아특질이 혼합되기 때문에 한쪽 극단이 지배적인 특질을 보일 수는 있어도 그 특질만을 배타적으로 지닐 수는 없다고 보았다(천덕희 외, 2011 : 186-187).

3. 심리사회적 발달단계

에릭슨이 전 생애에 걸친 자아발달단계를 제시한 점은 그의 가장 큰 업적이다. 그는 전 생애에 걸쳐 이루어지는 인간발달의 과정이 성숙의 점성원칙에 의해 지배된다고 본다. 심리사회적 발달의 8단계는 유전된 성격의 기본도안(ground plan)이 점차 전개되어 나타난 결과다. 에릭슨은 성장과정에서 발생하는 심리적 위기를 만족스럽게 해결하게 되면 긍정적 자아특질이 강화되는 반면 그 반대의 경우에는 자아발달은 손상을 받고 부정적 자아특질이 강화된다고 하였다. 에릭슨의 전 생애에 걸친 심리사회적 발달의 8단계 중에서 1~4단계는 유아기와 아동기에, 5단계는 청소년기에, 그리고 6~8단계는 성인기에서부터 노년기에 걸쳐 일어난다고 하였다. 이와 같은 에릭슨의 8단계의 심리사회적 발달의 단계별 특징을 요약하여 제시하면 〈표 12-1〉과 같다.

〈표 12-1〉 에릭슨의 심리사회적 발달단계

연령 및 생애주기	발달과업 또는 위기 (심리사회적 위기)	주요 관계 범위	주요 사건 및 과업성취의 열쇠	획득된 자아 강도	과업실패에 따른 심리문제	심리성적 발달단계 (프로이트)
출생~2세 (영아기)	기본적 신뢰감 대 불신감	모성 인물	음식과 보살핌/ 일관성 있는 양육태도	희망	철퇴 (위축)	구강기
2~4세 (유아기)	자율성 대 수치심과 의심	부모	배변훈련/ 자기통제/ 실패에 대한 격려	의지	강박	항문기
4~6세 (학령전기)	주도성 대 죄의식	가족	놀이, 운동/ 다양한 기회 제공	목적	억제	남근기
6~12세 (아동기)	근면성 대 열등감	이웃과 학교	취학/ 성공적인 경험을 할 수 있도록 기회를 주고 격려	유능성	무력함	잠복기

12~22세 (청소년기)	정체감 대 정체감 혼란	또래 집단 친구, 이성	독자적인 인간으로서의 자신에 대한 확고한 이미지	성실	거부	생식기
22~34세 성인 초기 (청년기)	친밀감 대 고립감	경쟁과 협동의 대상	친밀하고 지속적인 관계 형성 능력/ 경력 쌓기	사랑	배척	
34~60세 성인 중기 (중 · 장년기)	생산성 대 침체	직장, 확대 가족	부모역할/ 다음 세대에 대한 배려	보호 (돌봄)	거절	
60세~사망 성인 후기 (노년기)	자아통합 대 절망	인류	인생 회고와 수용/ 죽음을 떳떳하게 대함	지혜	경멸	

1) 기본적 신뢰감 대 불신감

심리사회적 발달의 첫 번째 단계인 기본적 신뢰감 대 불신감(basic trust vs mistrust)이라는 위기는 출생~2세에 일어나며, 프로이트의 구순기에 상응하는 단계이다. 신뢰감은 건강한 성격의 초석으로 다른 사람에 대한 믿음과 자신에 대한 믿음을 포함한다. 영아는 최초로 사회적 관계를 맺게 되는 어머니가 영아의 심리사회적 욕구를 민감하게 알아차리고 적절하게 충족시켜 주면 어머니에 대한 신뢰감을 갖게 된다. 즉, 영아가 타인으로부터 신뢰감을 얻을 수 있는 능력의 정도는 그가 어머니로부터 받는 양육의 질에 의존한다는 것이다. 영아의 만족감과 안정감을 좌우하는 것은 바로 어머니이다. 부모와의 관계에서 욕구를 충족하고 부모로부터 진정한 애정을 느끼게 되면 영아는 부모를 비롯한 그의 주변 세계가 안전하고 믿을 수 있다고 생각하여 신뢰감을 확대해 나간다. 즉, 부모로부터 따뜻하고 애정적인 보살핌을 받게 되면 영아는 자신과 주변에 대해 신뢰감을 형성하지만 부모로부터 부적절하거나 거부적이거나 일관성이 없는 보호를 받게 되면 불신감을 가지고 인생을 시작한다.

에릭슨은 이 시기를 인생에서 가장 중요한 시기로 보았는데, 그 이유는 이 시기에 신뢰감을 형성하게 되는 것이 생의 후기에 맺게 되는 모든 사회관계의 성공적인 적응과 밀접한 관련이 있기 때문이다. 그러나 여기서 주목할 점은 에릭슨은 신뢰감만을 강조하고 불신감의 효용을 무시한 것이 아니라는 점이다. 그는 인간의 참된 성장을 위해서는 어느 정도의 불신감의 경험도 필요하다고 주장한다. 그러나 긍정적인 성격발달을 위해서는 불신감보다 기본적 신뢰감을 많이 경험해야 한다는 것이 그의 주장이다(손광훈, 2010 : 67). 이 시기에 형성된 신뢰감이나 불신감은 일생을 통해서 지속되며, 다음 단계의 성격발달에 직접적인 영향을 미치게 되고, 일단 형성된 불신감은 변화되기 어려운 특성을 갖고 있다. 신뢰감 대 불신감의 갈등이 성공적으로 해결되면 심리사회적 강점인 희망, 즉 기본적 소원을 성취할 수 있다는 신념이 형성된다고 하였다. 에릭슨은 첫 번째 위기의 부정적 결과를 사회관계로부터의 철퇴 경향(social withdrawal)이라 하였으며, 인생 후기의 낮은 자존감, 우울증, 정체감 혼란 등을 초래할 수 있다고 본다.

2) 자율성 대 수치심과 의심

자율성 대 수치와 의심(autonomy vs shame and doubt)은 2~4세의 유아가 경험하는 심리사회적 위기이다. 부모로부터 신뢰감을 획득하게 되면 유아는 독립심에 대한 강한 욕구를 갖게 된다. 이 시기에 유아는 자신의 행동주체가 자기 자신이라는 것을 깨닫게 되어 의도적인 행동을 보이며, 이러한 의도적인 행동을 통해 자율성을 획득하게 된다. 유아는 걷기 · 달리기 · 기어오르기 등의 운동능력, 식사 · 옷 입기 등의 자조기술 및 배변통제 능력이 향상되어 상당히 자율적이 된다. 이 시기에 유아는 여러 충동들 사이에서 선택이 요구될 때 자신의 의지를 나타내려고 한다(이옥형, 2002 : 38).

유아에게 대소변 가리기 훈련은 자신의 행위에 대한 독립심을 키워주게 되어 자율성 개발의 기초가 된다. 대소변 가리기 훈련과정에서 부모가 자녀에게 칭찬을 해주고 유아가 능력을 발휘할 수 있도록 적절히 도와주면 자신의 신체와 주변 환경을 통제할 수 있다는 것을 깨닫게 되며, 이러한 자신감이 자율성으로 발전된다. 즉, 부모가 사회적으로 적합한 행동을 요구하므로 그러한 훈련을 통해 스스로 환경을 조절할 수 있다는 것을 알게 된다. 유아 자신이 무엇을 할 수 있다는 생각과 동시에 자신의 지나친 시도에 대한 주위의 비난도 인식할 수 있게 되어 이 둘 간의 균형을 유지하도록 노력한다.

그러나 대소변 가리기 훈련과정에서 부모가 유아에게 너무 엄격하고 실수에 대해 비난하게 되면, 유아는 자기 자신에 대하여 수치심을 느끼게 된다. 즉, 유아가 덜 성숙한 상태에서 외부 통제가 너무 빨리 또는 너무 엄격하게 주어진다면 유아는 자신의 통제능력의 미약함과 더불어 외부압력을 조절할 수 없는 무능력에 대해 심한 수치심과 의심을 갖게 된다.

한편 부모가 과잉보호하거나 무관심하게 되면 유아는 환경에 적절히 대처할 능력을 배울 수 없게 되어 타인에 대해 수치심을 갖게 되며, 외부세계와 자신을 통제하는 자신의 능력에 대해 뚜렷한 의심을 갖게 된다. 이러한 유아는 자신의 의지력을 불신하게 되어 자기의심, 무기력 등과 같은 심리사회적 태도를 갖게 된다. 유아가 자율성을 충분히 획득하게 되면 이후에 창의성 · 생산성 · 독립성 · 자존심 등을 갖게 되며, 유아의 신뢰감이 더욱 높아지게 된다. 자율성 대 수치와 의심의 갈등이 성공적으로 해결되면 심리사회적 능력 또는 덕성인 의지력을 얻게 된다. 그러나 이러한 위기가 적절하게 해결되지 못하면 강박적 행동, 피해망상, 편집증 등을 초래할 수 있다. 이러한 자율성 대 수치와 의심의 극복은 일생 동안 지속되는 자기통제력의 기초가 된다(이근홍, 2008 : 186-187).

3) 주도성(솔선성) 대 죄의식

주도성 대 죄의식(initiative vs guilt)은 4~6세의 유아가 경험하는 심리사회적 위기이다. 이 시기에 유아는 새로운 것을 해보려는 호기심과 자기 주위의 사회 속에서 책임을 지는 데 관심을 가지며, 여러 가지 사회놀이에 참여한다. 즉, 유아는 신체적 · 인지적 능력이 발달하여 자발적이고 책임의식이 확대되며, 자신의 활동을 계획하고 목표를 세우며, 이를 달성하고자 노력한다. 이러한 과정 속에서 자신의 계획이나 목표를 설정하고 성취하고자 할 때 주도성을 갖게 된다.

이 시기에 유아가 자신의 목표나 계획을 원만하게 성취하며, 부모가 유아에게 탐색하고 실험할 수 있는 자유를 허용하고, 유아의 질문에 대하여 충실히 답해주게 되면 주도성이 발달하게 된다. 그러나 자신의 목표나 계획이 잘 이루어지지 않고, 부모가 유아의 신체활동이나 언어활동을 제한하고 간섭하며, 유아의 활동과 질문을 귀찮게 여기게 되면 유아는 좌절을 느끼고 죄의식을 갖게 된다. 이와 같이 유아의 죄의식은 부모가 유아 스스로 목표나 계획을 완수하도록 기회를 제공하기를 꺼려하는 데 기인한다고 본다.

유아가 자신의 죄의식을 바람직하게 극복하고 주도성을 지닌 채 이 단계를 지나갈 것인가의 여부는 부모가 유아의 주도적 행동에 어떻게 반응하는가에 달려있다. 즉, 유아가 자기 스스로의 활동을 추구하도록 고무된 아동은 주도성이 더욱 강화된다. 주도성의 발달은 부모가 자녀의 호기심을 인식하고 환상적인 행동을 우스꽝스럽게 여기거나 금지하지 않을 때 더욱 조장된다. 주도성을 갖지 못하고 죄의식에 의해 몸이 굳어진 유아는 체념, 무가치감 등을 가지며, 자신을 내세우는 데 두려워하고, 동료집단의 주변에만 머뭇거리며, 어른에게 심하게 의존한다. 또한 가능한 목표를 수립하고 추구하려는 목적의식이나 용기가 부족하게 된다.

주도성의 획득은 생산적으로 일할 수 있는 기반이 되며, 이후에 포부수준을 형성하는 데 중요한 기초가 된다. 주도성 대 죄의식의 갈등이 성공적으로 해결되면 심리사회적 능력 또는 덕성인 목적을 갖게 된다. 그러나 이러한 위기가 적절하게 해결되지 못하면 좌절하여 자유로운 사고와 표현을 제한하는 억제의 감정을 가지게 된다.

4) 근면성 대 열등감

근면성 대 열등감(industriousness vs inferiority)은 6~12세의 아동이 경험하는 심리사회적 위기다. 에릭슨은 이 단계를 자아성장의 결정적 시기라고 보았다. 이 시기의 아동은 기초적인 인지적 기술과 사회적 기술을 습득하게 되면서부터 가족의 범주에서 벗어나 더 넓은 사회에서 통용되고 유용한 기술들을 열심히 배우고자 하며 이를 숙달하고자 한다. 즉, 이 시기의 아동은 정해진 놀이구칙에 따라 또래와 협동하고 어울릴 수 있는 능력뿐만 아니라 연역적 추리, 자기통제 등의 능력을 발전시켜야 한다. 그리고 이 시기에 기술을 쌓고 의미 있는 일을 성취하기 위하여 열정적으로 참여하고 그 과업을 완수하게 될 경우 주변 사람들의 강화가 뒤따르게 되면 결국 근면성이 발달된다. 이 근면성을 통해 아동은 전 생애 동안 중요한 과업인 성실성을 갖게 된다. 사회생활 기술 습득이나 학습 후의 성취감, 또래집단에서도 자신이 잘할 수 있다는 우월감, 타인의 인정 등은 근면성 획득의 결정적 요소가 된다. 따라서 이 시기에 아동을 격려하고 재능을 발견하도록 고무시켜 줄 수 있는 교사와 부모의 태도가 아동발달에 중요한 역할을 한다. 그러나 아동이 자신의 기술이나 지위가 다른 친구들에 비하여 열등하다고 느끼거나, 무엇을 성취할 기회를 제공받지 못하거나, 귀찮은 존재로 취급되게 되면 열등감을 갖는다. 이 단계의 심리사회적 위기를 성공적으로 극복하게 되면 아동은 '능력'이라는 심리사회적 능력 또는 덕성을 얻게 된다 (김용준 외, 2012 : 195).

5) 정체감 대 정체감 혼란

정체감 대 정체감 혼란(identity vs identity confusion)은 12~22세의 청소년이 경험하는 심리사회적 위기이다. 에릭슨은 청소년기의 자아정체감의 확립을 전 생애를 통하여 가장 중요한 발달과업으로 보았다.

자아정체감(ego identity)이란 한 개인으로서의 자아가 경험하는 모든 대상들을 자기의 고유한 방식으로 조직하고 통합하는 과정에서 일관성, 동일성, 연속성을 가지고 주체적으로 사고하고, 인식하며, 행동하게 하는 능력이라고 할 수 있다. 즉, 한 개인의 자기다움에 대한 인식, 내가 누구인가를 정확히 아는 것이다. 나의 인생의 목적이 무엇인가, 나의 성격은 어떠한가, 정말로 내가 원하는 것이 무엇인가, 내가 가지고 있는 재능은 무엇인가에 대해서 알고 있는 상태를 말한다. 이 시기의 청소년들은 자기 자신의 존재감에 대한 의문을 갖고 그에 대한 해답을 찾으려고 애쓰지만 그 해답은 쉽사리 얻어지지 않기 때문에 고민하고 방황하며, 질풍노도의 시기를 경험한다. 또한 이 시기에 청소년은 종교적 신념, 성윤리 등 생의 방향을 설정해 줄 가치체계(인생관, 세계관)를 통합해야 한다. 청소년이 자신의 역할을 정확히 인식하고 뚜렷한 목적의식을 가지며 자신에 대한 통찰력을 갖게 되면 자아정체감이 확립되지만, 고민과 방황이 길어질 때 정체감의 혼란이 생긴다.

이 단계의 심리사회적 위기를 성공적으로 극복하게 되면 '충성심' 또는 '성실'이라는 심리사회적 능력 또는 덕성을 갖게 되지만, 그렇지 못하게 되면 자신의 불확실한 미래로 방황하게 되며, 성인이 되어서도 자신이 익숙하지 않은 역할과 가치를 거부(repudiation)하는 등 심각한 자아정체감의 혼란으로 힘들어하게 된다.

6) 친밀감 대 고립감

친밀감 대 고립감(intimacy vs isolation)은 22~34세 사이의 성인이 경험하는 심리사회적 위기이다. 이 시기는 직업을 선택해야 하고 배우자를 찾아야 하는 시기이다. 에릭슨은 이 시기의 가장 중요한 과업이 친밀감이라고 하였으며, 이는 사랑을 통해 확고해진다고 보았다. 에릭슨에 따르면 친밀감은 청소년기에 확립한 자아정체감을 바탕으로 타인을 받아들이고 자신을 타인에게 주는 능력이라고 하였다. 에릭슨은 친밀성을 성적 친밀감 이상의 것으로 보고, 타인의 복지에 대한 관심과 지적인 자극을 유발하는 상호작용에 대한 관심까지도 친밀감에 포함된다고 하였다.

이 단계의 심리사회적 위기를 성공적으로 극복하게 되면 '사랑'이라는 심리사회적 능력 또는 덕성을 얻게 되지만, 이 단계의 위기를 만족스럽게 극복하지 못하게 되면 자아도취 상황이나 친밀한 사회적 관계를 회피하는 고립상황에 놓이게 된다. 자아도취 상황에 처한 사람은 단순히 공식적이고 피상적인 인간관계를 추구하며, 친밀한 관계를 형성하는 데 대해서 위협을 느끼기 때문에 타인으로부터 자신을 소외시킨다. 그리고 자아도취에 빠진 사람은 직업을 쓸모없는 것으로 여기며 따라서 직업에서 소외감을 갖기 쉽다(권중돈 · 김동배, 2008 : 279).

7) 생산성 대 침체

생산성 대 침체(generativity vs stagnation)는 34~60세 사이의 성인이 경험하는 심리사회적 위기이다. 에릭슨(Erikson, 1968)은 이 단계에서 자녀를 양육하는 것을 더 중요한 과업이라고 보았는데, 자녀를 낳은 것에 더하여 부모로서 자녀를 잘 양육하고 지도하여야 한다고 했다. 생산성에는 자녀를 출산하고 양육하는 것 이외에 학생, 동료 또는 친구를 잘 보호하고, 직업이나 여가활동에 참여함으로써 얻게 되는 창조성(creativity)이 포함되며, 더 나아가 다음 세대로의 사상의 전수까지도 포함된다. 인간은 이와 같은 생산성으로 인하여 후세대를 양육하고 가르치며 지도감독하는 활동을 함으로써, 이전 세대의 문화와 의식이 후세대로 연결될 수 있게 만든다.

생산성 대 침체의 위기를 성공적으로 극복할 경우 타인을 배려하고 보호(care)할 수 있는 능력이 형성된다. 그러나 타인을 충분히 보호하고 그들에게 관심을 기울이지 못하게 될 경우 부정적 자아특질인 거절(rejectivity) 또는 권위주의(authoritism)가 형성된다. 이러한 사람은 개인적 욕구충족과 안위가 주된 관심사이며, 자기탐닉을 위한 것을 제외하고는 누구에게도 관여하지 않고 보호하지 않는다. 이와 같이 생산성이 결여된 사람은 사회의 일원으로서 생산적 기능을 다하지 못하고 자신의 욕구만을 충족하기 위하여 살아가기 때문에 인간관계가 황폐화되고 중년기의 위기, 즉 절망과 인생의 무의미함을 느끼게 된다(권중돈, 2014 : 247).

8) 자아통합 대 절망

자아통합 대 절망(integrity vs despair)은 60세부터 시작하여 사망할 때까지 노년기에 경험하는 심리사회적 위기이다. 노년기에는 신체적인 노화와 직업으로부터 은퇴, 친한 친구나 배우자의 죽음 등으로 인하여 인생에 대한 무력감을 느끼게 되는 일이 많다. 이 시기의 성패는 신체적·사회적 퇴보를 어떻게 받아들이는가에 달려있다고 에릭슨은 주장하고 있다.

이 시기의 중요 심리사회적 위기는 자아통합과 절망이다. 삶을 되돌아 보았을 때 겸허하게 자신의 인생을 수용하고 성공과 기쁨뿐 아니라 갈등, 실패조차 자신의 삶에서 의미 있는 일부분으로 받아들이는 사람은 자아통합을 성취했다고 볼 수 있으며, 자신이 살아온 인생이 무의미하고 가치 없다고 느껴 자아통합을 성취하지 못하면 절망과 자기혐오 속에서 생을 마감하게 된다(조흥식 외, 2010 : 80).

4. 사회복지실천에 대한 적용

1) 심리적 건강과 증상에 대한 관점

자아심리이론에서는 자아의 학습 및 행동능력에 초점을 두고 정신건강과 적응을 설명하고 있다. 자아심리이론에서는 환경에 대한 자아의 대처 및 지배능력과 관련된 행동을 중시한다. 즉, 심리적으로 건강한 것은 자아정체성을 갖고 환경에 잘 적응해서 살아가는 것을 의미한다.

에릭슨은 성인기의 병리나 증상을 각 개인이 심리사회적 발달단계에서 야기되는 신체적·심리적·사회적 측면이 융합되어 있는 갈등과 긴장에 적절히 대처하지 못하여 자신의 정체감에 대해 혼란을 겪기 때문에 야기된다고 보고 있다. 따라서 클라이언트의 발달 및 역사적 왜곡에 대한 정확한 사정이 필요하다고 보고 표현된 감정이나 행동 유형을 탐색함으로써 병리를 야기한 원인이 되는 개인의 발달적 역사를 재구성할 수 있는 실마리를 찾아낼 수 있다고 보았다. 프로이트는 인간관 자체가 병리적이라고 본 것에 비해 에릭슨은 심리적인 건강한 관점을 갖고 있기 때문에 자아와 환경이 끊임없이 상호작용하면서 인간의 성장을 건강하게 한다고 보았다. 그래서 위기를 적절히 대처할 수 있도록 도와주는 것이 사회복지사의 중요한 역할이라고 볼 수 있다.

2) 치료목적

에릭슨은 치료의 목적을 개인이 가지고 있는 자아의 통찰력(insight)을 증진시켜서 자아의 인식을 토대로 환경과 상호작용하고 또 환경에 대한 자아지배력을 회복하는 것이라 하였다. 이를 위해서는 클라이언트가 속한 연령대의 발달적 위기와 그 대처방안을 이해하는 것이다. 자아기능의 회복을 위해서 사회복지사는 왜곡과 망상, 방어 등과 같은 병리적 증상에서 벗어날 수 있도록 원조해야 한다. 자신의 인생에 대한 선택권을 자유롭게 행사하고 삶을 창조적으로 영위할 수 있도록 원조해 주는 것이 치료의 궁극적 목적이라고 할 수 있다.

3) 사회복지사의 역할과 실무원칙

에릭슨(Erikson, 1964)에 의하면 정신치료에서는 사회복지사가 해석을 통하여 클라이언트에 대한 체계적 분석을 지지해 주는 것이 임상적 치료관계의 핵심이라고 하였다. 사회복지사의 역할은 클라이언트가 감정을 명확화하여 표현할 수 있도록 원조하는 것이다.

친밀한 원조관계를 형성하는 과정에서 사용되는 사회복지사와 클라이언트 사이의 사적 대화인 해석에는 클라이언트의 증상, 사회복지사와의 관계, 아동기의 중요한 갈등, 일과 사랑과 관련된 생활의 측면에 일관되게 나타나는 주제를 찾아내는 과정 등이 포함된다.

에릭슨(Erikson, 1964)은 제안이나 칭찬보다 해석이 치료적 관계를 형성하는 데보다 유용하고, 클라이언트와 사회복지사의 문제해결 양식을 결합시키며, 치료를 더욱 촉진시킨다고 보고 있다. 이러한 치료과정에서 사회복지사가 따라야 할 실무원칙은 〈표 12-2〉와 같다(권중돈 · 김동배, 2008 : 282).

〈표 12-2〉 자아심리학적 접근방법의 실무원칙

- 클라이언트의 일생에 걸친 성격발달 과정을 이해하라.
- 클라이언트가 자기분석에 참여하도록 하여 발달적 역사를 파악하라.
- 클라이언트가 심리사회적 위기를 해결하는 과정에서 경험한 성공과 어려움을 구분하라.
- 현실을 왜곡시키고 자아기능을 축소시킨 발달영역을 결정하라.
- 클라이언트의 발달상의 왜곡을 해석하고, 클라이언트에게 해석을 확인하도록 요구하라.
- 클라이언트가 자신의 환경에 보다 효과적으로 대처하기 위하여 자아강점을 활용하는 방법을 파악하라. 이러한 대처전략이 어떻게 행동화되는지를 파악하라.
- 클라이언트에 대한 사회적 지지를 증진시킬 수 있는 수단을 찾아라.
- 클라이언트가 환경 속에서의 자신의 위치에 대해 새로운 인식을 갖도록 하라.

4) 치료적 기법

사회복지실천에서 활용할 때 가장 대표적인 기법은 잘 들어주는 것이다. 에릭슨은 개인이 가지고 있는 자아가 문제해결 능력도 함께 갖고 있다고 보기 때문에 본인 스스로가 이야기함으로써 자기 문제를 인식하고 문제에 대한 해결책도 찾도록 도와주어야 한다는 것이다. 그리고 부적절한 추론을 억제해야 한다. 클라이언트 스스로가 개입을 통해 자신의 문제를 명료화할 수 있도록 허용하고 해석할 수 있도록 도와야 한다는 것이다.

특히 노인에 대한 치료와 서비스에서는 인생의 회상기법(life review) 같은 것이 유용한데, 어렸을 때부터 살아오면서 잘못되었던 부분, 좋았던 기억들을 떠올리면서 과거 사건을 재구조화하는 것이다. 과거 경험으로 점진적으로 되돌아감으로써 과거의 왜곡된 경험을 해결하고 통합할 수 있으며, 마지막 발달과업인 자아통합 대 절망의 위기를 해결할 수 있다. 이러한 인생회상 기법은 사회복지실천에서 폭넓게 사용되고 있으며, 노인들이 노화과정에 대처할 수 있도록 원조함에 있어서 대인관계 기능과 적응기능을 증진시켜 준다. 결국 에릭슨은 건강한 우리 심리 내부에 있는 자아의 기능을 회복시켜 문제를 가진 클라이언트들에게 스스로 힘을 갖게 해서 문제해결을 할 수 있도록 도와주는 관점을 사회복지사에게 제공해 주고 있다고 말할 수 있다.

제2절 교류분석이론

에릭 번(Eric Berne)이 개발한 상호작용치료인 교류분석이론(TA : Transactional Analysis)은 전통적인 정신분석치료가 치료에 상당한 시일이 걸리고 클라이언트가 치료과정에서 수동적으로 관여한다는 점에 불만을 갖고, 자아와 성격의 인지적·합리적·행동적 측면을 모두 강조하고 있다. 이러한 교류분석이론은 전통적 교류분석이론과 재결정학파로 대별될 수 있다. 전통적 교류분석이론은 현재의 교류를 중시하고, 구조분석, 교류분석, 게임분석 그리고 인생각본분석에 초점을 두는 번이 제창한 개념에 충실한 접근방법이다. 이에 비해 현대적 교류분석이론은 번의 이론을 확대하고 수정한 접근방법으로 다양한 접근방법이 혼재하고 있으나 재결정학파가 대표적이다. 재결정학파에서는 클라이언트가 자신의 자아상태, 초기결정, 인생각본을 인식하고 이것들이 현재의 행동에 어떠한 영향을 미치는지를 자각함으로써 자신의 인생방향을 새롭게 결정하고 새로운 결정을 실행에 옮길 수 있는 능력이 있다고 보고 있다(권중돈·김동배, 2008 : 272).

1. 인간관과 기본가정

교류분석이론, 특히 후기 이론인 재결정학파는 반결정론적 철학에 뿌리를 두고 있으며 인간을 자율적 존재로 보고 있다. 이는 개인이 과거 행동유형에서 벗어나서 스스로 새로운 목표와 행동을 선택할 수 있는 능력이 있다는 믿음을 의미한다. 그러므로 인간은 과거에 구속된 존재가 아니며 가변적 존재이다. 즉, 어린 시절에 내리는 결정은 전적으로 타인에게 의존할 수밖에 없는 결정이지만 이러한 결정이 더 이상 적합하지 않은 것으로 판명되면 새로운 인생결정을 내리고 새로운 행동을 할 수 있다고 본다. 교류분석이론, 특히 재결정학파에서는 인간을 합리적 존재로 본다. 인간은 자신의 사고, 감정, 행동을 조화롭게 통합·활용하여 현실을 합리적으로 판단하고, 이에 맞게 행동하며, 자신의 생활이나 행동에 대해 스스로 책임을 질 수 있는 능력이 있다고 본다.

교류분석이론은 인간의 긍정성(OK-ness)을 인정하는 가치체계에 기초를 두고 있으며, 모든 인간은 사고, 감정, 행동이라는 세 가지 차원을 조화롭게 통합할 수 있고, 자신의 생활, 감정, 행동 등에 대해 책임을 져야 하며, 책임질 수 있는 능력이 있다는 가치체계에 근거를 두고 있다(대학카운슬러연구협의회, 1986). 그러므로 교류분석이론에서는 사회복지사와 클라이언트의 능력을 동등하게 취급하며, 클라이언트 스스로가 치료과정에 능동적으로 참여하며 자신의 어떤 부분을 변화시킬 것인지에 대해 결정을 내리고, 이러한 변화를 일으킬 수 있는 능력이 있는 존재라고 본다. 즉, 클라이언트는 자신의 인생의 방향을 평가하고, 초기의 결정을 이해하게 되며, 자신의 새로운 삶의 방향을 결정하는 데 있어서 주도권을 갖게 된다. 따라서 교류분석이론에서는 개인은 자신을 신뢰하며, 스스로 생각하고, 결정하며, 감정을 표현할 수 있다고 가정한다(권중돈, 2014 : 265-266).

2. 주요 개념

1) 자아상태

번(Berne, 1961)은 자아상태(ego state)를 사고, 감정, 그리고 이와 관련된 일련의 행동유형을 통합한 하나의 체계라고 규정하였다. 교류분석이론에서는 인간의 자아상태는 한 가지 자아상태에서 다른 상태로 변화하며, 그들의 행동은 그 순간의 자아상태와 관련되어 있다고 본다. 그리고 자아상태의 구조는 세 가지, 즉 어린이 자아상태(C : Child ego state), 어버이 자아상태(P : Parent ego state), 어른 자아상태(A : Adult ego state)로 되어 있다. 그리고 자아상태의 기능에 따라서 어린이 자아상태를 다시 자유로운 어린이 자아상태(FC : Free Child), 순응하는 어린이 자아상태(AC : Adapted Child)로, 어버이 자아상태를 비판적 어버이 자아상태(CP : Critical Parent)와 양육적 어버이 자아상태(NP : Nurturing Parent)로 다시 구분한다(권중돈 · 김동배, 2008 : 284-287).

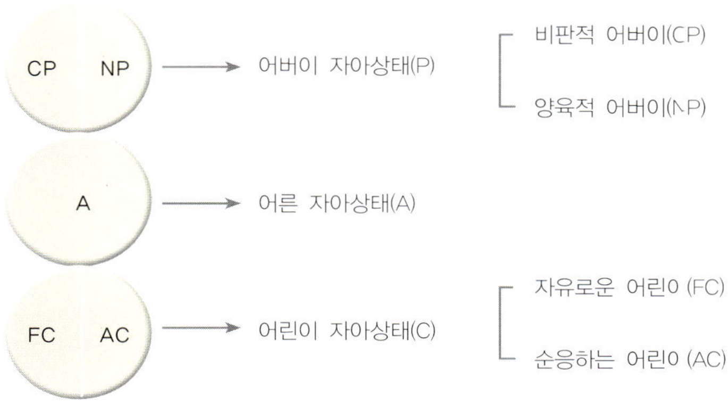

|그림 12-1| **자아상태의 구조와 기능 분류**

(1) 어린이 자아상태

내가 어렸을 때 했던 것처럼 행동하거나 사고하거나 감정을 느낀다면, 어린이 자아상태에 놓여 있는 것이다. 예를 들어, K 양은 약속시간에 늦어지자 벌을 받지 않을까 두려워했던 아동기의 기억을 '경험'하기 시작했다. K 양은 과거 기억을 되살리면서 실제 두려움을 '느꼈다'. K 양은 아동기를 재경험하면서 동시에 아동기의 정서를 재경험한 것이다. K 양이 아동기 경험에 들어있는 모든 기억과 더불어 동시에 느끼게 되는 감정도 K 양의 어린이 자아상태에 속하는 것이다. 이러한 어린이 자아는 다시 자유로운 어린이 자아(FC)와 순응하는 어린이 자아(AC)라는 두 가지 기능으로 구분할 수 있는데, 그 특성은 <표 12-3>과 같다.

〈표 12-3〉 어린이 자아의 특성과 표현방법

구 분	자유로운 어린이 자아	순응하는 어린이 자아
긍정적 측면	천진난만, 자유로운 감정의 표현, 직관력, 적극적, 창조의 근원	인내, 감정의 억제, 타협, 신중, 타인의 기대에 부응, 착한 아이
부정적 측면	충동적, 방종, 안하무인, 무책임	주체성 결여, 소극적, 자기속박, 적개심 보존
말 투	와아~, 야아~, 좋다, 싫다, 멋지다, 유쾌하다, …을 갖고 싶다, …을 하고 싶다 등 감탄조	…해도 좋습니까?, 할 수 없습니다, 어차피 나같은 것은…, …할 작정이다, 슬프다, 섭섭하다, 아니 괜찮습니다
음 색	유희적, 감정적, 밝은, 명랑한, 개방적, 자유로운	힘없이 중얼거리는, 목소리에 자신이 없는, 우물쩍거리는, 사양하는, 훌쩍훌쩍, 악착같이 덤비는
자세, 동작, 표정	자유로운 감정표현, 자발적, 활발, 잘 웃는다, 장난을 친다, 유머가 풍부하다, 선명하다, 씩씩하다	안색을 살핀다, 한숨, 우울한, 어두운, 겁에 질린, 불안, 공포, 증오, 의존, 차근차근하다
대인관계	I'm OK, You're OK, 본능적, 직관적, 창조적, 공상적, 응석부리기	I'm not OK, You're OK, 타율적, 의존적, 반항적, 도전적, 자학적, 자기애적

(2) 어른 자아상태

어른 자아는 18개월부터 발달하기 시작하여, 12세경이면 정상적으로 기능하게 된다. 어른 자아는 사고와 합리적 행동이 그 특성으로, 내적 욕구와 외적 요구를 중재하는 중재자다. 그러므로 사건에 대한 사고를 하고, 수집된 자료를 정보처리하고, 현실적인 행동방법을 결정하는 정보처리자다. 이러한 어른 자아가 강한 사람은 정서적으로 성숙하고, 행동의 자율성이 있으며, 개인의 행복과 성취뿐 아니라 사회적 문제에도 관심을 갖고 있다.

〈표 12-4〉 어른 자아의 특성과 표현방법

구 분	어른 자아
긍정적 측면	지성, 이성, 적절한 적응, 정보수집 및 냉정한 계산, 사실에 의거한 판단, 현황분석, 분석적 사고
부정적 측면	과학에 대한 맹신, 자연무시, 자기중심적, 물질만능주의
말 투	무엇이…, 어디서…, 누가…, 언제…, 어디서…, 어떻게…, …라고 생각한다, 구체적으로 말하면…
음 색	침착한 낮은 목소리, 냉정, 기계적, 일정한 음조, 싫증 남
자세, 동작, 표정	대화간격이 알맞다, 자세가 좋다, 상대방과 눈을 맞춘다, 주의 깊게 듣는다, 필요한 경우 침묵하여 생각을 정리한다
대인관계	사실중심주의, 이론적, 합리적, 객관적, 설명적, 타산적

(3) 어버이 자아상태

어버이 자아는 6세경부터 발달하기 시작하고, 양육의 종류와 사회문화적 환경에 의해 영향을 받는다. 예를 들면, 부모는 우리가 어릴 때 우리를 통제하고 비판하면서 우리가 해야 할 일들을 말해주었다. "도로에는 함부로 뛰어들지 마, 바보 같은 짓 하지 마라, 버릇없이 굴지 마"라고 말하곤 했다. 우리가 부모의 이러한 역할을 따라 하고 있다면 '통제된 어버이(Controlling Parent), 또는 비판적 어버이(Critical Parent)' 상태에 놓여 있는 것이다.

부모는 또한 우리를 따뜻하게 배려하고 돌보아 주기도 했다. 어머니는 껴안아 주고, 아버지는 침대에서 동화를 읽어주었다. 넘어져 무릎에 피가 날 때에는 달래고 상처에 밴드를 붙여주었다. 부모가 우리를 돌봐주었듯이 우리도 남을 돌봐줄 때는 '양육적 어버이(Nurturing Parent)' 상태에 놓여 있는 것이다. 어버이 자아상태도 어린이 자아상태와 마찬가지로 기능적으로 두 가지로 나뉜다.

〈표 12-5〉 어버이 자아의 특성과 표현방법

구 분	비판적 어버이 자아	양육적 어버이 자아
긍정적 측면	이상, 양심, 정의감, 권위, 도덕적	동정, 위로, 공감, 보호, 관용
부정적 측면	비난, 질책, 강제, 편견, 권력	과보호, 응석받이, 묵인, 참견
말 투	안 돼, 바보야, 당연히 …해야지, …하지 않으면 안 된다, 내가 말하는 대로 하는 게 좋아, 속담이나 격언의 사용	…해 줄게, 아름답군, 귀엽군, 제게 맡기세요, …가 염려스럽다, 잘되었군, 알았어요
음 색	설교조, 비판적, 단정적, 위압적, 권위적, 강요적	동정적, 순하다, 애정을 쏟다, 부드럽다
자세, 동작, 표정	시비조, 주먹으로 책상을 친다, 무시한다, 실수를 지적하고 정정한다, 손가락질을 한다	자연스럽게 몸에 닿는다, 껴안아 준다, 어깨를 두드린다, 손을 잡아준다, 양손을 크게 벌린다, 피부접촉을 한다
대인관계	I'm OK, You're not OK, 독단적, 편견, 무시, 경시, 보수적, 배타적, 규제적, 지배적	I'm OK, You're OK, 남을 잘 도와줌, 관대함, 수용적, 이해력이 풍부함, 유순함

2) 금지령과 대항금지령

금지령(injunction)은 부모의 내면에 있는 어린이 자아상태에서 자녀에게 내리는 부모의 메시지이다. 이 메시지는 자녀가 무엇을 해야 하며, 무엇이 되어야 하는지를 말해주는데, 대체로 부모의 실망, 좌절, 불안, 불행 등 고통을 표현하는 것으로 '하지 말라(don't)'의 내용을 지닌다. 이런 메시지는 직접적으로 언어로 전달되는 경우도 있지만, 부모의 행동에서 추론되는 경우가 더 많다. 기본적인 금지령의 예를 들면 다음과 같다. 즉, 태어나지 말았어야 한다(Don't be). 가까이 하지 말라(Don't be close), 애들같이 굴지 말아라(Don't be a child), 남자(여자)여서는 안 된다(Don't be the sex you are) 등이다.

자녀는 이러한 금지령을 수용할 것인지 아니면 이에 거부하고 대항할지를 결정하게 된다. 만약 금지령을 그대로 받아들이게 된다면, 결국 그 자녀에게 금지령은 앞으로 지속적으로 남아있게 되고 특성구조(character structure)의 일부분을 결정하게 된다. 금지령에 대응하는 것은 부모의 내면에 있는 어버이 자아상태에서 나오는 메시지로 대항금지령(counterinjunction)이라 한다. 이 메시지는 부모의 기대를 표현한 것으로 '해야 한다(should, ought)', '하라(do)'의 형태를 취한다. 대항금지령의 예를 들면 완전해지라(Be perfect), 내가 네게 기대하는 것을 하라(Do what I expect of you), 서두르라(Hurry up), 열심히 해라(Try hard), 조심하라(Be careful), 공손하라(Be polite) 등이다. 대항금지령의 문제점은 자녀가 이러한 대항금지령에 따라 생활하기가 불가능하다는 것인데, 아무리 열심히 할지라도 불충분하고 이루기 어렵다(권중돈, 2014 : 268-269).

3) 초기결정 및 재결정

교류분석이론에서는 자신의 행동을 지배하는 결정과 자신의 인생 방향에 유익한 방향으로 새로운 결정을 할 수 있는 능력을 강조한다. 아동은 부모의 금지령에 반응하여 어떠한 형태이든 선택을 하게 된다. 이런 초기결정은 부모에게 인정받으려는 욕구 또는 신체적·심리적 생존을 위한 욕구에서 동기화된다. 번은 사람들이 금지령과 그 금지령에 근거하여 내린 초기결정의 희생양(victim)이라고 보고 있다. 즉, 자녀는 부모에 의해 각본이 쓰이는 방식에 따라 자신의 인생계획을 결정한다는 것이다. 이에 대해 굴딩과 굴딩(Goulding & Goulding, 1976)은 동의하지 않는데, "한 인간의 인생각본(life-script)은 수동적으로 쓰이는 것이 아니며, 자녀는 부모의 금지령에 반응하여 결정을 하므로 자신의 인생각본을 직접 쓴다"라고 하였다. 그들에 따르면 금지령이나 대항금지령이 부도의 권위를 나타내기는 할지라도, 중요한 것은 부모의 한 가지 금지령에 대해서 자녀는 합리적인 것에서부터 병리적인 것에 이르기까지 다양한 결정을 내릴 수 있다는 것이다.

교류분석이론에서는 초기결정이 내려졌을지라도 그 결정을 뒤엎지 못하는 것이 아니라고 보며, 초기결정에 반응하여 새로운 결정을 내릴 수 있다고 본다. 아동기의 어떤 시점에서 받은 금지령에 반응하여 결정한 것은 그 당시에는 적절했을지 모르지만 그 이후의 어떤 시점에서는 부적절한 것이 될 수 있다. 따라서 교류분석이론에서는 초기결정의 특성을 자각하고 새로운 결정, 즉 재결정을 내리도록 함으로써 개인을 변화시키고자 한다.

4) 스트로크(애무)

두 사람이 교류를 할 때, 서로 메시지를 주고받는다. 어떤 메시지이든 교류분석에서는 '스트로크(stroke)'라 부른다. 우리가 신체적·심리적 웰빙(well being)을 이루기 위해서는 스트로크가 필요하다. 자녀는 부모와 상호작용하는 과정에서 스트로크를 받고자 하는 욕구가 있다. 교류분석이론에서 스트로크는 인지의 형태로 서로 간에 의사소통을 할 때 사용한다. 이웃사람과 인사하는 장면에서 우리는 언어적 스트로크와 비언어적 스트로크를 사용한다. 서로 말을 걸면서 미소를 짓거나, 고개를 끄덕이거나, 악수를 하거나, 껴안는 등 여러 가지의 비언어적 스트로크를 주고받게 된다. 대부분의 교류에서는 언어적 스트로크와 비언어적 스트로크가 교환된다. 긍정적 스트로크는 "나는 너를 좋아한다"와 같이 말하는 것이며, 따뜻한 신체적 스트로크, 수용적 언어, 친밀한 몸짓 등으로도 표현될 수 있다. 긍정적 스트로크는 아동의 성장을 촉진하는 촉매이며 애정과 승인의 형태로 표현된다. 부정적 스트로크는 "나는 너를 좋아하지 않는다"와 같이 말하는 것이며, 언어적 또는 비언어적으로 나타날 수 있다. 부정적 스트로크는 아동의 상장을 후퇴시키며, 아동을 왜소화하고 무안하게 함으로써 존엄성을 짓밟는다.

조건적 스트로크(conditional strokes)는 "나는 네가 이러한 방식으로 행동하면 너를 좋아할 것이다"와 같이 말하며, 그와 같이 행동할 때 인정해 주는 것이다. 무조건적 스트로크(unconditional strokes)는 "나는 네가 어떤 존재이든 간에 기꺼이 너를 수용한다"고 말하는 것이다.

5) 게임 및 라켓감정

사람들을 대하다가 결국 두 사람 모두 기분 나쁜 감정을 느끼고, 나중에 다음과 같이 말한 일은 없는가?

"왜 이런 일이 계속 일어나지?", "도대체 왜 또 이런 일이 일어났을까?", "그는 다른 사람과는 다르다고 생각했는데, 그런데…" 일이 이렇게 고통스럽게 끝나 놀라고, 또 전에도 이런 일이 일어난 적은 없는가? 만일 이러한 상호작용이 자주 일어났다면, 교류분석 용어로 '게임(game)'을 했을 가능성이 높다. 심리사회적 수준에서 활발한 교류가 이루어질 때, 대개 게임이 생긴다. 게임은 최소한 한 사람에게 나쁜 감정을 갖게 하고 끝내는 일련의 교류로서 친밀감이 형성되는 것을 방해한다.

게임의 몇 가지 전형적인 특징들은 다음과 같다. 첫째, 게임은 반복적이다. 게임의 상대와 환경은 바뀔 수 있어도 게임의 유형은 동일하게 반복된다. 둘째, 사람들은 게임을 반복하면서도 자신이 게임을 하고 있다는 사실을 깨닫지 못한 채 게임을 한다. 게임을 하고 나서야 '어떻게 이런 일이 또 일어났지?' 하고 반문한다. 셋째, 게임은 항상 게임하는 사람이 라켓감정을 경험하는 것으로 끝난다. 넷째, 게임 뒤에는 항상 당혹이나 혼란이 따른다.

라켓감정(racket feeling)은 스트레스를 받는 상황이라면 어떠한 상황에서든 자주 경험하는 친숙한 정서로서 아동기에 학습되고, 주위 사람이 부추긴 정서이며, 어른으로서의 문제해결에 부적합한 정서다. 라켓은 일단의 각본 행동으로서 자기도 모르게 환경을 조작하는 수단으로 사용하며 라켓감정을 느끼게 만든다. 다시 말해, 라켓은 라켓감정을 느끼게 하는 과정으로서 본인이 의식하지 못한다. 상대방에게 화를 내는 것은 스트레스 상황에서 자주 느끼는 라켓감정이다. 라켓감정은 주로 게임 뒤에 맛보는 불쾌하고 쓰라린 감정으로 게임과 마찬가지로 라켓도 초기결정을 지원하며, 개인의 인생각본의 기본이 된다. 사람은 주의를 끌기 위해 불쾌하고 쓰라린 감정, 위장된 죄의식 또는 위장된 우울한 감정을 발달시킬 수 있다. 이런 위장된 감정은 불쾌하고 쓰라린 감정을 유지해 주는 상황(게임)을 개인이 스스로 선택하게 함으로써 계속하여 유지되며, 이는 결국 자신의 지속적인 감정유형이 되고, 이러한 감정유형이 전형적인 행동방식을 만들어 낸다.

6) 인생태도와 인생각본

번에 의하면 어린 시절 각본을 형성할 때 이미 자신과 사람들과 세상에 대한 어떤 확신을 가지고 있다고 한다. 이러한 확신들은 일생 동안 따라다닐지도 모른다. 이러한 확신들을 요약하면 다음과 같다.

(1) I'm OK (2) I'm not OK (3) You're OK (4) You're not OK

이러한 확신들을 조합하면 자신과 타인에 대한 다음과 같은 네 가지 진술이 있을 수 있다.

① I'm OK, You're OK ② I'm not OK, You're OK
③ I'm OK, You're not OK ④ I'm not OK, You're not OK

이러한 네 가지 견해를 '인생태도(life position)'라 부른다. 이러한 자세는 자신과 타인을 지각하는 데 본질적인 가치를 부여하는 근본적 자세를 가리킨다. 이것은 자신이나 타인의 행동에 대한 단순한 견해 이상의 것이다. 어린이가 이러한 자세 중 어느 하나를 택하게 되면, 나머지 각본을 여기에 맞추어 작성할 가능성이 높다. 번은 모든 게임과 각본과 운명이 이러한 네 가지 자세 중 하나에 토대를 두고 있다고 말했다.

I'm OK, You're OK를 선택한 어린이는 승리자 각본을 형성할 가능성이 높다. 그는 자신을 사랑스럽고 좋게 여긴다. 또한 부모도 사랑스럽고 진실한 분으로 보게 되고, 이러한 견해가 다른 사람들에게도 확대되어 나간다.

어린이가 I'm not OK, You're OK 자세를 택한다면 평범하거나 패배적인 각본을 형성하기 쉽다. 그리고 자신의 이러한 입장에 맞추어 자신이 타인에게 희생당하는 주제로 각본을 구성한다.

I'm OK, You're not OK는 언뜻 승리자로 보이는 각본을 형성할 것 같다. 그러나 이러한 어린이는 자신을 높이고 다른 사람을 눌러야 한다는 확신을 가질 것이다. 그러므로 끊임없는 투쟁을 통해 이러한 욕구를 달성하려고 할 것이다. 그러나 주위 사람들이 배척하게 되면 승리자에서 패배자로 전락하게 될 것이다.

I'm not OK, You're not OK는 패배자 각본을 형성할 확률이 가장 높다. 이러한 인생태도를 가진 어린이는 그야말로 삶이 무용하고 절망으로 가득 찬 것이라고 지각할 것이다. 자신을 낮추고 사랑스럽지 못한 존재로 지각하고, 타인도 not-OK로 보기 때문에 아무도 도와줄 수 없다고 여길 것이다. 따라서 자신이 배척받고 타인도 배척하는 장면으로 각본을 형성하게 될 것이다.

	자기부정(I'm not OK)	자기긍정(I'm OK)
타인긍정(You're OK)	자기경시 대인공포 열등감, 콤플렉스 우울반응 교류의 회피	자타의 조화, 공존 참다운 인간존중 협력관계 평화주의 참다운 자기실현
타인부정(You're not OK)	기본적 불신감 허무주의 포기, 절망 정신병, 자살 거절, 폐쇄	배타주의 강한 자기애 야심가 독선, 방해 비행, 범죄

|그림 12-2| 기본적 인생태도와 교류양식

3. 성격발달에 대한 관점

교류분석이론에서는 개인의 성격발달은 부모의 자녀 양육태도와 행동에 의해 크게 영향을 받는다고 보고 있다. 자아상태의 발달과 아울러 인생 초기에 형성되는 인생태도 역시 부모의 양육태도의 영향을 받는다. 부모의 긍정적 부모역할의 수행을 통하여 자녀는 긍정적 자아관과 타인관, 즉 자기긍정과 타인긍정의 인생태도를 형성하게 된다. 이와 반대로 부정적 부모 역할행동에 의해서는 자기부정과 타인부정의 인생태도를 형성하게 된다. 그러므로 긍정적 자녀양육 기술은 자녀로 하여금 긍정적 인생태도를 계속 지닐 수 있는 초기결정을 내릴 수 있도록 도와주는 것이다.

부모의 양육태도를 3가지로 설명하면 다음과 같다(홍성흔, 2002 : 26-27).

① 온정성 : 자녀를 승인해 주고, 칭찬과 격려를 해주며, 애정을 표시하고, 신체적으로나 심리적으로 가까이 있고자 하는 양육행동

② 거부/ 제재 : 아동에 대한 불만, 부정적 평가 또는 비난, 부정적 감정표현, 적대적・감정적 훈육, 무시와 비하, 억압, 잔소리, 불신, 그리고 침해적 개입 등의 양육행동

③ 허용/ 방임 : 아동의 요구를 과다하게 수용해 주거나, 무책임하고 무관심한 양육행동

만약 부모의 양육태도가 '온정성'이었다면 자녀의 경우 자기긍정-타인긍정의 인생태도를 갖게 될 것이다. 하지만 부모가 자녀에 대해서 '거부/ 제재'나 '허용/ 방임'의 양육태도를 보였다면 자녀의 경우 자기부정-타인부정의 인생태도를 가질 가능성이 높을 것이다.

4. 사회복지실천에 대한 적용

1) 심리적 건강과 증상에 대한 관점

교류분석이론에서는 자기긍정과 타인긍정의 인생태도와 게임이 없는 인생각본을 갖고 있고, 자아상태 사이에 적절한 침투성이 유지되어 개인이 상황과 필요에 따라 세 가지 자아상태 중의 하나 이상을 적절히 사용하여 타인과 교류를 할 수 있는 사람을 심리적으로 건강한 사람으로 규정하고 있다(Shilling, 1984). 그리고 심리적으로 건강한 적응적 개인은 자신의 인지, 감정, 행동에 대한 책임을 수용하고 자율적으로 선택할 수 있는 사람이라고 보고 있다. 부적응적 개인은 아동기 초반에 내린 초기결정의 희생양으로서 패배자적 인생각본에 따라 게임을 하고, 주체적인 선택을 하지 못하는 사람이라고 본다.

2) 치료목표와 치료자의 역할과 실무원칙

교류분석적 접근방법의 치료목표는 클라이언트가 그의 현재 행동과 삶의 방향에 대한 새로운 결정을 내리는 것을 원조하는 것이다. 클라이언트는 그가 초기결정을 따름으로써 자신의 자유를 어떻게 제한하였는지를 자각하고, 새로운 삶의 방식을 선택하는 것을 배운다.

교류분석이론에서의 치료자의 역할은 상담이나 치료의 결과에 대한 클라이언트의 책임성을 강조하기 때문에 클라이언트를 치료과정에 능동적으로 참여시키며, 클라이언트가 자신이 현재까지 해오던 게임의 구조를 분명히 인식하게 함으로써, 가식적인 행동에서 벗어나 진실한 행동을 할 수 있게 해준다.

해리스(Harris, 1969)는 교류분석 치료자의 역할을 교사, 훈련가 그리고 정보제공자라고 하였는데, 치료자와 클라이언트는 동반자의 위치에서 계약을 하고, 클라이언트가 제안하는 계약의 구조에 자신의 전문지식을 투입한다. 치료목적을 성취하기 위해서 클라이언트는 치료자가 어떤 마술적 치료를 해주기를 기다리는 수동적 자세를 취하지 말아야 하고, 치료자도 수동적인 방관자의 역할을 하여서는 안 된다. 즉, 치료자와 클라이언트는 자신들이 합의하여 설정한 목표를 향해 함께 일하는 동반자가 되어야만 치료목적의 성취가 가능하다. 교류분석적 치료를 실시하는 치료자가 원조과정에서 따라야 할 실무원칙은 〈표 12-6〉과 같다(권중돈 · 김동배, 2008 : 294).

〈표 12-6〉 교류분석의 실무원칙

- 클라이언트 스스로가 자신의 인생과 관련된 새로운 결정을 내릴 수 있는 능력을 갖고 있다는 점을 인정하라.
- 클라이언트가 자신의 인지, 감정, 행동에 대한 책임을 수용하는 개인적 자율성을 증진시켜라. 즉, 변화에 대한 클라이언트의 결정을 존중하고 개인적 책임성을 조장하라.
- 클라이언트가 자신의 초기결정, 게임 및 교류유형을 인식하고 이에 직면하여 새로운 결정을 내릴 수 있도록 원조하라.
- 클라이언트를 치료과정에 능동적으로 참여시키고, 그 결과에 대한 책임을 지게 하라.
- 기본적인 치료기법은 구조분석, 교류분석, 게임분석 그리고 각본분석이며, 주요한 치료적 개념과 기법을 클라이언트에게 가르쳐 주라.

3) 치료적 기법

전통적인 교류분석이론의 치료기법은 구조분석, 교류분석, 게임분석 그리고 인생각본분석이 있지만 이후 형태치료, 행동수정 그리고 가족치료 등의 기법들이 혼합되어 활용되고 있을 뿐 아니라, 참만남집단(encounter group), 자기주장훈련집단, 형태치료집단 등에서도 교류분석이론의 주요 개념들과 치료적 절차들을 폭넓게 활용하고 있다.

(1) 구조분석

구조분석(structural analysis)은 클라이언트로 하여금 자아상태의 내용과 기능을 인식할 수 있게 해주는 기법이다.

(2) 게임 및 라켓감정 분석

게임분석을 통해 왜 게임이 이루어지고, 게임의 결과가 무엇이며, 어떤 접촉을 하였는지 그리고 게임이 거리감을 만들거나 친밀성을 방해하는 방법이 어떤 것인지를 관찰함으로써 게임의 속성을 이해할 수 있게 된다. 개인의 라켓을 이해하고, 이 라켓이 게임, 초기결정 그리고 인생각본과 어떻게 관련되어 있는지를 이해하여야 한다. 라켓 또는 라켓감정은 개인이 자신의 인생각본과 결정을 정당화하기 위해 타인을 조작하는 과정과 이와 연관된 감정이다. 이러한 라켓감정이 어느 정도 활용되고 있으며, 그 감정이 문제해결에 효과적이었는지를 평가하여야 한다.

(3) 각본분석

각본분석(script analysis)은 각 개인이 자신의 인생계획을 확인하게 하는 치료적 과정의 일부로서 교류분석과 게임분석이 포함된다. 각본분석은 클라이언트가 각본을 획득하게 되는 과정 그리고 각본에 근거한 행동을 정당화하기 위하여 채택하는 전략을 분석함으써, 클라이언트가 초기결정을 변화시킬 수 있는 가능성을 발견하게 하는 데 목적이 있다. 클라이언트는 어렸을 때의 '라이프스토리(life story)'를 회상하고, 자신이 이러한 스토리에 어떻게 반응하였는가를 파악하며, 이러한 스토리가 현재의 생활에 어떻게 적용되고 있는가를 파악한다. 즉, 각본분석을 통하여 원가족(family of origin)에서 아동기에 메시지를 수용하는 방식, 이 메시지에 반응하여 내린 결정 그리고 자신들이 이러한 초기결정을 유지하기 위하여 사용한 게임이나 라켓들을 이해할 수 있게 된다(권중돈 · 김동배, 2008 : 297-298).

Chapter 13 행동주의이론

행동주의이론(behavioral theory)은 인간 행동의 대부분은 학습되거나 학습에 의해 수정된다는 기본전제에 근거를 두고 있기 때문에 학습이론(learning theory)이라고도 불린다. 행동주의이론에서는 직접 관찰 가능한 인간행동에 초점을 두며, 특정 행동은 선행하는 사건, 즉 선행요인(antecedents)과 뒤이어 일어나는 사건, 즉 결과(consequences)에 의해 일어난다고 보고 있다. 행동주의자들은 인간의 행동은 학습되는 것이라는 점을 강조하며 인간이 느끼고 생각하고 행동하는 것은 학습내력(learning history)의 결과라고 주장한다.

20세기 초 러시아의 파블로프(Pavlov)와 스키너(Skinner)의 실험에서 발달한 행동주의이론은 고전적 조건형성, 조작적 조건형성 그리고 인지적 학습이라는 세 가지 접근방법으로 분류된다. 고전적 조건형성(classical conditioning)은 인간이 환경적 자극에 수동적으로 반응하여 형성되는 행동, 즉 반응적 행동(respondent behavior)을 설명하려는 접근방법이다. 조작적 조건형성(operant conditioning)은 인간이 환경적 자극에 능동적으로 반응하여 나타내는 행동, 즉 조작적 행동(operant behavior)을 설명하기 위한 접근방법으로, 스키너(Skinner, 1938)는 인간행동을 수정할 수 있는 다양한 행동적 기법을 개발하여 임상에 적용하였다. 인지학습이론은 행동에 영향을 미치는 인지적 요인의 역할을 설명하려는 접근방법이며, 반두라(Bandura)의 사회학습이론(social learning theory)과 마호니와 마이켄바움 등(Mahoney & Meichenbaum et al.)의 인지적 행동치료(cognitive behavioral therapy) 등이 속한다(권중돈·김동배, 2008 : 323-324). 이러한 행동주의이론의 세 가지 접근방법 중에서 본 장에서는 스키너와 반두라의 이론을 중심으로 하여 논의해 보고자 한다.

제1절 인간관

스키너(Skinner, 1990)는 인간의 인지적 기능을 전혀 고려하지 않았으며, 무의식, 자아, 내면적 동기 등으로 인간행동을 설명하는 것을 거부해 행동에 대한 과학적 분석을 위해서는 자율적 인간의 성격, 심리상태, 느낌, 성격의 특징, 계획, 목적, 의도 같은 경험적 실증이 불가능한 것을 연구할 필요가 없다고 주장하였다. 그리고 인간본성이 합리적인지 아니면 비합리적인지에 대한 논의 자체를 거부하였으나, 반두라는 인간은 자신의 인지적 능력을 활용하여 사려깊고 창조적인 사고를 함으로써 합리적 행동을 계획할 수 있는 능력이 있다고 본다.

또한 어떤 행동의 양상이 유전적 소질에 의한 것이라 해도 이것이 행동의 예측에는 유용하나 조작이 불가능하므로 실험적 분석이나 통제에는 무가치하기 때문에 유전적 설명이 쓸모없다고 주장하였다(Skinner, 1974).

스키너(Skinner, 1971)는 자율적 인간이란 존재할 수 없다고 주장하면서 인간의 자기결정과 자유의 가능성을 완전히 배제하고 있다. 이에 반하여 반두라는 인간은 단지 사회문화적 조건의 산물은 아니며 그 자신의 환경을 산출해 내는 주체자라고 보고 있다(Bandura & Walters, 1963). 즉, 스키너는 환경적 요인에 의해 인간의 본성이 결정된다는 기계론적인 환경결정론의 입장을 강하게 취하고 있는 반면, 반두라는 인간행동은 인지특성, 행동 그리고 환경이 서로 상호작용한 결과라고 보는 상호적 결정론(reciprocal determinism)에 입각하여 인간의 본성을 설명하고 있다.

스키너는 인간행동을 객관적인 자극-반응의 관계에서만 설명할 수 있다고 하였으며, 인간본성에 대한 강한 객관적 관점을 갖고 있다. 이에 반하여 반두라는 환경으로부터의 객관적 자극에 반응할 때 인간 내면의 주관적인 인지적 요소가 관여한다고 보고 있기 때문에, 인간에 대한 주관적 관점과 객관적 관점을 동시에 지니고 있다.

스키너는 강화속성을 변화시킴으로써 인간행동을 얼마든지 변화시킬 수 있다고 하였다. 하지만 반두라는 강화가 많은 인간행동을 통제하기는 하나 절대적으로 통제하지는 못하며 강화의 효과는 그 결과 간의 관계에 대한 인간의 의식에 의해 좌우된다는 것이다.

반두라는 대부분의 학습이 다른 사람의 행동을 관찰하고 모방한 결과 일어나는 인식에서 비롯된다고 하였다. 그리고 스키너의 행동주의이론이 스스로 계기를 만들고 자기강화를 가능하게 하는 인간의 능력인 인지능력을 고려하지 않았다면, 반두라는 인간의 상징적 회상능력이 예측을 가능하게 하기 때문에 인간은 자신의 경험을 토대로 생각하고, 계획하며, 예상할 수 있다. 또한 인간은 결과를 상징적으로 경험할 수 있는 인지능력이 있어 이에 의해 미래의 결과가 잠재적 결과로서 행동에 영향을 미치는 동기가 될 수 있다고 보았다.

제2절 기본가정

스키너는 인간의 행동은 환경적 자극에 의해 동기화되고, 행동에 따르는 강화에 의해 전적으로 결정된다고 보고 있다. 이러한 스키너의 인간행동에 대한 기본가정을 ABC 패러다임이라고 하는데 이를 도식화하면 |그림 13-1|과 같다.

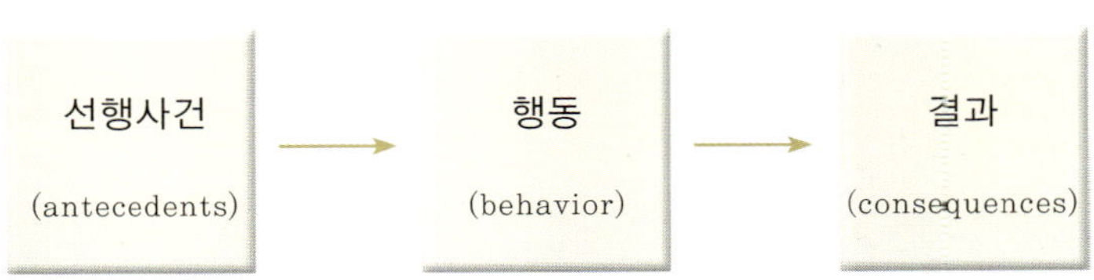

|그림 13-1| 스키너(Skinner)의 인간행동에 대한 패러다임

이러한 인간행동에 대한 환경결정론적인 스키너의 기본가정과는 달리 반두라는 인간행동은 외적 환경의 자극과 인간 내적 사건이 상호작용하여 결정된다고 보고 있다. 이러한 반두라의 인간행동에 대한 기본가정을 도식화하면 |그림 13-2|와 같고, 행동주의이론의 인간행동에 대한 기본가정은 〈표 13-1〉에서 보는 바와 같다(권중돈·김동배, 2008 : 326).

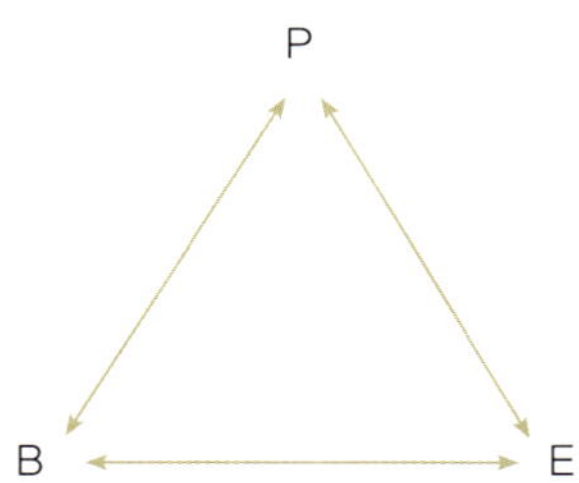

|그림 13-2| 반두라(Bandura)의 인간행동에 대한 패러다임

〈표 13-1〉 행동주의이론의 인간행동에 대한 기본가정

스키너의 행동주의이론
• 인간의 행동은 환경적 자극에 의해 동기화되며, 그것에 따른 강화에 의해 행동의 빈도와 강도가 결정된다. • 인간은 자신의 행동을 통제할 수 있는 힘이 없다. • 외적 강화가 없이는 어떠한 행동의 학습이나 수정도 이루어질 수 없다. 즉, 인간은 어떻게 행동하도록 강화되었느냐에 따라 행동하며, 인간행동의 차이는 강화역사의 차이이다.
반두라의 사회학습이론
• 인간의 행동은 환경적 자극에 의해 동기화되며, 개인의 인지적 요인과 다른 내적 사건들에 의해 중재되어 최종적으로 표현되는 행동이 결정된다. • 인간은 자기효율성을 성취하는 방향으로 행동을 규제할 수 있다. • 새로운 행동의 학습은 외적 강화 없이도 이루어질 수 있다. 즉, 본보기 행동(modeling)을 관찰하거나 대리적 강화를 통하여서도 새로운 행동의 학습은 물론 혁신적 행동도 창조해 낼 수 있다.

제3절 주요 개념

1. 고전적 조건형성과 반응적 행동

파블로프(Pavlov)의 개의 타액분비에 관한 연구에서 개에게 음식물을 주면 타액을 분비하게 되는데, 종소리를 울리고 음식물을 주는 일을 몇 차례 반복하게 되면 나중에는 종소리만 울려도 개가 타액을 분비하였다. 여기에서 개는 종소리에 대해 반응하도록 조건형성된 것이다. 이러한 과정을 고전적 조건형성이라고 한다.

여기에서 음식물을 주는 것은 무조건 자극(unconditioned stimulus)이며, 음식에 대해 타액을 분비하는 것은 무조건 반응(unconditioned response)이다. 종소리는 타액의 분비와 관계가 없는 중성자극(neutral stimulus)이지만, 나중에 종소리만 울려도 타액을 분비하면 종소리가 조건자극(conditioned stimulus)이 되며, 타액을 분비하는 것은 조건반응(conditioned response)이 된다. 이러한 조건반응(반응적 행동)은 조건자극과 무조건 자극의 연합이 지속될 경우에 더욱 강화된다.

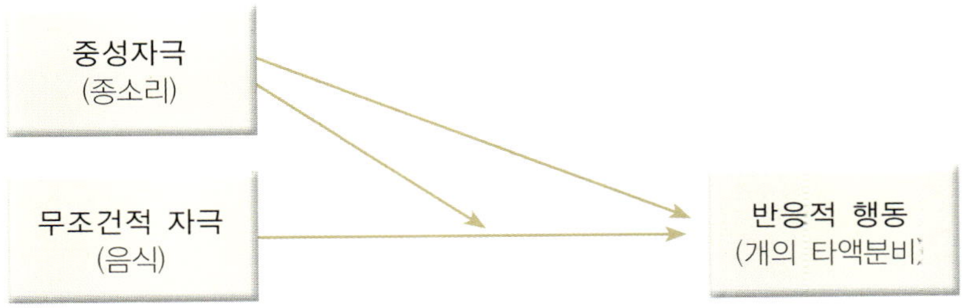

|그림 13-3| 파블로프(Pavlov)의 고전적 조건형성

2. 조작적 조건형성과 조작적 행동

조작적 조건형성(operant conditioning)은 반응의 결과에 따른 변화가 반응이 발생하는 비율에 영향을 미치도록 한 절차이다. 즉, 이것은 행동이 그 결과에 의해 변화된다고 보고, 그러한 행동의 반응 비율에 영향을 미칠 수 있도록 임의로 조건을 제시하는 과정인 것이다.

스키너는 그의 이론을 증명하기 위해 'Skinner Box'라 불리는 독특한 실험 장치를 만들었다. 이 상자의 한쪽 구석에는 지렛대가 있고, 이것을 누리면 전원과 연결되어 자동적으로 음식물이 나오도록 고안되어 있다. 실험에서 굶주린 쥐를 상자에 집어넣으면 쥐는 처음에는 먹이를 얻기 위해 이리저리 돌아다니다가 우연히 지렛대를 누르게 되고, 그럼으로써 먹이를 얻을 수 있게 된다. 시간이 흐름에 따라 지렛대를 더욱 자주 누르게 된다.

스키너의 실험에서 나타난 이러한 과정을 조작적 조건형성이라 한다. 한편 고전적 조건형성이 행동보다 먼저 제시되는 조건에 초점을 두는 것이라면 조작적 조건형성은 행동이 일어난 후의 결과에 초점을 둔다. 그러한 행동의 결과를 어떻게 제시하느냐에 따라 조작행동이 강화되거나 소거될 수 있는 것이다.

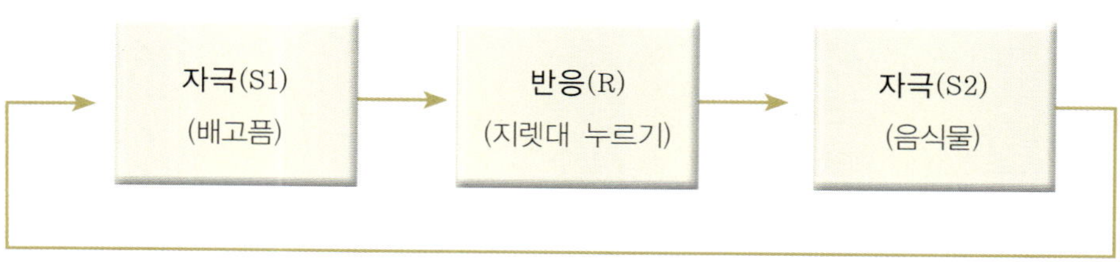

|그림 13-4| 스키너(Skinner)의 조작적 조건형성

3. 변별자극

변별자극(discriminative stimulus)이란 특정한 반응이 보상되거나 보상되지 않을 것이라는 단서나 신호로 작용하는 자극이다(Skinner, 1953). 즉, 바람직한 결과를 얻기 위해 어떤 행동이나 반응을 보여야 하는가를 알려주는 신호를 말한다. 예를 들어, 교실에서 지나치게 떠들던 학생이 있을 때 선생님의 찡그리는 표정이나 헛기침은 계속 떠들면 처벌을 받게 될 것이라는 신호가 된다. 이러한 변별자극이 우리 행동을 완전히 통제할 수는 없지만, 더 바람직한 결과나 덜 위협적인 결과를 성취하기 위해서 어떤 행동을 선택할지 미리 알려준다.

4. 강화와 벌

강화(reinforcement)란 보상을 제공하여 행동에 대한 반응을 강력하게 하는 것이다. 즉, 이것은 행동에 대한 반응의 가능성을 증진하기 위한 어떤 활동인 것이다(Engler, 1991). 스키너는 강화를 조작적 조건형성에서 중요한 개념이라고 했으며, 조작행동의 발생 가능성과 깊은 관계가 있다고 하였다. 강화에는 반응의 비율을 높이기 위해서 자극을 제공하는 정적강화(positive reinforcement)와 불쾌하거나 혐오스러운 자극을 제거함으로써 반응의 가능성을 증대시키는 부적강화(negative reinforcement)가 있다.

1) 정적강화

정적강화(positive reinforcement)란 어떤 행동이 일어나면 행위자가 만족할 만한 긍정적인 자극을 제공함으로써 이후에 그 행동이 일어날 빈도와 강도를 증가시키는 것을 말한다. 예를 들면, 어머니의 심부름을 하고 난 뒤 칭찬을 받고, 유아의 심부름하는 행동이 증가하는 것을 말한다.

2) 부적강화

부적강화(negative reinforcement)란 어떤 행동이 발생한 후에 행위자가 싫어하거나 혐오스러워하는 자극을 제거하여 그 행동이 일어날 확률을 증가시키는 것을 말한다. 예를 들면, 학교에서 선생님이 시험에 100점을 맞으면 청소당번을 하루 제외시켜 준다고 했을 경우가 부적강화에 속한다.

벌(punishment)은 부적강화와는 구별되는 것으로, 원하지 않는 행동을 감소시킬 목적으로 바람직하지 않은 행동을 억누르는 것을 의미한다. 벌의 종류 중 수여성 벌은 꾸중, 비난, 체벌과 같이 혐오적인 자극을 제시하여 행동의 발생빈도를 감소시키는 것이다. 반면에 제거성 벌은 특정 행동이 발생한 후에 긍정적인 자극을 제거함으로써 그 행동의 발생확률을 감소시키는 것이다. 예를 들면, 좋아하는 TV 프로그램을 보지 못하게 하는 것, 놀이상황에서 타임아웃(timeout)시키는 것 등이 속한다. 스키너는 벌은 일시적인 효과를 보이며 불쾌한 상황을 제공하기에 효과적이지 못하고 오히려 부작용이 나타날 수 있다고 설명했다.

〈표 13-2〉 강화와 벌의 관계

자극의 종류	제 시	철 회
유쾌한 자극	정적강화	벌
	음식, 칭찬, 상, 안아주기	기쁨이나 만족을 주는 것을 제거시킴
불쾌한 자극	벌	부적강화
	신체적 고통, 야단치기	고통스러운 결과를 주는 것을 철회

3) 강화계획

강화계획(reinforcement schedule)은 강화인을 얼마나 자주, 어떤 비율로 제공할 것인가에 대한 계획을 말한다. 강화 간격과 비율에 따라 계속적 강화계획, 간헐적 강화계획, 변동(가변)간격 강화계획, 고정비율 강화계획, 변동(가변)비율 강화계획 등으로 구분된다.

예를 들어, 아이의 올바른 양치질을 증가시키기 위해 매번 아동이 양치를 제대로 끝마쳤을 때마다 칭찬을 해주는 것은 연속적 강화이다. 반면 아이가 양치질을 3번 이상 제대로 하였을 때 주기적으로 칭찬을 한다든가, 2~3일에 한 번 정도 저녁에 잠들기 전에 양치를 잘 했는지를 점검 후 칭찬을 한다면 간헐적 강화를 받은 것이 된다.

계속적인 강화는 특정 행동을 배우는 속도를 늘린다. 한 예로, 담배를 피지 않을 때마다 지속적으로 보상을 해주면 더 빨리 담배를 끊는다. 아이가 10권의 책을 읽을 때마다 엄마가 사탕을 하나씩 준다면 이것은 고정비율 강화계획을 이용한 예다. 일정한 시간이 지나면 보수를 주는 월급제는 고정간격 강화계획의 예가 될 수 있다. 일반적으로 시간의 간격보다는 반응의 횟수에 따른 강화계획을 사용했을 때 유기체의 반응률이 높은 것으로 나타나는데, 월급제와 성과제를 비교해 보면 그 이유를 쉽게 짐작할 수 있다.

일반적으로 가장 이상적인 계획은 계속적 강화를 통해 바람직한 행동이 습관화된 후 간헐적 강화를 하는 것이 행동유지에 적절하다(이효선 외, 2006 : 153).

4) 이차적 강화

일차적 강화물과 계속 짝지어진 중립자극은 그 자체가 강화물이 되는데, 이것이 이차적 강화물(secondary reinforcement)이다. 이러한 이차적 강화물의 예르, 일차적 강화물인 음식과 함께 보여주는 어머니의 미소, 칭찬 등을 들 수 있다. 특히 유아에게 있어서 어머니는 항상 이차적 강화물이라 할 수 있는데, 그 이유는 어머니가 일차적 보살핌(예 우유, 기저귀 교환 등)과 함께 미소, 칭찬, 인정을 해주기 때문이다.

5. 행동조성

행동조성(shaping)이란 목표행동에 도달하기까지의 행동을 단계적으로 세분화하여 강화를 사용함으로써 행동을 점진적으로 만들어 가는 것이다. 모든 행동은 그 행동이 수행되는 과정을 살펴보면 여러 단계로 구성되어 있으므로 복잡한 행동이나 기술은 행동조성을 통해 학습될 수 있다. 즉, 목표한 행동에 가까이 가는 반응을 강화함으로써 단계적으로 새로운 행동을 가르칠 수 있다. 예를 들면, 물을 무서워하는 아이에게 수영을 가르치는 것은 어려운 일이다. 수영장 입구에서 들어가기를 거부하는 아이에게 수영이라는 행동을 증가시키기 위해 수영을 좀 더 세분화된 부분, 즉 수영장 입구에서 놀기, 얕은 물에서 물장구만 치기, 허리 정도의 물에서 공놀이하기, 키판을 들고 발장구 연습하기, 머리를 잠깐 물에 넣어보기 등으로 나누어 본다. 이 과정에서 칭찬, 관심, 장난감, 아이스크림 등의 보상이 제공되어 수영이라는 행동이 새롭게 조성된다. 사회복지실천현장에서 행동조성은 장애아동의 옷 입기, 식사하기 등의 기본적인 생활습관 형성, 언어지도나 대인관계에 필요한 행동학습에 많이 활용되고 있다(오창순 외, 2010 : 170).

6. 일반화

일반화(generalization)는 특정한 상황에서만 반응을 보이던 것이 그와 비슷한 다른 상황에서도 반응을 보이는 것을 말한다. 즉, 이것은 강화된 행위가 다양한 관련 상황으로 확장되는 경향이다. 이것은 자극일반화(stimulus generalization)와 반응일반화(response generalization)로 구분할 수 있다. 자극일반화는 하나의 반응이 단 하나의 자극에만 조건형성이 될지라도 그러한 특정한 자극에만 반응을 하는 것이 아니라 그와 비슷한 다른 자극들에 대해서도 반응을 보이는 것을 말한다. 예를 들어 설명하면 어린 아이가 삼촌을 보고 '짬촌'이라고 불렀을 때 칭찬을 해주었다면, 비슷하게 생긴 성인 남자를 보아도 '짬촌'이라고 한다. 그리고 반응일반화는 어떤 특정한 반응이 강화되면 그와 비슷한 다른 상황에서도 반응을 보이는 것을 말한다. 예를 들어, 책을 눈에서 30㎝ 정도 거리를 두고 읽는 행동에 대해 어머니의 칭찬을 받았다면, 텔레비전을 볼 때도 눈에 좋다는 거리에서 시청하는 경우를 들 수 있다.

7. 관찰학습

반두라는 타인의 행동을 관찰함으로써 발생하는 관찰학습(observational learning)을 사회학습이론의 기본으로 보았다. 관찰학습에는 주의(attention), 기억(memory), 운동재생(motoric reproduction), 동기유발(motivation)의 네 가지 과정이 있는데, 이 중에서 하나라도 빠지면 성공적 모방이 이루어질 수 없다(조흥식 외, 2010 : 106-107).

먼저 주의단계에서 사람은 모델을 관찰하는 것만으로는 불충분하며, 관련된 자극에 주의를 기울여 집중하면서 관찰된 행동을 배우고 중요하지 않은 것을 걸러내야 한다.

둘째, 기억단계에서는 한 사건을 내면화하고 나중에 그 순서를 회상, 재생하며 이용한다. 반두라는 상징적 대상물을 저장하고 회상하는 능력에 있어 언어발달이 중요하며, 기억의 연속성이 중요한 요소라고 지적했다. 이 단계는 유지(retention)과정이라고도 할 수 있다.

셋째, 운동재생 단계에서는 전 단계의 기억을 행동으로 전환한다. 여기에서는 행동의 신체적 수행능력, 운동동작의 실천을 위한 반복과 교정이 필요하다.

마지막으로 동기유발 단계는 직접강화 또는 대리강화의 형태를 취한다. 직접강화는 전통적 자극-반응 모형이나, 관찰학습에서 제시하는 강화와 같은 형태다. 반면 대리강화(vicarious reinforcement)는 사회학습이론적 접근에서만 나타난다. 대리강화는 잠재적인 학습자가 다른 사람이 강화받는 행동을 관찰하고 자신도 그러한 행동을 하는 현상을 말한다(정옥분, 2007 : 75). 예컨대 자신의 행동에 대해서 직접적인 강화를 받지 않더라도 또 다른 잠재적 학습자가 보상이나 처벌을 받는 것을 관찰함으로써 간접적으로 강화를 받는 것을 대리강화라 할 수 있다.

8. 상호결정론

사회학습이론에서는 행동의 원동력이 본질상 환경이라는 초기 행동주의의 기본 가정에서 벗어나, 발달과정을 개인과 환경 간의 상호성으로 보는 양방향성을 가정한다. 반두라(Bandura, 1977)는 이러한 견해를 상호결정론(reciprocal determinism)이라고 불렀다. 환경이 아동의 성격과 행동을 조성한다는 왓슨(Watson)이나 스키너(Skinner)와는 달리 반두라는 개인, 행동, 환경 간의 관계는 양방향적이라고 주장한다. |그림 13-5|에서 보듯이 상호결정론의 모형은 상호작용의 삼각형을 구성한다. 여기서 개인(P)은 아동의 인지능력, 신체적 특성, 성격, 신념, 태도 등을 포함한다. 이것은 아동의 행동이나 환경에 영향을 미친다. 아동은 자신이 원하는 것을 선택할 뿐만 아니라(P→B), 아동의 행동(그리고 그 행동이 야기시키는 반응)은 자신에 대한 느낌, 태도, 신념에 영향을 미친다(B→P). 마찬가지로 이 세상이나 사람들에 대한 아동의 지식의 대부분은 TV, 부모, 교과서, 그 외 다른 환경으로부터 얻은 정보에 의한 것이다(E→P). 물론 환경도 행동에 영향을 미친다. 요약하면 사회학습이론은 아동발달이 아동과 환경 간의 계속적 상호작용에 의해 이루어진다고 주장한다. 즉, 아동이 경험하는 환경이 아동에게 영향을 미치고, 아동의 행동 또한 환경에 영향을 미친다는 것이다. 이것이 시사하는 점은 아동은 자신의 성장과 발달에 영향을 미치는 환경조성에 적극적으로 참여한다는 것이다(정옥분, 2007 : 76-77).

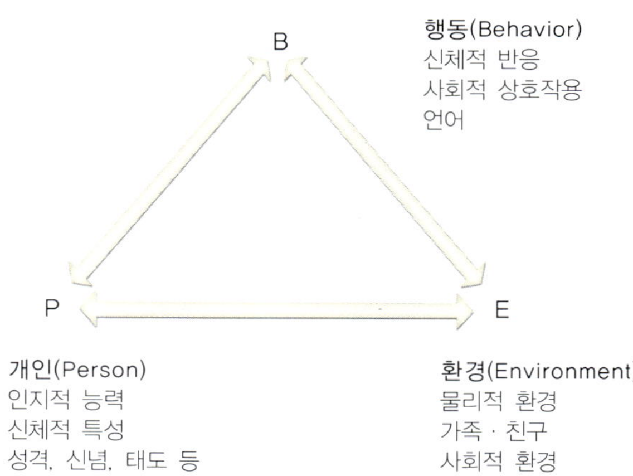

|그림 13-5| 반두라(Bandura)의 상호결정론 모형

9. 자기효능감

자기효능감(self-efficacy)은 내적 표준과 자기강화에 의해 형성되며 어떤 행동을 성공적으로 수행할 수 있다는 신념이다(Bandura, 1982). 다시 말하면, 자기효능감은 자신의 능력에 대해 스스로가 가지고 있는 믿음이다. 스스로 어떤 것을 할 수 있다고 믿는 사람들, 다시 말해 자기효능감이 높은 사람은 도전을 피하기보다는 택할 가능성이 높은데 이는 자신이 도전으로 인해 압도당하기보다는 도전을 이겨낼 수 있다고 믿기 때문이다. 따라서 자기효능감이 높은 사람은 상황을 바꿀 잠재력을 가지고 있으며, 자기효능감이 낮은 사람보다 새로운 행동과 변화를 시도할 가능성이 높다.

자기효능감은 네 가지 중요한 형태의 영향력에 의해 개발된다. 강한 자기효능감을 창조하는 가장 효율적인 방법은 성공을 경험하는 것이다. 실패는 자기효능감을 약화시킨다. 힘들이지 않고 성공을 경험한 사람은 빠른 결과를 기대하게 되고 실패하면 쉽게 좌절한다. 끈기 있는 노력을 통해 장애를 극복하는 경험을 함으로써 회복력 있는 효능감을 개발할 수 있다. 두 번째 효율적인 방법은 사회적 모델이 제공하는 대리경험을 통해서 이루어진다 끊임없이 노력하여 성공한 자신과 유사한 사람을 보는 것은 자신 또한 유사한 활동을 완수하기 위한 능력을 지녔다는 관찰자의 신념을 고양시킨다. 관찰자가 자신과 모델을 유사하다고 가정할수록 모델의 성공과 실패가 보다 강력한 영향을 미친다. 자신의 삶 속에 지속적으로 영향을 미치는 끈기 있는 모델이 장애물을 헤쳐나가며 두려워하지 않는 태도를 보여주는 것은 타인에게 보다 큰 영향력을 미치게 된다. 세 번째 방법은 언어적 설득이다. 어떤 활동에서 성공할 수 있는 능력이 있는 것으로 언어적으로 설득된 사람은 문제가 발생할 때라도 자기회의나 결함에 빠지기보다 더욱 열심히 노력하기 위해 동기화되고 노력을 지속한다. 그러나 오로지 언어적 설득만으로 자기효능감을 높이는 것은 어렵다. 자신의 능력이 결여되어 있다고 설득당해 온 사람은 도전을 회피하는 경향이 있다. 네 번째는, 신체건강을 증진시키고 스트레스와 부정적인 정서성향을 줄이고 신체상태에 대한 오해를 바로잡는 것이다. 여기서 중요한 것은 신체반응과 정서반응을 지각하고 해석하는 방법을 바꾸는 것이다(Bandura, 2004 : 22-25).

반두라의 자기효능감은 클라이언트의 변화를 이끌어 내고자 하는 사회복지사에게 특별히 중요한 개념이라고 할 수 있다. 클라이언트가 현재 지니고 있는 강점을 활용하여 사회복지사는 그가 새로운 행동을 수행할 수 있는 능력이 있음을 알게 하고 강점을 격려함으로써 클라이언트의 자기효능감을 강화시킬 수 있는 중요한 위치에 있다(Parrish, 2010).

제4절 사회복지실천에 대한 적용

1. 치료목표

전통적 행동주의이론에서는 새로운 학습환경을 구성하여 잘못 학습된 부적응적 행동을 제거시키고, 보다 효과적이고 바람직한 행동이나 기술을 새롭게 학습하도록 클라이언트를 원조하는 데 치료목적을 둔다. 즉, 클라이언트의 바람직하지 않는 행동은 제거시키고 바람직한 행동은 증가시키는 데 그 목적이 있다. 이러한 전통적 행동주의자들과 달리 최근의 사회학습이론이나 인지적 행동치료에서는 자아규제(self-control)나 자아효능감(self-efficacy)의 증진에 목표를 둔 치료들이 많이 시행되고 있다.

2. 치료자의 역할과 실무원칙

행동치료 또는 행동수정을 행하는 치료자는 치료과정에서 능동적이고 지시적인 역할을 수행한다. 행동치료자는 전형적으로 부적응적 행동을 진단하고 그 행동의 개선을 도모하는 치료적 절차를 처방하는 교사, 무대감독, 전문가, 행동모델로서의 역할을 수행해야 한다. 그래서 개입의 주체가 되며, 끊임없이 평가해 주는 역할까지도 함께 해야 한다.

행동주의이론에 의한 사회복지사의 실무원칙은 〈표 13-3〉과 같다(권중돈 · 김동배, 2008 : 336).

〈표 13-3〉 행동주의이론의 실무원칙

- 원조의 효과성을 양적으로 측정 가능한 행동, 즉 관찰 가능한 문제행동과 환경적 조건에 치료적 초점을 두어야 한다.
- 원조과정은 문제행동을 유지하거나 새로운 행동의 학습을 방해하는 환경과 개인 간의 상호작용에 대한 사정으로부터 시작된다.
- 사정은 문제행동과 그 선행요인 및 결과를 검토하는 것이다. 특히 치료자와 클라이언트는 기준선을 설정하고 그에 따라 행동을 측정하여 정확한 행동사정을 실시하여야 한다.
- 개입은 행동의 선행요인과 결과를 수정하는 것이며, 클라이언트의 환경적 조건을 클라이언트에게 도움이 되는 방식으로 변화시키는 것이다.
- 치료자가 활용하는 개입절차는 정확하게 기술되어야 하며, 활용하는 기법은 실험이나 조사에 의해 효과성이 검증된 것이어야 한다.
- 치료자와 클라이언트는 클라이언트의 조건변화, 즉 구체적인 목표와 관련된 조건뿐만 아니라 변화과정에서 나타날 수 있는 기대하지 않았던 결과에 대해 정기적이고 체계적인 점검을 하여야 한다.

3. 치료적 기법

사회복지실천현장에서 행동주의적 치료기법으로 활용할 기술로는 다음과 같은 것들을 들 수 있다(구혜영, 2010 : 84-85).

1) 이완훈련

이완훈련(relaxation training)은 고전적 조건화 기법을 활용한 불안대처기법 중의 하나로서, 실제로 행동할 필요가 있지만 불안수준이 높아서 상황에 맞는 행동을 하지 못하는 클라이언트의 경우 조용한 환경 속에서 깊고 규칙적인 호흡과 함께 근육을 이완시키고 즐거운 상상이나 생각을 하는 절차를 반복함으로써 불안을 완화하는 기법이다. 매일 20~25분 정도의 근육긴장 이완훈련 연습을 하면 습관적 유형이 형성되게 되며, 긴장상태와 이완상태 간의 차이점을 인식하게 된다.

2) 체계적 둔감화

체계적 둔감화(systemic desensitization)는 역제지(reciprocal inhibition), 불안계층표(anxiety hierarchy)의 작성, 둔감(desensitization) 등 세 가지로 구성된다. 역제지는 불안을 억제하여 편안하게 하는 것을 말한다. 불안계층표는 불안을 일으키는 자극을 행동적으로 분석하고 불안유발 상황에서 위협을 가장 적게 느끼는 상황에서부터 시작하여 가장 위협적인 상황으로의 위계목록을 작성한 것이다. 둔감은 불안계층표의 순서에 따라 불안정도가 제일 낮은 것으로부터 높은 순으로 차례차례 불안을 완화하도록 개입하는 방법이다. 불안유발 자극과 불안반응의 관계가 완전히 소거될 때까지 반복하여 실시한다. 불안증 및 공포증에서 체계적 둔감법이 많이 활용되고 있다.

3) 토큰경제

토큰경제(token economy)란 특정 행동이 조작적 조건의 강화로 형성된 행동의 경우, 강화물이 제거될 때 행동의 지속성이 떨어지는 것에서 착안한 것으로 행동에 대해 토큰으로 보상하였다가 나중에 클라이언트가 원하는 다양한 물건과 교환할 수 있도록 하는 기법이다. 토큰을 강화인자로 활용하여 적응행동을 발달시키거나 토큰을 회수함으로써 바람직하지 않은 행동을 소거하려는 목적으로도 사용된다. 예를 들어, 신경질적인 아동에게 적용해 보면 아동은 주로 자신의 욕구충족이 잘 안 될 때에 신경질을 부리기 때문에 먼저 아동이 원하는 것을 할 수 있도록 배려한다. 그리고 아동이 신경질을 부리지 않거나 화를 내지 않으면 토큰을 주고 모인 수대로 자신이 하고 싶은 일을 할 수 있게 함으로써 아동 스스로 자신의 행동을 조절해 나가도록 하는 기법이다.

Chapter 14 인지이론

인지이론은 사고의 획득과 기능에 초점을 두는 이론이다. 즉, 한 개인이 무엇을 어떻게 알게 되고 생각하게 되는지 그리고 무엇을 느끼고 행동하는지에 초점을 두기 때문에 인간의 잠재력과 행동을 이해하고 이를 변화시키는 데 있어서 필수불가결한 이론적 기반이 된다. 이 장에서는 대표적인 인지발달이론으로 피아제(Piaget)의 이론, 인지치료이론으로는 벡(Beck)과 엘리스(Ellis) 이론의 주요 개념과 사회복지실천과의 연관성을 살펴보고자 한다.

제1절 인간관

인지이론에서는 인간을 매우 주관적인 존재로 규정하고 있다. 인지이론에서는 이 세상에는 객관적 현실이란 존재하지 않으며, 각 개인이 나름대로 의미를 부여한 주관적 현실만이 존재한다고 본다. 객관적인 외적 현실은 개인의 독특한 방식에 따라 구성되기 때문에 모든 사람에게 획일적이고 표준화된 영향을 미치지는 못한다. 이와 같이 인지이론에서는 각 개인의 정서, 행동, 사고는 개인이 현실을 창조해 내는 방식, 즉 현실세계를 구성하는 방식에 따라 달라진다고 본다(Beck, 1976).

인지이론의 인간관은 무의식을 강조한 정신분석이론에 비해 긍정적이고 환경에 인간이 능동적으로 적응한다는 측면에서 인간의 성장 가능성을 시사하고 있다. 무의식에 초점을 두고 인간을 다분히 충동적 존재로 보는 정신역동이론과 달리 인지이론에서는 인간의 의식에 초점을 두고 인간을 사고하는 합리적인 존재로 인식한다. 또한 정신역동이론에서는 인간과 환경과의 관계를 무의식

속성을 가진 인간이 환경에 어떻게 대처해 나아가는가를 중시하지만 인지이론에서는 환경적 원인들이 인간에 의해서 어떻게 지각되고 인식되느냐에 더 크게 중점을 두고 있다.

인지이론에서는 인간 본성에 대해 비결정론적 시각을 지니고 있으며 변화와 성장 가능성을 인정하고 있다. 즉, 인지이론에서는 인간이 유전적 요인에 의해 결정되는 존재가 아니며, 환경적 영향을 받기는 하지만 이러한 환경적 자극을 능동적으로 중재하고 재구성할 수 있는 능력이 있고, 지속적으로 성장·발달할 수 있는 잠재력을 지니고 있다고 본다. 즉, 인간은 교육을 통해서 또는 누구를 만나느냐에 따라서 얼마든지 변화될 수 있으며 부정적인 환경에서도 잠재능력을 발휘할 수 있는 존재로 보고 있다.

엘리스(Ellis, 1979)는 인간은 생물학적 본능에 의해 조종당하거나 외적 상황에 의해 조건 지어지는 것이 아니라 본래 자기보존적이며 성장과 변화 그리고 자아실현의 경향을 지닌 존재라고 보고 있다.

제2절 기본가정

인지이론에서는 인간의 기능, 성장 그리고 변화 잠재력에 대해 상대적으로 낙관적이고 비결정론적인 관점을 취하고 있다. 개인의 신체적 성숙과 합리적 조건과 기회를 제공해 주는 환경과의 상호작용의 결과로서 나타나는 인지적 성장과 변화는 일생에 걸쳐 일어날 수 있다.

그리고 사고, 감정, 행동은 역동적 체계로서 상호 간에 영향을 미친다. 이들 세 부분 모두가 작용하여 특정 상태나 결과를 낳게 되며 한 부분의 변화는 다른 부분의 변화를 야기시키기도 한다.

〈표 14-1〉 인지이론의 기본가정

- 일생을 통하여 인지적 성장과 변화가 이루어진다.
- 인간의 행동은 사고에 의존한다. 사람들은 사건이나 자극에 기계적으로 반응하는 것이 아니라 이를 '지각'하고 '경험'한다. 그런 후 그것에 대해 생각하고 그 사건을 이해하게 된다. 이와 같은 의식적 감정과정(conscious appraisal process)에서 떠오르는 생각이나 이미지 혹은 느낌은 그 사건이나 자극에 대해 인간이 취하는 반응에 매우 결정적인 역할을 한다. 인지이론가들에 따르면 사람들이 동일한 사건에 대해 서로 다르게 반응하는 것은 '다르게 생각'하기 때문이다.
- 인지과정은 환경에 의해 형성된다. 클라이언트의 사고과정을 면밀히 관찰해 보면 문화, 사회계층, 역사 그리고 다른 사회적 힘(force) 등의 환경적 요소들이 내재되어 있음을 알 수 있다. 즉, 그가 속한 문화, 성장한 배경, 사회적 지위 등의 환경적 요소들은 그 사람으로 하여금 무엇을 지각할 것인가, 어떻게 분류할 것인가, 무엇을 어떻게 기억할 것인가라고 하는 전반적인 인지과정을 형성하기 때문이다.
- 클라이언트가 겪는 어려움은 기본적으로 인지적 문제다. 비합리적인 자기독백(self-talk)이나 부정적인 자기신념, 외부세계에 대한 잘못된 인식은 문제행동 혹은 부적응 행동을 초래하는 근원이 된다.
- 사고, 감정, 행동 그리고 그 결과는 원인적으로 관련성을 지니고 있다.
- 인지변화는 행동변화에 영향을 미친다.

제3절 주요 개념

1. 인지와 인지과정

인지(cognition)란 일정한 자극을 조직하고 지식을 얻는 심리적 과정이다. 협의의 정의는 생각하기에 따라 행동은 달라질 수 있다고 하여 인지를 사고라는 좁은 의미로 상용하고 있다. 하지만 최근에는 인지를 지식, 의식, 지능, 사고, 상상, 계획과 전략의 개발, 합리화, 추론, 문제해결, 개념화, 분류 및 유목화, 상징, 환상 그리고 꿈과 같은 소위 높은 수준의 정신적 과정을 모두 포함하는 개념으로 받아들이고 있다.

개인이 활용 가능한 정보를 지각하고, 조직하고, 평가하는 정신과정이 인지적 과정(cognitive process)이다. 이것은 개인이 어떻게 생각하느냐 하는 점과 관련된 것(Meichenbaum, 1985)으로 탐색, 재생 그리고 저장과정이 기억의 기본과정이다. 개인에 의하여 다양한 방식으로 처리되거나 조작되는 정보처리 과정이라 할 수 있다. 이러한 과정은 문제와 상황의 명확화, 문제해결에 필요시되는 것에 대한 인식, 인지적 규칙과 전략의 활성화, 융통성, 불안과 혼란의 통제가 포함된다(Kagan, 1984).

2. 인지구조

1) 도식, 개념 및 명제

유기체는 외부의 사물을 인지하고 대응하는 데 있어 지각의 틀 또는 반응의 틀을 사용하는데 이를 도식(schema)이라고 한다. 도식은 유사한 상황 속에서 반복되면서 전승되거나 일반화되는 행동의 구조 또는 조직이다(Piaget & Inhelder, 1969). 도식은 신체활동 혹은 정신활동의 패턴이라고도 할 수 있는데 신체활동이란 빨기, 물기, 잡기 등과 같은 것을 말하며, 정신활동은 수학 등식을 푸는 것과 같은 활동을 말한다. 예를 들어, 신생아들은 배가 고프지 않아도 입이나 손에 닿은 모든 것을 빨아본다. 이는 인간의 첫 도식이 빨기 도식이라는 것을 보여주는 것이며, 자라면서 빠는 것 이외에 잡기, 보기 등의 새로운 도식을 발전시킨다. 도식은 인간이 환경에 적응하는 데 필수적인 인지구조로 조직화되므로 도식을 인지적 조직화의 기초 단위라고 할 수 있다. 피아제는 바로 이 도식의 확장과 재조직화가 곧 인지구조의 발달을 의미하는 것이라고 보았다.

개념(concept)이란 어떤 현상의 속성을 추상적으로 나타내는 용어를 의미한다. 예를 들어, 무겁거나 가벼운 상태를 추상적으로 나타내는 용어를 무게라 할 수 있다. 즉, 개념은 어떤 현상이나 사상의 의미를 머릿속에 그려보는 관념적 구성물이다.

명제(proposition)는 두 가지 이상의 개념들 사이의 관련성을 토대로 하여 규칙, 신념 그리고 가설을 설정한 것이다.

2) 적 응

적응(adaptation)은 환경에 대한 개인의 조정이라 할 수 있다. 적응은 동화(assimilation)와 조절(accommodation)이라는 두 가지의 보완적 과정으로 나뉜다. 동화는 자극 혹은 입력되는 정보자료를 이전부터 존재하는 구조의 활동에 의해 처리하는 것이다. 즉, 이미 경험이나 학습으로 형성된 개념인 기존 도식에 맞게 새로운 자극을 이해하는 것이다. 조절은 정보에 적응하기 위한 구조 자체의 능동적 변경을 일컫는다. 환경은 유기체에게 도식의 변화를 요구할 수 있는데 이러한 기존의 도식에 대한 변화가 조절이다. 즉, 조절은 대상의 새로운 차원 또는 감추어진 사건을 설명하기 위해 기존의 도식을 수정하는 과정이다. 조절을 통해 도식의 형태에 질적 변화가 발생하므로 조절은 새로운 도식이 형성되는 과정이라고 할 수 있다. 예를 들어, 도시에서 자란 아동이 부모와 함께 시골에 갔을 때 벼를 보고 쌀 나무라고 했고 부모는 쌀 나무가 아니고 벼라고 가르친다. 이 아동은 열매가 달린 것은 나무라는 자기 나름의 도식을 갖고 있어 기존 도식으로 새로운 사물인 벼를 이해하려 하였고 이것이 동화이다. 그러나 쌀 나무가 아니라 벼라는 설명을 듣고 이 아동은 기존 도식과 새로운 사물 간의 차이를 인식하면서 기존 도식을 변경시킨다. 쌀이 달려있어도 나무는 아니라는 것을 인식하면서 도식을 변경하는데 이것이 조절이다(장세철 외, 2008 : 204). 피아제(Fiaget, 1963)는 적응을 자기 조정적 구조로 정의하고 이 구조는 동화와 조절의 평형화 과정에 의해 발달한다고 보았다. 동화와 조절의 경험이 인지구조의 발달을 초래한다.

3) 평형화

인간의 심리구조는 일관성 있고 안정된 행동양식으로 조직하고 평형을 이루려는 경향을 갖고 있다. 여기에서 평형(equilibrium)이란 개인의 지적 조응과 환경에 의한 지적 구조 간의 균형의 상태를 의미한다. 즉, 외부자극과 인지도식 사이에 지적인 균형을 유지하는 상태이다. 쉽게 동화될 수 없고 조절할 수 없는 새로운 정보가 들어왔을 때 개인의 심리구조는 평형을 잃어버리게 되지만 동화와 조절 과정에 의한 상호 보완적 평형화를 통한 심리구조의 재구성은 보다 높은 차원의 심리구조를 획득하게 함으로써 더 고차원적인 인지발달이 이루어지도록 한다.

4) 내면화 및 구성

인간이 경험하는 것이 이전의 누적된 경험을 반영하는 인지구조와 물리적 환경 사이에서 물리적 환경에 덜 의존하고 인지구조에 많이 의존하게 되는 것을 말한다. 인지구조가 발달하면서 내면화(internalization)는 적응과정에서 점차 중요하게 되고 경험을 더 많이 내면화하면 사고는 환경에 적응하는 도구가 된다.

구성(construct)이란 개인이 자신의 개인적 경험세계를 해석하고 이해하는 사고의 범주를 말하며, 개인이 현실의 어떤 특징을 유사성이나 대비성과 같은 견지에서 이해하는 지속적인 방법을 의미한다. 개인적 구성의 예를 들면, 흥분 대 침착, 세련 대 저속, 지적인 것 대 어리석은 것, 아름다움 대 추함, 선 대 악 등이다. 이러한 구성은 개인이 일상생활에서 직면하는 경험을 개인적으로 해석하고 이해하는 데 사용된다.

5) 귀 인

귀인(attribution)은 수행에 영향을 미치는 행동의 원인에 대한 신념이다. 개인이 원인과 결과의 관계를 어떻게 지각하느냐에 따라 환경에 대한 반응뿐만 아니라 환경 속의 사건에 부여하는 정서적 의미가 달라진다. 귀인이론에 대한 플레밍(Fleming, 1981)은 사회복지실천과 특별히 관련성이 있는 귀인의 세 가지 영역으로 통제의 중심, 오귀인, 자기귀인을 제시하였다. 통제의 중심(focus of control)은 클라이언트가 현재 문제가 자신의 영향력 또는 통제범위 내에 있다고 보고 있는가 하는 것과 관련된 것이다. 오귀인(misattribution)은 클라이언트가 사건의 연쇄과정을 잘못 지각하거나 결과를 일으킨 원인을 잘못 파악하고 있지 않는가 하는 것과 관련된 것이다. 자기귀인(self-attribution)은 클라이언트가 과도하게 자기를 비난하거나, 사회적으로 부정적인 진단명을 내면화하거나, 자신을 희망이 없는 존재로 보고 있지 않는가 하는 것과 관련된 것이다.

6) 자아개념 및 자아효율성

자아개념(self-concept)은 인지기능을 이해하는 데 필수적인 인지구조 간의 역동적인 상호작용, 상호 관련성 그리고 유형화를 보여준다. 자아의 다양한 도식은 타인과의 상호작용, 물리적 세계에 대한 경험, 지식, 반영과 통찰을 통하여 발달하며 유목화되고 계층화된 도식은 자아개념을 형성한다.

이러한 자아개념은 자기다움에 대한 전반적인 평가를 의미한다. 즉, 자신의 신체적 특성, 개인적 기술, 가치관, 희망, 지위와 역할 등 개인이 자신의 것으로 동일시하는 개인적 특성에 대한 지각이나 느낌을 말한다. 스스로 자신에 대해서 어떻게 평가를 하느냐에 따라서 긍정적인 자아개념이 형성될 수가 있고 부정적인 자아개념이 형성될 수가 있다.

자아효율성(self-efficacy)은 특정한 목적을 성취하는 데 필요한 행동노선을 조직화하고, 실행에 옮기는 능력에 대한 개인적 판단으로 개인이 가지고 있는 기술이 아니라 소유하고 있는 어떤 기술을 활용할 수 있는 정도에 대한 개인적 판단을 말한다. 그러므로 자신이 가지고 있는 재능, 소질을 얼마만큼 잘 활용하고 발휘할 수 있는가가 중요하다고 볼 수 있다. 이러한 자아효율성 정도에 따라 개인의 대처능력과 문제해결 능력이 증진되거나 방해를 받을 수도 있다.

제4절 인지발달단계

피아제 이론에서는 출생부터 청소년기까지 인지발달단계를 제시하고 있다. 각각의 발달단계에서는 새로운 기능과 능력이 성숙해짐에 따라 심리적인 재구조화가 이루어진다. 한 단계에서 다음 단계로의 진보는 생물학적 성숙과 아동의 환경 속에서의 경험과 활동에 의해 이루어진다. 인지발달, 정서발달, 그리고 사회적 발달은 분리될 수 없으며, 병행하여 발달하고, 각 단계에서 인지적 발달은 개인 내적 사고뿐만 아니라 대인관계에도 영향을 미친다. 서로 명확히 질적으로 구분되는 몇 개의 단계를 거치는 비연속적인 과정을 거쳐 이루어진다고 보았다. 감각 및 운동능력의 결과로 이루어지는 인지발달에서 출발하여 추상적이고 논리적 사고의 습득과 표현, 즉 형식적 사고로 완결되는 인지발달의 네 단계를 제시하였다.

1. 감각운동단계

출생부터 약 2세까지 지속되는 감각운동단계(sensory motor stage)에서의 지능과 인식은 유아의 반사적이고 급격히 발달하는 감각 및 운동능력의 결과다. 유아는 성숙과 유아의 환경에 대한 탐색을 통하여 더 높은 수준의 심리적 성장에 기반이 되는 개념을 발달시키고, 물리적 세계의 속성에 대한 기초적인 이해를 얻게 된다. 이러한 이해에는 ① 대상이 보이지 않을 때라도 대상이 계속해서 존재한다는 사실을 인식하는 것을 의미하는 대상불변성(object permanence), ② 유아가 원인과 결과 사이의 관계에 대한 인식을 표현하기 시작한다는 것을 의미하는 원인론, ③ 목적지향적 행동의 출현에 동반되는 의도성의 획득이 포함된다. 이 단계에서의 사고는 표상적 지능이 특징적으로 나타나는데 이것은 정신적으로 대상을 표상하고 감각운동적 문제를 해결할 수 있는 능력을 성취하는 것을 말한다. 이와 같은 특성을 지닌 감각운동단계는 여섯 개 세부단계로 구분되는데 각 세부단계의 특성은 다음과 같다(구혜영, 2010 : 108).

① 1단계(0~1개월)

타고난 빨기, 울기, 미발달된 운동 등 반사행동을 활성화하는 시기이다. 물체를 입에 닿는 대로 빨면서 빨기 도식을 연습하고, 물체에 대한 정보를 동화시키고자 노력한다. 한편으로 젖을 빨기 위해 고개를 드는 등 음식을 획득하기 위해 행동조절의 과정도 이어진다.

② 2단계(2~3개월)

1차 순환반응기로 신체가 중심이 되어 행동을 반복함으로써 기본적·유전적인 도식의 정교화가 시작된다. 빨기를 계속함으로써 습관을 형성하고, 의도적인 듣기와 보기도 시작된다.

③ 3단계(4~7개월)

2차 순환반응기로 신체가 아니라 환경에 대한 반복적인 반응과 경험을 통해 인지가 발달하고 인과관계의 법칙을 발견하기 시작한다. 예를 들면, 딸랑이를 흔들면 소리가 난다는 사실을 알게 된다. 물체를 따라 눈을 움직이고 물체가 시야 밖으로 사라지면 더 이상 찾지 않는다.

④ 4단계(8~11개월)

2차 도식협응기로 바라는 어떤 목적을 성취하기 위해서 행동의 협응능력과 일어날 사건과 그 원인이 되는 신호 간의 관계를 알 수 있는 능력이 생긴다. 대상연속성 개념이 획득되는 시기로 물체가 눈에 보이지 않아도 물체가 존재한다는 것을 이해한다.

⑤ 5단계(12~18개월)

3차 순환반응기로 어떤 목적을 달성하기 위해 수단을 사용하는 시기이다. 조직활동이 활발하게 되고 새로운 것들에 관심이 끌리는 시기이다. 전에 늘 가지고 놀던 인형, 공, 블록 등의 장난감을 다른 방법으로 사용하기 시작하고 남의 흉내를 내기 시작한다.

⑥ 6단계(18~24개월)

통찰기 혹은 표상단계로 활동을 실제로 수행하기 전에 활동에 대한 결과를 예상하는 사고가 시작되는 시기이며, 현존하지 않는 사람이나 대상에 대해 정신적 이미지를 형성하기 시작하는 시기이다. 따라서 이 시기의 영아는 자신을 다른 사람과 분리시켜 개인으로서 자신을 조금씩 알게 된다.

2. 전조작적 사고단계

피아제에 의하면 전조작기는 2~7세까지로 전개념기는 2~4세, 직관적 사고기는 5~7세이다. 이 시기는 유아가 언어와 같은 상징적 매체를 사용하기 시작하면서 사고기술에 커다란 진전을 이루는 시기이나 사고가 직관적이어서 효율적 논리를 사용할 수 없다. 전조작적 사고단계(preoperational stage)에서는 언어의 습득을 통하여 아동은 상징적 표상능력을 지닐 수 있게 되고 개념적 사고를 하기 시작한다. 지능은 지각에 의해 지배되는 경향이 있으며 아동 자신의 관점과 사고가 옳다고 보는 자기 중심적 관점을 갖게 된다. 이 단계에서의 사고는 비논리적이며 환상이나 놀이를 통한 상징적 표상이 문제해결과 지배감을 갖게 되는 중요한 통로가 된다. 이러한 특성을 지닌 전조작적 사고단계는 전개념적 사고단계와 직관적 사고단계로 구분되는데 이를 좀 더 상술하면 다음과 같다(권중돈, 2014 : 310-311).

1) 전개념적 사고단계

이 단계는 2~4세까지의 시기로 영아기에 발달한 도식이 내적으로 표상되는 전환기로서 상징적으로 사물을 조작할 수 있도록 해주는 표상기술을 획득하게 된다. 즉, 이 단계에서는 마음속으로 사물의 이미지를 만들 수 있으므로 모방, 심상, 상징화, 상징놀이, 언어기술이 획득된다. 따라서 아동은 더 이상 만지거나 보지 않아도 되며, 표상기술을 사용하여 과거에 일어났거나 미래에 일어나기를 원하는 사건을 표현할 수 있다. 이 단계에서는 상징놀이(symbolic play)를 통하여 사회, 신체 및 내적 세계를 실험하고 이해하며, 현실적으로 불가능한 것도 다룰 수 있고, 언어적 제한성을 보충할 수 있게 된다.

2) 직관적 사고단계

이 단계는 5~7세까지로 여러 사물과 사건을 표상하기 위하여 많은 개념들을 형성하지만 아직 불완전하며, 부분적 논리를 통해 추론을 한다. 이러한 직관적 사고단계의 특성은 다음과 같다.

① 이 시기의 아동은 상위개념과 하위개념을 완전히 구분하지 못하므르 분류능력이 불완전하다.

② 사물이나 사건의 개별적 특성만을 고려하여 추리하고, 특수한 것에서 특수한 것을 추리하는 전도추리 경향이 나타난다.

③ 전체 상황 중에서 하나의 차원이나 측면에만 주의를 기울이고, 다른 중요한 차원은 무시하는 중심화 경향이 나타난다.

④ 일련의 논리나 사건을 원래 상태로 역전할 수 없는 불가역적 사고특성이 나타난다.

⑤ 타인의 관점과 역할을 고려하지 않은 채 자신의 입장에서 세계를 지각하는 자아중심적 사고특성이 나타난다.

3. 구체적 조작 사고단계

구체적 조작 사고단계(concrete operational stage)는 7~11세의 시기로 학령기에 해당되며 인지적 능력이 급속도로 발전하는 특징을 갖는다. 이전 단계에서는 아동의 사고가 비체계적이고 논리가 부족했지만 구체적 조작기에서는 기본적 논리체계가 성립된다. 그렇지만 실제적이고 구체적인 상황에 한정된 논리만 가능하고 가설적 상황에는 적용하지 못하는 한계를 갖는다.

이 단계에서 아동은 사물을 유목화(classification) 또는 범주화할 수 있다. 예를 들어, 공을 크기나 색깔에 따라 분류할 수 있다. 아동은 머릿속에 분류도식을 가지고 정신적으로 색깔에 따라 공을 분류할 수 있고, 또한 공의 크기를 비교할 수 있으며 공 크기에 따라 순서대로 배열할 수 있다. 또한 보존(conservation)개념을 획득하게 된다. 보존개념을 획득한다는 것은 사물이 어떤 측면에서는 변할 수 있지만 같은 사물이라는 것을 이해할 수 있는 능력이다. 예를 들어, 부피의 보존이란 액체를 긴 형태의 컵에서 넓은 형태의 컵으로 바꾸어 부을 때 모양은 다르지만 액체의 양은 같다는 것이다.

구체적 조작기에서는 자기중심주의에서 다른 사람에 대한 관심으로의 이동이 이루어진다. 전조작기에서는 아동 자신이 세계의 중심이었다. 다른 사람의 역할행동을 완전히 인지적으로 이해할 수 능력이 발달하지 못했는데, 구체적 조작기에서는 다른 사람의 역할을 취할 수 있는 능력이 발달하며, 다른 사람의 입장에서 사물을 이해할 수 있는 능력이 생긴다.

4. 형식적 조작 사고단계

형식적 조작 사고단계(formal operational stage)는 11~15세 사이를 의미하며 가설적인 것, 확률 및 가능성에 관하여 생각하는 능력이 발달하는 시기이다. 새로운 상황에 직면하면 지각적 경험, 과거와 미래의 경험을 사용하여 문제의 해결책을 고려하는 사고능력을 갖게 된다. 이 단계의 사고의 특징으로는 가설연역적

인지구조를 가지게 된다는 것이다. 즉, 문제해결을 위해 가능한 모든 방법을 생각하여 그 결과를 가정하여 가장 가능성 있는 것을 시도한다. 또한 조합적 분석능력이 있으므로 체계적으로 가능한 조합을 차례로 시도하기도 한다. 이 시기는 추상적 사고가 가능하기 때문에 경험하지 못한 사건에 대한 가설적이고 추상적인 합리화를 통해 과학적 사고를 할 수 있게 된다. 추상적 사고란 융통성 있는 사고, 효율적인 사고, 복잡한 추리, 가설을 세우고 체계적으로 검증하는 일, 직면한 문제에서 해결 가능한 모든 방안을 종합적으로 고려해 보는 일 등과 같은 것을 말한다. 또한 다양한 사회적 경험, 특히 학교교육을 통해 사회적 인지가 많이 발달하는 단계로 자기성찰이나 자기개선을 할 수 있다. 그리고 도덕적・정치적・철학적인 생각과 가치문제 등을 이해하기 시작하며, 타인의 사고과정을 이해하고, 다른 사람들은 문제를 어떻게 보고, 어떻게 생각할까 등의 문제에도 관심을 갖게 된다.

피아제의 인지발달이론에서는 청소년기까지의 인지발달만을 소개하고 있으나 최근 대부분 인지이론에서는 신체적 성숙이 이루어진 이후에도 지속적 성장과 발달이 일어난다고 가정하고 있다.

제5절 사회복지실천에 대한 적용

인지이론은 행동과학 분야에 많은 영향을 미쳤으며 임상적 영역에서도 인지이론을 활용하는 경향이 높아지고 있다. 엘리스(Ellis, 1962)의 합리적 정서적 행동적 치료(REBT : Rational Emotive Behavior Therapy)는 자기패배적 행동과 정서적 고통을 야기하는 비합리적 사고와 신념에 초점을 두고 있다. 벡(Beck, 1976)의 인지치료에서는 특징적 사고유형과 우울증 및 불안장애와의 관련성을 탐색한다. 다음에서는 엘리스의 REBT를 중심으로 하여 사회복지실천에 적용할 수 있는 방안을 모색해 보고자 한다.

1. 심리적 건강과 증상에 대한 관점

개인이 인지적 역기능, 왜곡 또는 결손 없이 합리적 사고를 할 경우에는 자신의 정서와 행동을 통제하고 사회적 기능수행과 적응에 방해를 받지 않기 때문에 심리적으로 건강한 삶을 영위해 갈 수 있다고 본다. 그러나 인지적 역기능, 왜곡 또는 결손이 발생할 경우에는 사회적 기능수행에 방해를 받게 되며, 정서적 역기능과 정신과적 증상을 일으키게 된다(Beck, 1976). 이러한 벡의 관점과 마찬가지로 엘리스는 정서장애는 비합리적 사고의 산물이라고 보고 있다. 즉, 정서장애는 개인이 독단적이고 무력하게 믿고 있는 비논리적이며 타당성이 없는 사고에 그 원인이 있으며, 자기패배적 감정에 휩싸이게 되어 이를 행동화한 결과라고 보고 있다(박경애, 1997). 이와 같이 개인이 비합리적인 신념이나 사고로 인하여 부적응적인 정서와 행동에 고착되는 과정을 엘리스(Ellis, 1991)는 다음의 |그림 14-1|과 같이 도식화하여 제시하고 있다(권중돈 · 김동배, 2008 : 357).

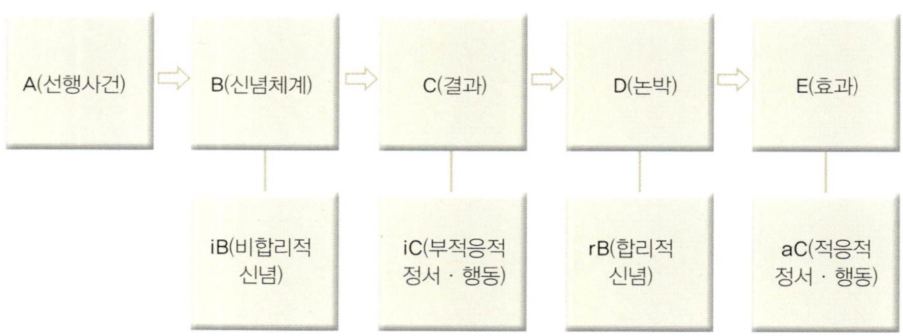

|그림 14-1| 엘리스(Ellis)의 ABCDE 성격모델

|그림 14-1|에서 선행사건(activating event)은 개인에게 정서적 혼란을 야기하는 사건을 의미하며, 신념체계(belief system)는 어떤 사건이나 행위 등과 같은 환경적 자극에 대해 개인이 지니고 있는 태도나 사고방식을 의미한다. 그리고 결과(consequence)는 선행사건에 직면하였을 때 비합리적 태도나 사고방식을 가지

고 그 사건을 해석함으로써 느끼게 되는 불안, 원망, 비판, 죄의식 등과 같은 정서적 결과를 의미한다. 논박(dispute)은 개인이 가지고 있는 비합리적 사고나 신념에 대해서 도전해 보고 과연 그 사상이 합리적인지를 다시 한번 검토해 보도록 치료자가 촉구하는 과정이다. 효과(effect)는 클라이언트가 가진 비합리적 신념을 철저하게 논박함으로써 합리적인 신념으로 대치한 이후에 느끼게 되는 자기수용적인 태도와 긍정적인 감정의 결과를 의미한다.

예를 들면, 홍○○ 씨는 고등학교 때 부모님이 이혼을 하였다. 특히 아버지가 어머니와 자식들을 버리고 떠날 때 버림받았다는 충격과 사랑받지 못한 존재라는 상처 때문에 대학에 입학해서도 수업에 결석을 하고 삶의 의미를 찾지 못하고 방황을 하였다. 홍○○ 씨는 부모님의 불행을 보면서 자신의 삶도 불행할 것이라고 생각을 하며 무기력한 생활을 하였다. 그러던 중 사회복지사와 면담을 통해서 홍○○ 씨의 비합리적인 사고체계를 발견하게 되었다. 부모님이 불행하다고 자신도 함께 불행할 것이라는 생각은 비합리적인 사고임을 깨닫게 되었다. 사회복지사의 논박을 통해서 자신의 인생의 목적과 존재의미를 새롭게 발견하게 되었고, 자신에 대해서 합리적인 사고를 하게 되면서 자신에게 있는 집중력이라는 강점을 발휘하여 전문분야에서 인정을 받으며. 어려운 사람들에게 도움을 나눠주는 삶으로 변화가 되었다.

이러한 엘리스의 성격모델에 근거하여 볼 때 정서장애는 바로 잘못된 신념체계에 의해 야기됨을 명백히 알 수 있는데, 엘리스(Ellis, 1979)가 제시한 대표적인 비합리적 신념체계는 다음과 같은 것들이 있다.

① 더 나쁜 결과를 가져올지라도 이제까지의 생각이나 행동을 쉽게 바꾸지 못하는 경향
② 분명히 바람직하지 못한 목표인데도 이에 대한 욕망을 버리지 못하거나, 극단적으로 집착하고 자신에게 확산시키는 경향
③ 어렸을 때부터 가지고 있는 편견이나 신념에 집착하는 경향

④ 분명히 비효과적인 습관인데도 그것을 포기하지 못하는 경향
⑤ 주의집중만 하여도 되는 일에 지나치게 경계하고 조심하는 경향
⑥ 자신이 다른 사람보다 우월하고 어떤 측면에서는 완벽하다는 것을 입증해 보이려는 욕구에서 벗어나지 못하는 경향
⑦ 자신의 생각이 그릇된 근거에 토대를 두고 있음이 입증되었을지라도 사고의 검토과정 없이 그와 반대되는 견해로 쉽게 넘어가는 경향
⑧ 심사숙고하면 더 좋은 방법이 있는데도 아무 생각없이 상투적인 습관대로 행하려는 경향
⑨ 이롭지 못하다는 증거가 분명히 있는데도 불구하고 그러한 사실을 자주 잊어버리는 경향
⑩ 지나치게 낙관적인 경향
⑪ 바람직한 일을 위하여 열심히 노력하거나 자기를 훈련하기보다는 구실을 대며 게으름을 피우고 일을 연기하려는 성향
⑫ 다른 사람이 자신을 정당하게 대우해 주었으면 좋겠다는 정도를 넘어 당연히 정당하게 대해주어야 하는 것처럼 다른 사람에게 요구하고 그렇게 대우해 주지 않을 경우 그 사실을 집요하게 생각하는 경향
⑬ 자신의 어리석은 행동을 가지고 자기 자신을 비난하려는 경향
⑭ 과거에 일어났거나 미래에 일어날지도 모르는 일에 대하여 지나치게 일반화하려는 경향
⑮ 정신적으로 당황하게 되었을 때 신체적으로 쉽게 영향을 받는 경향

이러한 비합리적이고 자기패배적인 경향의 특징은 인간은 모든 것이 자기 뜻대로 이루어지기를 바라고, 그렇게 되어야 한다고 믿고 있으며, 그것이 즉시 이루어지지 못했을 때는 자기 자신과 타인 및 세상을 비난하는 경향이 나타난다는 점이다.

2. 치료목표

인지치료의 목표는 클라이언트가 보이는 정서장애나 문제행동의 제거가 아니라 문제행동의 배후에 있는 비합리적이고 자기패배적인 신념을 극소화시키고 삶에 대하여 보다 현실적이고 합리적인 가치관을 형성하는 데 있다. 엘리스는 합리적 정서적 행동적 치료(REBT)에서 달성하여야 할 치료목표를 다음과 같이 제시하였다(구혜영, 2010 : 131-133).

① 자기에 대한 관심(self-interest)

자기 자신에게 완전히 빠져버리지 않으면서도 정서적으로 건강한 사람은 자신에게 관심을 가질 수 있다.

② 사회에 대한 관심(social-interest)

건강한 사람은 소외된 실존을 택하지 않고 사회집단에서 다른 사람과 효과적으로 사는 데 관심을 갖는다.

③ 자기지시(self-direction)

정서적으로 건강한 사람은 다른 사람과의 행동이나 지지를 좋아할지도 모르지만 그런 지지를 요구하는 것은 아니다.

④ 관용(tolerance)

성숙한 개인은 다른 사람이 실수하거나 잘못하는 것을 허용하며 그런 행동을 경멸하지 않는다.

⑤ 유연성(flexibility)

건강한 사람은 사고가 유연하며 변화에 개방적이고 다른 사람들에 대해 고집스럽지 않은 관점을 갖고 있다.

⑥ 불확실성의 수용(acceptance of uncertainty)

성숙한 개인은 자신이 불확실한 세상에 살고 있음을 인식한다. 비록 질서정연함을 좋아하지만 이런 질서나 확실성에 대한 감각을 투덜대며 요구하는 것은 아니다.

⑦ 이행(commitment)

건강한 개인은 자기 외부의 어떤 일에 생기 있게 빠져들 수 있다. 헌신할 수 있는 사람이다.

⑧ 과학적 사고(scientific thinking)

성숙한 개인은 깊이 느끼고 확실하게 행동한다. 그러나 또한 자신과 결과에 대해 반성함으로써 그런 감정과 행동들을 조절해 간다.

⑨ 자기수용(self-acceptance)

건강한 개인은 그가 살아있다는 것만으로도 자신을 수용하며 자신의 가치를 외적 성취나 남과의 비교로 평가하지 않는다.

⑩ 모험실행(risk taking)

정서적으로 건강한 개인은 어리석게 빠져들지는 않지만 모험적인 경향을 지닌다.

⑪ 반유토피아주의(non-utopianism)

성숙하고 정서적으로 건강한 사람은 자신이 유토피아적인 실존을 할 수 없다는 사실을 받아들인다. 그는 자신이 얻고자 하는 모든 것들을 다 얻을 수는 없으며 원하지 않는 모든 것들을 다 회피할 수 없다는 것을 인식한다.

3. 치료자의 역할과 실무원칙

엘리스의 합리적 정서적 행동적 치료는 지시적 치료이므로 치료자는 권위적 인물 또는 다정한 교사의 역할을 수행하여야 한다. 치료자는 클라이언트가 근본적으로 실수를 할 수 있는 존재이며, 전적으로 선하거나 악하기만 한 존재가 아닌 그저 평범한 인간일 뿐이라는 관점에서 무조건적으로 수용하는 자세를 취하여야 한다.

치료자들이 수행하여야 할 구체적인 기능과 역할은 클라이언트에게 치료방법을 강의 또는 설명하여 치료과정으로 끌어들이고, 클라이언트의 문제점, 특히 비합리적 신념체계에 대한 진단과 평가를 실시하고, 비합리적 신념체계의 구체적 내용을 밝혀내며, 클라이언트가 지적 통찰과 정서적 통찰을 얻을 수 있도록 논박하는 것이다. 그리고 합리적 정서적 행동적 치료를 실시할 때 치료자가 따라야 할 실무원칙은 〈표 14-2〉와 같다(권중돈 · 김동배, 2008 : 360).

〈표 14-2〉 인지이론의 실무원칙

- 클라이언트가 사건, 환경, 타인의 행동 그리고 자신의 행동적 반응을 해석하는 방식에 초점을 두고 사정하여야 한다.
- 인지적 역기능, 왜곡 그리고 결손으로 인한 개인-환경 간의 상호작용의 부적합성을 파악하여야 한다.
- 비합리적 신념체계로 부적응적 행동이나 정서로 외현화되는 과정을 면밀히 분석하여야 한다.
- 증상이나 장애의 제거보다는 개인의 비합리적 신념체계를 분석하고 논박함으로써 기존의 사고방식을 변화, 수정 또는 재구조화하여 합리적 신념체계로 변화시키는 데 초점을 두어야 한다.
- 클라이언트가 문제의 선행요인에 주의를 기울이고, 사건과 감정을 되돌이켜 봄으로써 현재 문제에 대한 인식을 갖게 하고, 다른 관련 문제의 발생과정을 확인할 수 있도록 원조하여야 한다.
- 코치(coach) 또는 교사로서 치료과정을 지시하고 지도해 나가야 하며, 클라이언트에게 온화한 태도를 보이는 것을 삼가야 한다.

4. 치료적 기법

합리적 정서적 행동적 치료에서는 클라이언트의 사고, 감정, 행동을 변화시키기 위하여 다양한 기법을 사용하고 있는데, 몇 가지 대표적인 방법을 설명하면 다음과 같다.

① 자기대화

엘리스는 인간이 끊임없이 자기대화(self-talk)와 자기평가를 하면서 살아간다고 보았다. 합리적 신념에 의한 자기대화는 인생의 목표를 달성하는 기술이 되므로, 합리적 정서행동이론을 적용하는 치료자들은 클라이언트들이 현재와 미래의 문제해결을 위한 자가치료자가 될 수 있도록 한다.

② 소크라테스 대화법

사회복지사는 교육적 환경에서 클라이언트의 비합리적 신념을 합리적 신념으로 바꾸도록 원조한다. 먼저 클라이언트가 부정적 감정 혹은 행동과 연관된 비합리적 신념을 찾아내고, 비합리적 신념이 옳은지 그른지 사회복지사와 토론함으로써 비합리적 신념과 합리적 신념을 구분해 내도록 교육한다. 토론과정에서 사회복지사는 클라이언트에게 일방적으로 설명하는 것이 아니고, 소크라테스 대화법을 사용하는 것이 바람직하다.

③ 인지적 · 정서적 · 행동적 기법

인지적 기법은 클라이언트의 비합리적 신념체계 특히 당위적이고 요구적인 신념체계를 인식하게 하고 합리적 사고방식을 갖도록 원조하는 기법이다. 정서적 기법은 클라이언트가 자신을 정직하게 표현하도록 하고, 정서적 모험을 경험할 수 있도록 자신을 개방시키기 위하여 사용되는 기법이다. 행동적 기법은 클라이언트에게 어떤 행동을 하게 하여 그의 비합리적 신념체계를 변화시키고, 이 변화된 신념체계를 통해 정서적 장애에서 벗어나게 하며, 역기능적 증상에서 벗어나 보다 생산적인 행동을 할 수 있도록 원조하는 기법이다.

그리고 엘리스(Ellis, 1984)는 다른 치료적 접근방법에서 사용하는 다음과 같은 기법은 가급적 사용하지 않는 것이 좋다고 주장하고 있다.

① 지나치게 온화한 태도를 보임으로써 클라이언트의 의존성을 조장하는 기법
② 과도한 낙관적 사고와 같이 클라이언트를 현혹시키는 기법
③ 자유연상과 같은 장황하고 비능률적인 기법
④ 극적이고 정화(淨化)적이지만 기저의 비합리적 사고를 표출시키지 못하는 기법
⑤ 이완기법 등과 같이 비합리적 사고에 집중하지 못하고 다른 곳에 클라이언트의 주의를 집중시키는 기법
⑥ 체계적 둔감화와 같이 클라이언트의 욕구좌절 인내도를 오히려 낮추는 결과를 초래하는 기법
⑦ 신비주의와 같은 비과학적 사고를 포함하고 있는 기법
⑧ 비합리적 사고의 변화과정을 보여주지 않거나 사고변화 이전에 선행사건을 변화시키고자 하는 기법
⑨ 효과가 확증되지 않은 기법

엘리스의 합리적 정서적 행동적 치료이론에서는 인간의 인지 혹은 신념이 부적응의 원인이라고 전제하면서 실천과정에서 이에 대한 통찰의 중요성을 주장하고 있다. 이러한 관점은 다양한 문제를 볼 수 있는 시각을 제공하고 있을 뿐만 아니라 클라이언트 스스로의 삶에 대한 책임을 강조하며 교육을 통한 능동적인 변화방법을 제시하였다는 점에서 사회복지실천에 크게 기여하였다고 볼 수 있다.

하지만 인간의 인지구조와 불합리한 신념을 분석하는 것은 지적 수준이 낮거나 현실감이 없는 클라이언트 혹은 사고가 지나치게 경직되어 있는 클라이언트에게는 효과를 기대할 수 없다는 점이 한계로 지적되고 있다. 또한 치료방

법이 매우 지시적이고 교육적이므로 사회복지사의 가치와 철학을 클라이언트에게 강요할 수 있어 사회복지사는 가치중립적이어야 한다는 전문적 윤리원칙과 갈등을 초래할 수 있다. 인지와 신념에 대한 강조는 자칫 사건 자체의 중요성을 간과할 수 있다. 즉, 빈곤, 박탈, 학대, 차별 등의 사회적 사건이 인간의 행동에 영향을 미칠 수 있다는 점을 간과할 수 있다. 신체적인 질병, 유전적 영향까지 인지와 신념으로 설명할 수 없다는 것 등을 문제점으로 들 수 있다.

Chapter 15 인본주의이론

인본주의이론은 인간을 무의식적 결정론(정신분석학), 환경결정론(행동주의이론) 입장으로 보는 것을 반대한다. 그 대안으로 인간을 자율적 존재로 보고, 인간의 주관적 가치를 강조하며 존재론적인 입장에서 인간의 변화 가능성과 자유의지(free will)를 강조한다.

인본주의이론의 대표적인 학자로는 로저스(Rogers)의 인간중심적 접근방법과 매슬로우(Maslow)의 욕구계층이론이 있다.

제1절 인간관과 기본가정

로저스(Rogers)는 인간은 누구나 자신의 자유로운 선택에 따라 행복하고 가치 있는 삶을 살 수 있는 가능성을 지니고 있으며, 자유롭고, 선하며, 진실되고 이성적이며, 합리적이고 통합적인 존재로 본다. 또한 자신의 행동에 책임을 지며, 유목적적이고, 건설적인 방향으로 지속적으로 성장해 나가는 미래지향적 존재로 인식하고 있다. 그리고 환경조건이 적당하기만 하면 자신의 잠재능력을 실현해 나갈 수 있는 존재라고 보았다. 이것은 모든 사람에게 자신을 유지하거나 향상시키는 방향으로 자신의 능력을 발달시키려는 자아실현의 경향이 있다는 기본전제에 기인한다. 로저스(Rogers, 1961)는 이러한 자아실현의 경향을 성취하기 위하여 인간은 항상 노력하고 도전하고 어려움을 극복함으로써 진정한 한 개인이 되어간다(becoming)고 보고 있다. 즉, 인본주의이론은 인간의 존재를 사랑, 창조성, 선택, 의미, 가치, 자아실현과 같은 긍정적인 측면에 초점을 두고 있다.

로저스는 인간은 기본적으로 합리적이고 전진적이며 현실적이고 아주 신뢰할 만한 것이라고 보았다. 그는 인간의 삶은 자신이 통제할 수 없는 어떤 힘에 의해 조정당하는 피동적 삶이 아니라 각 개인의 자유로운 능동적 선택의 결과라고 보았다. 모든 인간은 자신의 과거와 현재 생활상태를 정확히 인식할 수 있기 때문에 자신의 삶과 미래를 능동적으로 선택할 수 있다. 즉, 인간은 선천적으로 타고난 성장 가능성을 실현하는 과정에서 자신의 인생목표와 행동방향을 스스로 결정하고 이러한 결정에 따르는 책임을 수용하는 자유로운 존재로 규정하고 있다.

이와 아울러 로저스는 인간을 통합적 존재로 규정하고 있다. 그는 인간을 항상 전체성과 통합성을 향하여 발전해 나가는 존재로 보고 있다. 그리고 인본주의는 인간을 전체로서 다루며, 환경과 상호작용하는 존재로 보고, 자신의 경험에 관한 주관적 해석과 이해를 존중한다. 특히 인본주의적 접근은 '의미(meaning)' 혹은 개별적 경험이나 지각에 영향을 주는 고유한 목적이나 가치를 강조하며 그들만의 고유한 해석과 주관적 경험에 무게를 둔다.

이상과 같이 인본주의는 인간 본성에 대한 낙관적인 견해를 가지고 있으며 인간의 잠재력에 대한 깊은 신뢰를 바탕으로 한다. 로저스의 인간중심적 접근방법의 기본가정은 〈표 15-1〉과 같다(권중돈 · 김동배, 2008 : 305).

〈표 15-1〉 로저스의 인간중심적 접근방법의 기본가정

- 인간은 믿을 수 있으며, 능력이 있고 자기이해와 자아실현을 위한 잠재력을 가지고 있으며, 이런 능력의 발현을 통하여 점진적으로 되어가는 존재(becoming)다.
- 인간행동은 각 개인의 주관적 경험 또는 내적 준거체계에 따라 달라진다.
- 인간행동의 궁극적 목표는 자아실현이다.
- 치료적 관계나 다른 관계에서 신뢰와 존경의 분위기가 조성된다면 인간은 긍정적 방향으로 성장하고 발달할 것이다.

- 진정한 관심, 수용 그리고 감정이입적 이해 등을 포함한 원조자의 긍정적 태도는 효과적 원조관계의 필수적 조건이다.
- 클라이언트의 주관적 경험을 존중하고, 자유와 개인적 책임성 및 자율성을 고양하고, 선택권을 부여함으로써 클라이언트의 성장을 촉진시킬 수 있다.
- 치료자는 권위적 인물이 아니라 치료자는 존경과 긍정적 관심을 통하여 클라이언트의 긍정적 성장을 고양하여야 할 사람이다.
- 클라이언트는 자아인식을 할 수 있는 능력이 있고, 더욱 적절한 행동을 할 수 있는 능력을 가지고 있다. 모든 사람들과 마찬가지로 클라이언트는 부적응적 상태에서 심리적으로 건강한 상태로 옮겨갈 수 있는 성향을 가지고 있다.
- 치료자는 원조관계에서 나타나는 현재 행동에 초점을 두어야 한다. 원조관계에서는 클라이언트가 자신의 세계를 다루는 방법을 강조하여야 한다.
- 원조관계의 목적은 진정한 자아에 대한 인식을 획득하고 클라이언트가 더욱 독립적이고 통합된 상태로 변화하게 하는 것이다.

제2절 주요 개념

1. 현상학적 장

현상학적 장(phenomenal field)이란 경험적 세계 또는 주관적 경험으로도 불리는 개념으로 특정 순간에 개인이 지각하고 경험하는 모든 것을 말한다. 로저스는 동일한 현상이라도 개인에 따라 다르게 지각하고 경험하기 때문에 이 세상에는 객관적 사실이 아니라 개인적인 주관적 현실, 즉 현상학적 장만이 존재한다고 본다. 프로이트가 과거 경험이 인간의 행동을 결정하는 요인이라고 본 데 비해, 로저스는 현재의 행동을 결정하는 것은 과거 그 자체가 아니라 과거에 대한 각 개인의 해석이라고 보는 것이다. 이것은 인간을 이해하는 데 있어 문제의 역사보다 '지금 여기에'를 강조하는 것을 의미한다. 그러므로 현재 행동에 영향을 미치는 것은 과거 경험 속의 사실이 아니라 과거에 대한 현재의 해석이며, 인간의 행동은 개인이 세계를 지각하고 해석하는 결과다. 따라서 인간행동을 정확하게 이해하기 위해서는 각 개인의 내적 준거체계를 이해함으로써 그가 객관적인 현실을 어떻게 지각하고 해석하는지를 알아야 한다.

2. 자 아

자아(self)는 로저스 인본주의이론의 가장 중요한 구성개념이다. 로저스(Rogers, 1980)는 자아 또는 자아개념(self-concept)을 개인의 현상학적 장이 분화된 부분이며, 'I' 나 'me'에 대한 의식적 지각과 가치를 포함하는 것으로 보았다. 자아의 개념은 현재 자신이 어떤 존재인지에 대한 개인의 개념이자 자기 자신에 대한 자아상(self image)으로 '현재의 나'라는 존재의 인식과 '내가 할 수 있는 것'이라는 기능의 인식을 포함하는 것이다.

로저스는 자아가 현재 자신의 모습에 대한 인식, 즉 현실자아(real self)와 앞으로 자신이 어떤 존재가 되어야 하며, 어떤 존재가 되기를 원하고 있는지에 대한 인식, 즉 이상적 자아(ideal self)로 구성되어 있다고 본다. 그는 현재 경험이 이러한 자아구조와 불일치할 때 개인은 불안을 경험한다고 보았다. 예를 들면, 다른 사람으로부터 존경받지 않고 성공한 인물로 간주되고 있지 않은 사람들의 대부분은 자기 자신을 보잘것없는 실패자로 지각한다. 로저스는 자아구조와 주관적 경험 사이의 일치가 매우 중요하며, 이 양자가 일치될 경우에는 적응적이고 건강한 성격을 갖게 되는 반면 이들 간의 불일치는 부적응적이고 병적인 성격을 갖게 된다고 보았다(이종복 외, 2007 : 285).

3. 긍정적 관심에 대한 욕구

긍정적 관심(positive regard)는 자기 개념이 나타남에 따라 발달하며, 인간이 보편적이며 영속적으로 갖게 되는 욕구이다. 부모를 비롯한 다른 사람들로부터 받게 되는 수용, 사랑, 승인, 존중 등을 포함하는 개념이다(Schultz & Schultz, 1994

: 307). 긍정적 관심에 대한 욕구는 다른 사람에 의해 인정될 때 개인이 갖게 되는 만족과 인정받지 못할 때 갖게 되는 좌절 속에서 점차 갖게 된다. 아동의 경우 자신의 자아실현을 위해서가 아니라 타인으로부터의 긍정적인 관심에 대한 욕구충족을 위해 행동하는 경우가 있다. 자신은 축구를 하고 싶지만 부모님의 칭찬을 받기 위해 공부를 열심히 하는 경우이다. 이러한 조건적인 긍정적 관심의 지배가 지속될 경우 그 사람은 자신의 잠재력과의 접촉을 상실하게 되어 자기소외를 경험하게 된다. 인간이 성숙하기 위해서는 이러한 자아와 경험 사이의 부조화를 피하고, 자기경험과 일치하는 방향으로 자아를 실현하고, 자신이 자신의 행동의 통제자로서 유기체적 평가과정을 회복해야 한다(최옥채 외, 2004 : 139).

로저스는 건강한 성격의 발달을 위한 중요한 요소를 무조건적인 긍정적 관심(unconditional positive regard)이라고 하였다. 무조건적 긍정적 관심이란 어떤 개인의 행동을 조건 없이 있는 그대로 수용, 사랑, 승인, 존중하는 것이다.

4. 자아실현의 경향

로저스(Rogers, 1951)는 자아실현의 경향을 유일하고도 기본적인 인간의 동기라고 하였다. 그는 인간 유기체가 자신을 유지하고 향상시키려는 선천적인 경향을 가지고 있다는 것이다. 그러므로 인간의 삶에 있어서 최우선의 동기는 그 자신을 실현하고 보존하거나 개발하기 위한 것이다. 그것은 그들의 유전적인 특질이 허용하는 한도 내에서 최선의 자기가 되는 것이다. 즉, 인간은 출생 이후부터 자아실현을 향해 생산적으로 성장하도록 되어 있으며, 가능한 한 자신의 잠재력을 최대한 발휘하려 한다는 것이다(Nye, 1991 : 150).

로저스는 유기체적 평가과정(organismic valuating process)을 통해 인간이 자아실현의 경향에 얼마나 공헌했느냐에 따라 모든 생활의 경험들이 평가된다고 보고 있다. 자아실현의 경향에 이바지하는 경험들은 바람직한 것으로 평가되고 긍정적인 가치가 부여되는 반면에, 자아실현을 방해하는 경험들은 바람직하지 못한 것으로 평가되고 부정적인 가치가 부여된다. 이러한 인식이 바람직한 경험을 반복적으로 추구하게 되는 원동력이 된다(Schultz & Schultz, 1994 : 305).

성격의 관점에서 자아실현의 경향이 중요한 것은 자아실현이 인간의 자기충족, 성숙, 향상 등과 같은 진보적인 추진력을 포함하고 있다는 것이다. 자아실현의 경향을 통해 인간은 더욱 자기충족적이 되고, 창조적이며 자율적으로 기능할 수 있게 되며, 자신을 좀 더 능력 있는 사람으로 될 수 있도록 한다. 그러므로 인간은 근본적으로 활동적이며 자아실현의 경향을 가지고 있다(이근홍, 2008 : 233).

5. 매슬로우(Maslow)의 욕구계층이론

매슬로우(Maslow)는 로저스(Rogers)나 다른 인본주의자들과 같이 인간을 자아실현을 위하여 노력하는 존재라고 규정하면서, 태어날 때부터 두 가지 경향성, 즉 생존적 경향(survival tendency)과 실현적 경향(actualizing tendency)을 갖고 있다고 보았다. 생존적 경향은 기본적 욕구로서 인간의 생존을 단순히 생리적 차원에서 유지시키려는 경향을 말하는데 여기에는 생리적 욕구, 안전욕구, 소속과 사랑의 욕구 그리고 자존감의 욕구가 포함된다. 한 개인이 이러한 욕구를 충족시키지 못하게 되면 신경증이 유발된다. 실현적 경향은 성장욕구(meta need), 즉 자신의 잠재능력, 기능, 재능을 발휘하려는 욕구로서 생존적 경향이 충족되었을 때 나타나는 것이다(Maslow, 1970).

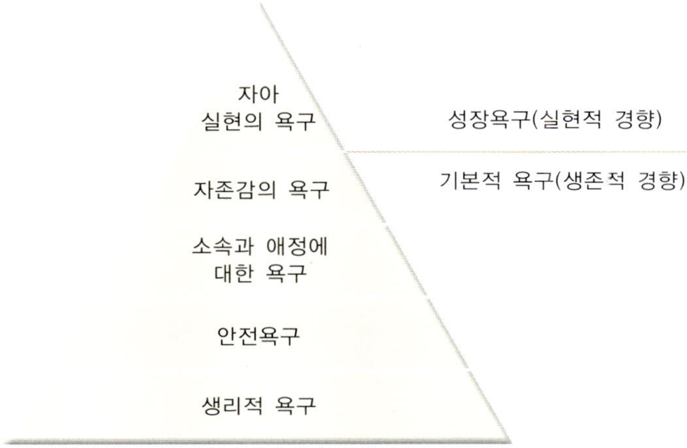

|그림 15-1| **매슬로우(Maslow)의 욕구위계구조**

매슬로우(Maslow, 1970)는 |그림 15-1|에서 보는 바와 같이 인간의 욕구는 그 중요성과 강도에 따라 위계적으로 배열되어 있으며, 개인에 따라 차이가 있고 특정 시기에 강하게 나타나는 욕구가 있긴 하지만 모든 욕구가 동시에 존재한다고 보고 있다. 5단계의 욕구서열은 생존, 안전, 사랑(사회적 소속감), 자존감, 자아실현의 순으로 다음과 같다.

① 생리적 욕구(physiological needs) : 배고픔, 갈증, 성욕
② 안전 욕구(safety need) : 고통과 불안을 피함, 안정감에 대한 열망
③ 소속과 애정에 대한 욕구(need for belonging and love) : 애정, 친밀
④ 자존감의 욕구(self-esteem need) : 자기존중, 다른 사람으로부터의 존경
⑤ 자아실현의 욕구(self-actualization need) : 잠재력의 완전한 실현, 이타주의, 창조성, 정의

욕구의 위계와 관련된 한 가지 특징은 바로 '우세원리(prepotency principle)'이다. 일단 낮은 수준의 욕구가 기본적으로 만족된다면 그 욕구는 개인을 동기

화시키는 힘을 잃게 되고 그 다음의 높은 욕구가 지배력을 갖게 된다. 일단 모든 결핍욕구가 기본적으로 만족된다면 자기실현 욕구가 지배력을 얻게 된다. 그러나 욕구서열이 절대적이지는 않다. 하위욕구가 다 충족되지 못해도 상위욕구가 출현할 수 있다. 매슬로우(Maslow, 1970)가 제시하는 자아실현자의 특성은 다음과 같다.

① 현실에 대해 정확하게 그리고 완전하게 지각한다.
② 자신과 타인들 그리고 사물 일반에 대해 있는 그대로 수용한다.
③ 자발적이고, 솔직하며, 꾸밈이 없고 자연스럽다.
④ 자기 자신보다 외부의 문제에 크게 관심을 가진다. 즉, 자기중심적이지 않고 문제중심적이다.
⑤ 혼자 떨어져서 명상의 생활을 가지려 한다.
⑥ 자율성을 좋아하기 때문에 물리적·사회적 환경에 구애받지 않는다.
⑦ 신선한 안목과 감상력을 가지고 삶의 가치와 의미를 찾는다.
⑧ 신비의 체험, 즉 절정의 경험을 한다.
⑨ 인간에 대한 애정과 공감을 갖고 인본주의를 지지한다.
⑩ 소수의 사람들과 깊이 있는 인간관계를 가진다.
⑪ 민주적 이상들을 중요시하는 인격구조를 가지고 있다.
⑫ 수단과 목적을 구분하고, 선과 악을 구분하며 윤리적이다.
⑬ 독창적이고 창의적이다.
⑭ 유머감각이 있다.
⑮ 문화에 동화되지 않으려 하며 특정 문화를 초월한다. 사회적 압력에 저항한다.

매슬로우는 극히 소수만이 자아실현을 하게 되는데 이는 사람들이 자신의 능력을 과소평가하고 두려워하여 기회를 놓치기 때문이라고 한다. 이것은 안전의 욕구가 가져다주는 부정적 측면이기도 하다. 보다 높은 차원의 성취를 위해서는 실수를 무릅쓰는 용기와 도전적인 의지가 필요하다. 또한 사회환경으로부터 적절한 성장기회를 받지 못하여 자아실현을 이루지 못하는 경우가 있다. 그러나 자아실현자가 완벽한 인간이라는 의미는 아니며 많은 인간적인 약점도 가지고 있음을 인식해야 한다.

6. 완전히 기능을 하는 사람의 특징

로저스(Rogers, 1961)는 훌륭한 삶이란 인간이 어떤 방향으로든 자유롭게 움직일 수 있는 내적 자유가 있을 때 그가 선택하는 방향으로 움직이는 과정이라는 것이다. 이러한 선택된 방향이 갖는 일반적 자질은 그것이 일정한 보편성을 갖는 것으로 심리적으로 좀 더 자유로운 사람은 좀 더 완전히 기능하는 방향으로 움직인다는 것이다. 완전히 기능한다는 것은 자신의 잠재력을 인식하고 능력과 자질을 발휘하여 자신에 대한 완벽한 이해와 경험을 풍부히 하는 방향으로 이동해 나가는 것이다(Hjelle & Ziegler, 1981 : 416-417). 완전히 기능하는 사람은 공통적으로 다섯 가지의 중요한 성격특성을 가지고 있다.

1) 경험에 대한 개방성

완전히 기능하는 사람은 자신과 타인에게 귀 기울일 수 있고, 어떤 일이 일어나고 있는지 경험하기 위하여 두려움 없이 자신을 그 경험에 그대로 노출시킬 수가 있다. 생활이 주는 경험을 잘 받아들일 뿐만 아니라 지각과 표현의 새로운 길을 열기 위해 그 경험들을 활용하는 데에도 융통성이 있다. 긍정적・부정적 정서들을 더욱 폭넓게 받아들이며, 그들을 더욱 강렬하게 느낀다는 점에서 정서적이다(Schultz & Schultz, 1994 : 309).

2) 실존적인 삶

완전히 기능하는 사람은 현재에 충실하게 살 수 있고 자신이 사는 매 순간에 주의를 기울이는 능력이 있다. 그들은 고정된 자아를 갖지 않으며, 경험을 다스

리거나 조정할 필요도 없기 때문에 경험에 자유롭게 참여할 수 있다. 즉, 그들은 자아구조가 새로운 경험에 언제나 개방되어 있기 때문에 융통성이 있고, 성격에는 어떤 경직성이나 예언할 수 있는 능력도 없다. 그들은 순간에 일어나는 모든 것을 쉽게 받아들이며, 각각의 경험 속에서 다음에 올 경험을 받아들일 수 있도록 쉽게 변화할 수 있다.

3) 자신의 유기체에 대한 신뢰

완전히 기능하는 사람은 결정을 내려야 하는 상황에서 유용한 모든 정보에 접근할 수 있으며, 유기체 전체로 하여금 한 상황의 모든 측면을 고려할 수 있게 한다. 즉, 그들은 모든 관련된 요소들을 신중하게 고려하고 조화가 이루어져 그 상황의 모든 측면을 가장 잘 만족시키는 결정에 도달할 수 있다. 그들은 결정에 도달하는 데 사용된 자료가 왜곡되지 않고 정확하므로 그들 스스로를 신뢰하듯 그들의 결정도 신뢰한다. 완전히 기능하는 사람은 자신을 신뢰하기 때문에 자신이 옳다고 느끼는 대로 행동하며, 그것이 이성적이거나 지적인 요소들보다 더 믿을 만하다고 생각한다. 즉, 어떤 상황에 대한 유기체적 감각이 지성보다 더 믿을 만한 가치가 있는 것으로 본다. 그들은 순간적이고 직관적인 충동으로 행동할 수 있다. 그러나 그런 행동이 무례하거나 결과를 전혀 고려하지 않은 것은 아니다. 이와 같은 자기신뢰는 개인적 자유감에 이르도록 하며 자신의 행동과 결과에 대한 책임을 지는 능력으로 이끈다.

4) 선택과 행동에 대한 자유의식

완전히 기능하는 사람은 선택과 행동에 대한 자유의식을 가지고 있다. 즉, 그들은 사고와 행동의 대안들 중에서 금지나 제약이 없이 자유롭게 선택할 수 있다. 그들은 삶에 대한 개인적인 지배감을 즐기며, 미래는 일시적인 생각이나 환경 또는 과거의 사건들에 의해 결정되는 것이 아니라 자기 자신에게 달려있다고 믿는다. 완전히 기능하는 사람은 이러한 자유감과 지배감 때문에 인생에서 매우 많은 선택을 하며, 그가 하고자 하는 것은 뭐든지 할 수 있다고 느낀다. 그러나 방어적인 사람은 삶에 대한 지배감을 갖지 못하고, 무한한 가능성을 느끼지 못하며, 선택이 제한되어 있고, 미래에 대한 시야도 좁다. 완전히 기능하는 사람은 자기 자신이나 타인에 의해서 단지 한 방향으로 행동하도록 강요당하지 않으며 자유롭고 다양하게 행동한다(Schultz & Schultz, 1994 : 310).

5) 창조성

완전히 기능하는 사람은 모두가 상당히 창조적이다. 즉, 그들은 모든 영역에서 창의적인 소산과 창의적인 삶으로 스스로를 표현한다. 그들은 행동에 자발적이며, 그들 주변의 생활에서 풍부한 자극에 대응하여 변화하고 성공하며 발달한다. 창의적인 사람은 사회적·문화적인 제약에 순응하거나 수동적인 적응을 한다고 볼 수 없다. 그들은 방어성이 없기 때문에 그들이 하는 행동에 대하여 다른 사람들로부터 인정을 받는 일에 관심이 없다. 한편 주변 환경의 급작스러운 변화에 보다 더 잘 적응하며, 살아남을 가능성이 더 많다고 믿는다. 그리고 높은 수준의 자율성을 경험하며 운명이나 주변 여건 또는 심지어 유전인자에 갇힌 느낌을 갖지 않는다. 오히려 자유로운 주체자라는 느낌을 지니며 이런 느낌은 종종 변화하는 상황에 적응하고 대처할 창의적인 아이디어를 내거나 상상력이 풍부한 과제를 시작할 수 있는 능력으로 이끈다.

제3절 성격발달에 대한 관점

로저스에 의하면 성격발달은 대체로 자아를 중심으로 이루어진다. 유아기나 아동기 초기에 다른 사람들이 어떻게 평가하느냐에 따라 긍정적 또는 부정적 자아상이 발달한다는 것을 강조하였다. 성격발달의 기본 추진력은 자아실현 동기이다. 유아가 성장하면서 유아의 자기개념이 형성되기 시작한다. 자기개념은 개인의 경험에 대한 인식에 의해 상당히 좌우되는데 이러한 개인의 경험에 대한 인식은 긍정적 관심에 대한 욕구에 의해 영향을 받는다. 긍정적 관심은 모든 사람들의 보편적 욕구이다. 결과적으로 우리의 자아개념은 다른 사람들로부터 받는 긍정적 관심이 얼마나 되는가에 대한 인식에 기반을 둔다고 할 수 있다.

아동의 정서적·행동적 문제는 아동이 자신의 자아실현 동기와 일치하지 않는 다른 사람의 가치를 강요받을 때 발생한다. 예를 들어, 아동이 자신의 자아실현 동기와 불일치하는 가치를 강요받을 때 '가치의 조건(conditions of worth)'을 초래하게 된다. 개인은 다른 사람들로부터의 긍정적 관심을 받으려는 욕구로 인해 가치의 조건에 사로잡히게 된다. 즉, 한 개인이 자신의 인간으로서의 가치가 어떤 행동을 하는가에 따라 조건적으로 판단된다고 느끼고, 긍정적 관심이 어떤 조건을 충족시키는 행동을 해야 주어진다고(조건부적인 긍정적 관심) 느낄 때 개인이 가치의 조건을 갖게 되었다고 말한다. 따라서 가치의 조건은 자아와 경험 간에 불일치를 초래한다. 자아개념과 경험 간에 불일치가 존재할 때 개인은 긴장, 불안, 혼돈을 느끼게 된다. 이러한 불일치를 다루기 위해 우리는 다양한 방어기제를 활용한다. 경험이 자신의 자아개념과 갈등적이라는 것을 부정하거나 경험이 자신의 자아개념과 일치된다고 왜곡하거나 합리화한다. 방어기제가 잘 통하지 못하면 불안이나 긴장, 우울, 죄책감, 수치감을 느끼게 된다.

로저스는 성격발달에 영향을 미치는 '무조건적인 긍정적 관심(unconditional positive regard)'에 대한 욕구개념을 제시하였다. 무조건적인 긍정적 관심에 대한 욕구란 따뜻함, 사랑, 존중, 동정, 수용을 추구하는 것으로 영아기에서 나타나는 사랑과 애정에 대한 욕구이기도 하다. 만약 부모가 아동에게 무조건적인 긍정적 관심을 주면 아동은 부모가 자신을 소중히 여긴다고 느낄 것이다. 하지만 부모가 조건적으로 긍정적 관심을 준다면 아동은 무시당한다고 느낄 것이고 자아개념과의 갈등이 일어날 것이다(Pervin et al., 2005).

따라서 무조건적 긍정적 관심은 아동을 그 자체로 귀중한 한 인간으로서 평가하고 사랑하는 분위기를 제공한다는 것을 의미하며 아동양육에 이상적인 접근법이며 개인으로 하여금 완전히 기능하는 사람으로 진보하게 만든다.

제4절 사회복지실천에 대한 적용

1. 심리적 건강과 증상에 대한 관점

로저스(Rogers, 1961)는 적응적 개인은 실제적으로 행동하고, 생각하고, 경험하는 방식에 대해 보다 정확한 지식을 갖고 있는 사람이라고 하였다. 그러나 이러한 적응적 개인이라고 하여 반드시 자아실현을 완성할 수 있는 것도, 훌륭한 삶(good life)을 사는 것도 아니라고 하였다. 그 이유는 인간이란 완성의 존재가 아니라 바로 '되어가는 존재(becoming)'이기 때문에 자아인식을 갖고 있고 자아실현을 했다고 해서 완성상태에 도달한 것은 아니며, 지속적으로 보다 나은 삶을 획득하기 위하여 자신의 잠재력을 개발해 나간다. 따라서 훌륭한 삶이란 상태가 아니라 과정이며 목적이 아니라 방향을 의미하는 것이다.

이에 반하여 부적응적인 개인은 자아이미지와 현실 사이에 괴리가 심하며 이로 인하여 높은 수준의 불안을 경험하는 경우가 많다.

2. 치료목표

로저스(Rogers, 1977)에 의하면 치료적 초점은 현재의 문제가 아니라 인간 그 자체이며, 단순히 문제를 해결하는 것이 아니라 클라이언트의 성장과정을 원조함으로써 그가 현재 대처하고 있는 그리고 미래에 대처하게 될 문제들에 대해 보다 잘 대처할 수 있도록 돕는 것으로 규정하고 있다. 즉, 로저스(Rogers, 1977)는 클라이언트가 자신의 내적 준거틀을 정확히 이해하게 함으로써, 클라이언트의 내적 및 환경 내에서 긍정적인 행동변화가 이루어질 수 있도록 하는 데 치료목표를 두고 있다.

이러한 치료목적을 달성하기 위하여 사회복지사와 클라이언트는 촉진적 원조관계를 형성하여야 한다. 사회복지사는 주의 깊은 경청과 비지시적 원조과정을 통해서 클라이언트의 자기가치감과 자기이해를 증진시켜 사회적 기능을 향상시켜야 한다. 즉, 촉진적 원조관계를 통하여 클라이언트는 긍정적 자기존중을 하는 방향으로 변화할 수 있으며, 개인은 평가의 내적 중심을 회복하고, 융통성이 있고 높은 수준의 분화를 유지하고, 다양한 과거 경험과 현재 경험을 고려할 수 있는 사람이 되어간다. 뿐만 아니라 클라이언트 안에 존재하는 잠재능력까지 발휘하도록 하는 힘이 있다.

3. 치료적 관계와 실무원칙

1) 촉진적 치료관계

로저스(Rogers, 1957)는 감정이입적 이해, 무조건적인 긍정적 관심 그리고 일치성을 치료적 성격변화를 위한 필요충분조건이라고 하였다. 그리고 이러한 조건들이 갖추어질 경우 클라이언트의 자연적 성장이 이루어질 것이라고 하였다.

(1) 일치성 또는 진실성

사회복지사는 클라이언트와의 관계에 있어서 자기일치감을 가져야 한다. 즉, 사회복지사는 방어적인 모습이 없이 진실해야 하며, 클라이언트와의 관계에서 통일되어 있어야 하고 통합되어야 한다. 그렇게 함으로써 사회복지사는 자신의 유기체적 경험의 기초 위에서 클라이언트와 만날 수 있으며, 클라이언트의 문제를 치료할 수 있게 된다. 사회복지사가 느끼는 것과 클라이언트가 말하는 것 사이에는 조화가 있어야 한다. 사회복지사와 클라이언트와의 관계의 일치는 열린 관계를 의미하며, 진실성과도 관련되는 것으로 사회복지사가 상담의 관계 내에서 가식적인 행동을 하지 않고 자신의 모습을 진솔하게 드러내는 것을 말한다. 이것은 상담과정에 대한 신뢰를 높이게 됨으로써 상담의 효과를 높일 수 있다. 설사 사회복지사가 클라이언트의 생각과 달랐다 하더라도 사회복지사는 자신이 생각하지 못하는 것을 생각하는 클라이언트에 대한 긍정적 관심을 표현해야 한다. 만일 사회복지사와 클라이언트 간의 열린 관계가 형성되지 못한다면 결국 클라이언트의 변화를 지연시키는 결과를 낳게 될 것이다.

(2) 무조건적인 긍정적 관심과 수용

무조건적인 긍정적 관심이란 클라이언트를 독립적인 인간으로 보는 것이며, 스스로 자신의 감정을 인식하고 체험하도록 허용하는 것이다. 즉, 클라이언트가 무엇을 말하고 어떻게 행동하든지 조건 없이 존경하고, 따뜻함을 보여주며, 배려하고, 수용함으로써 클라이언트에 대한 관심을 전달하는 것이다. 또한 무조건적인 긍정적 관심은 비심판적 태도를 의미한다. 사회복지사는 클라이언트에 대해 찬성이나 반대의 입장을 표명하지 않고 해석을 하지 않으며 불필요하게 캐묻지 않는다. 단지 사회복지사는 클라이언트에 대한 믿음을 충분히 전달한다.

무조건적인 수용이란 모든 인간은 그 자체로 존중받고 신뢰받아야 한다는 관점이다. 즉, 어떠한 조건 없이 따뜻함, 호감, 경외, 공감, 적응, 보살핌, 신뢰를 얻게 됨으로써, 스스로가 긍정적인 자기인식을 하게 되며 클라이언트는 이를 바탕으로 자기탐색의 기회를 가질 수 있다. 사회복지사가 클라이언트를 수용한다면 클라이언트 자신도 스스로를 받아들일 수 있으며, 클라이언트가 자기를 받아들일 때 자신의 진정한 감정을 경험하고 발생한 감정을 받아들일 수 있다.

로저스(Rogers, 1977)에 의하면 비소유적 온화함(nonpossessive warmth)으로 클라이언트를 돌보고, 칭찬하고, 수용하며 그리고 가치를 인정해 줄수록 치료가 성공할 가능성이 높다고 한다. 그러나 사회복지사가 언제나 수용과 무조건적 관심을 보여 줄 수는 없으며, 사회복지사의 무조건적 관심과 수용은 단지 연속선상의 정도의 문제를 의미하는 것이다. 그럼에두 불구하고 클라이언트에 대한 존중과 수용을 강조하는 이유는 사회복지사가 클라이언트를 존중하지 않거나 싫어하거나 또는 더 나아가 혐오할 경우 클라이언트는 방어적 태도를 보일 것이므로 치료에서 성공을 거두기 어렵게 되기 때문이다.

(3) 감정이입적 이해

사회복지사는 클라이언트에 대한 감정이입적 이해가 있어야 한다. 사회복지사는 클라이언트의 경험과정에 민감하게 관련되어야 하며, 이 경험이 이해되었다는 것을 클라이언트에게 효과적으로 전달할 수 있어야 한다. 사회복지사는 클라이언트의 생각, 감정, 경험에 대해 클라이언트의 입장에서 듣고 반응하는 공감적 태도가 있어야 한다. 클라이언트가 지금-여기에서 어떻게 느끼고 생각하는가에 대한 이해와 그 느낌을 공유하는 것은 클라이언트만의 지각세계를 더 깊이 있게 끌어내는 것을 가능하게 한다.

2) 사회복지사의 역할 및 실무원칙

인본주의이론에서 사회복지사는 충고나 해석, 제안을 삼갈 것을 권하고 있다. 클라이언트의 걱정을 야기시키지 않는 감정이입적 이해와 긍정적 관심이 필요함을 강조하였다. 사회복지사는 클라이언트의 감정을 표현하도록 격려하고, 경청하며, 감정이입을 통해 깊은 내면에 접근하려는 노력 등을 해야 한다. 개입단계에서도 사회복지사는 클라이언트의 문제를 해결해 줄 수 있는 것이 아니라 그로 하여금 조력을 얻어 문제를 해결해 나갈 수 있는 소지를 제공해 줄 것이라는 사실을 이해시켜야 한다. 사회복지사는 클라이언트가 문제에 대한 자유로운 감정표현을 할 수 있도록 격려한다. 이는 사회복지사의 우호적이고 관심 어린 수용적인 태도로 조성되며, 또 한편 사회복지사의 숙련된 기술에 의해서도 조성된다. 사회복지사는 클라이언트의 부정적인 감정들을 수용하고 인식하며 명료화한다. 여기서 중요한 것은 클라이언트가 말한 지적인 내용에만 반응할 것이 아니라 그러한 내용의 기초가 되는 감정들에 대해 반응할 준비를 갖추고 있어야 한다는 것이다.

인본주의적 접근방법은 클라이언트가 문제를 다르게 인식하고, 자기 자신의 감정을 수용하며, 인지적 경험을 수정하고, 생활상의 모순을 인식하며, 관계의 속성을 수정할 수 있도록 원조하는 것이다. 이와 같은 인간중심적 접근방법의 실무원칙은 다음의 〈표 15-2〉와 같다(권중돈 · 김동배, 2008 : 318).

〈표 15-2〉 인간중심적 접근방법의 실무원칙

- 사회복지사 자신의 신념체계를 검토하라. 각 개인이 가치 있는 존재이며 원조관계를 효과적으로 이용할 수 있는 능력을 지니고 있다는 사실에 대해 사회복지사가 어떤 태도를 취하고 있는지를 살펴보라.
- 원조관계에서 온화함과 신뢰의 분위기를 증진시킬 수 있는 능력이 있는지를 신중하게 생각해 보라.
- 치료적 관계에서 클라이언트가 자신의 경험과 감정을 표현할 수 있도록 하라.
- 클라이언트의 관심사에 대해 정확히 반응함으로써 클라이언트의 주관적 경험을 존중하라.
- 면접상황에서 일어나는 현재 경험에 초점을 두라. 클라이언트가 자신의 경험을 신뢰하는 것을 학습할 수 있는 과정을 개발하라.
- 진실성, 감정이입 그리고 일치성을 표현할 수 있는 면접기법을 활용하라.
- 긍정적 자기평가를 방해하는 클라이언트의 생활경험을 수용하고 해석하라.
- 원조관계를 성장을 촉진하고 자기평가를 증진시킬 수 있는 기회라고 보라.

4. 치료적 기법

로저스는 클라이언트 중심의 치료방법에 있어서의 기본원리를 다음과 같이 제시하고 있다. 클라이언트 중심의 접근에서는 사회복지사가 무엇을 하지 않느냐 하는 것이 무엇을 하느냐 하는 것만큼이나 중요하다. 사회복지사는 충고도 정보도 주지 않으며, 안심을 시키거나 설득하려 드는 것도 적절하지 못한 일로 간주된다. 질문을 하거나, 해석을 하거나, 또는 비판을 하는 것도 마찬가지로 피하도록 되어 있다. 사회복지사의 주 임무는 클라이언트의 감정을 인지하고 명료화해 줌으로써 클라이언트가 여태까지 얽매여 있었던 왜곡된 자기상을 발견할 수 있게 하는 것이다. 로저스에게 심리치료란 수동적인 성격을 능란하게 조종하는 것이 아니라 잠재능력을 갖춘 사람 속에 이미 존재하는 역량을 해방시키는 것이다. 따라서 치료는 일련의 기법으로 이루어지는 것이 아니라 사회복지사의 가치 및 태도의 핵심 속에 있는 것이라고 하겠다(Thorne, 2002). 로저스는 성공적인 치료의 가장 핵심이 되는 요인으로서 사회복지사와 클라이언트의 관계의 본질에 더욱더 큰 비중을 두고 있다. 치료 장면에서 위협을 제거해 버릴 수 있는 것은 사회복지사-클라이언트 관계이다. 위협이 없을 때 클라이언트는 그동안 부인 또는 왜곡시켜 온 경험을 허심탄회하게 검토해 볼 수 있게 될 것이다. 그리하면 개인의 성장잠재력이 자기실현을 추진시키는 길이 열리게 된다. 로저스의 인본주의이론에서 주요 사용되는 치료기법에는 공감적 이해, 감정 수용, 진실성, 무조건적 존중, 자기결정 등이 있다.

인본주의 접근에서는 사람은 누구나 어려움에 처하면 정서적 혼란으로 부적응 행동을 보일 수 있지만, 동시에 성장잠재력과 자아실현 능력이 있기 때문에 부적응 행동으로부터 적응행동으로 전환시킬 수 있는 능력이 있다고 본다. 따라서 사회복지사는 클라이언트의 상담과정에서 그가 자신의 감정을 처리할 수 있도록 돕고 문제해결을 위한 자원을 이용할 수 있는 기회를 제공해 줌으로써 스스로 자신의 문제를 해결하도록 돕는 역할을 해야 한다.

이와 같이 로저스의 인본주의이론은 원조에 있어 따뜻하고 관심을 가져주는 관계를 통해 인간이 변화하도록 도울 수 있음을 전제로 원조과정에서 진실해야 하며, 일관성이 있어야 하고, 무조건적 긍정적 관심을 가져야 하고, 클라이언트의 세계관에 공감할 수 있어야 한다는 것은 사회복지실천에서 서비스를 제공하는 사람들의 실천적 자세 측면에서 사회복지의 토대가 되고 있다. 그러나 그의 이론은 실제 현장에서 실천할 수 있는 구체적이고 현실적인 방안들에 대해서는 제시하지 못하고 있으며, 단지 좋은 이야기로 그칠 수 있는 가능성이 다분하다. 또한 어떤 경우에는 비지시적이고 공감적 상담이 클라이언트에게 부적절할 수도 있다. 그리고 로저스가 클라이언트의 내면적인 경험을 이해하기 위해서 일정 기간 동안 그들의 말을 들었다고 할지라도 진정한 감정과 사고를 적절하게 이해하기가 어렵다는 것이다. 또한 클라이언트와 관련된 자료는 그들이 말하는 것을 긍정적 관심과 공감적 이해를 가지고 듣기를 시도하는 동안 이루어진 임상적 경험들이기 때문에 신뢰도와 타당도가 의문시되고 있다.

Part 4

사회체계와 사회복지실천

Chapter 16 사회체계의 이해

현재 사회복지실천에서 가장 널리 활용되고 있는 사회체계이론의 관점에서 가족, 집단, 조직, 지역사회, 문화, 가상공간 등에 대해 살펴보고자 한다.

1. 사회체계의 개념

1) 개 념

사회체계이론은 광범위한 의미를 포괄하며, 개인, 집단, 조직, 지역사회 간의 관계를 강조하면서 인간과 환경 간의 이해를 필요로 하는 현장에 다양하게 적용할 수 있는 다양한 사회체계 간의 상호작용을 강조하는 이론이다.

사회체계이론은 개인, 가족, 소집단, 조직, 지역사회 간의 관계와 연결을 구체화하도록 도와준다. 각기 다른 사회체계 속에서 유사점과 차이점을 발견하고, 사회복지사들이 사정된 클라이언트의 상황을 유지하고 체계와 도움을 주는 체계 속에서 개인적인 어려움과 공적인 문제들을 고려하는 데 유용하게 쓰인다(Norlin et al., 1997).

파슨즈(Parsons, 1958)는 전체로서의 사회는 근본적으로 형평을 유지하려고 하며, 사회체계의 모든 부분들은 수행하는 역할이 다를지라도 궁극적으로는 전체 사회의 균형을 지향하는 통합적 목적을 위한 기능을 수행한다고 했다. 따라서 체계를 구성하고 있는 요소들은 서로 분리되어 있는 것이 아니라 독특한 방식으로 상호작용을 하고 상호 의존함으로써 조화를 이루는 하나의 통합된 조직을 이루고 있다.

사회체계이론은 사회복지사로 하여금 개인 혹은 환경에만 초점을 맞추어 인간을 이해하는 전통적 견해에서 벗어나게 하였다. 인간을 둘러싼 다양한 환경을 고려해 인간을 이해하도록 함으로써 사회복지실천에 많은 영향을 미쳤다. 과거에는 많은 사회복지사가 정신분석과 같은 전통적 심리학이론에 기초해 클라이언트가 경험하는 문제의 원인을 찾고자 하였다. 그러나 전통적 접근방법에 기초한 결과 문제의 원인은 단편적일 수밖에 없었다. 하지만 사회체계이론에서는 문제의 다양한 맥락을 강조하기 때문에 사회복지사로 하여금 클라이언트가 처한 상황을 다양한 체계수준에서 사정하고 설명할 수 있도록 한다(Greene, 1999). 결국 체계론적 관점은 사회복지사에게 인간과 환경을 이해하고, 복잡하고 다양한 규모와 수준을 이루는 각각의 체계가 어떻게 상호작용하는가를 이해하게 한다.

2) 사회체계이론과 사회복지실천

사회체계이론은 사회복지실천의 기초로서 인간행동에 관한 이해를 도울 수 있는 개인과 환경의 상호관계의 본질을 조명해 줄 수 있다. 또한 사회체계이론은 사회복지실천에서의 단선적 인과관계의 관점을 가진 의료모델에서 다원론적 관점으로 전환했으므로 유용한 이론이다. 사회체계이론 사회복지사의 특정 개입방법이나 기술을 제시하지는 않았지만 문제현상을 정확히 판단하고 평가하는 이론적 틀로서 사회복지실천에서 문제의 해결을 위해 어떤 모델이 가장 적합한지 판단하고 선택할 수 있게 도와준다.

사회체계이론의 몇 가지 유용성은 다음과 같다(임은희, 2005).

첫째, 사회체계이론은 문제를 파악할 때 개인뿐 아니라 문제와 관련된 많은 체계를 접촉해 정보를 얻기 때문에 다양하고 객관적인 정보획득으로 총체적 이해를 가능하게 한다.

둘째, 사회체계이론은 특정 대상에 국한되어 있지 않기 때문에 개입을 위한 실천모델을 활용할 때 어느 한 모델에 치우치지 않고, 다양한 모델을 절충해 선택하고 활용할 수 있다.

셋째, 사회체계이론은 대상체계의 속성과 체계 사이의 상호 연관성을 평가함에 있어 각 체계 간의 일관성과 상호성, 갈등의 정도와 상태를 규명할 수 있는 개념들을 제공하므로 사정의 도구로도 직접적 유용성을 지닌다. 사회적 관계망 지도가 대표적 사정도구이다.

넷째, 사회체계이론은 문제를 총체적 관점에서 이해할 수 있으므로 사회복지사가 개입 시 체계 전체를 변화시키는 전략을 세우도록 해준다. 그러므로 개입이 종료되어도 이미 발생한 체계의 변화는 체계 자체의 적응기능에 의해 지속되는 특성이 있어 그 효과가 지속적이다.

2. 가 족

1) 가족의 개념

가족은 서로에 대한 의무를 가지고 함께 거주하는 사람으로 구성된 일차집단(Barker, 1996)이며, 한 명 혹은 그 이상의 자녀를 포함하거나 포함하지 않을 수 있는 사회집단이기도 하다(Eichler, 1988). 가족은 물리적 · 심리적 공간을 공유하는 개인들의 집합체 이상을 의미하며, 나름대로의 규칙, 역할, 세력, 구조, 의사소통의 유형을 발전시키는 사회체계 가운데 하나이다(Goldenberg, 2000).

가족은 성, 혈연 및 애정에 의해 이루어진 결합체로서 혼인관계를 통해 남녀가 결합하여 가족을 구성하고, 자녀를 출산하여 자녀와 혈연관계를 이루며, 출생한 자녀를 애정을 바탕으로 양육한다. 또한 가족은 가족구성원들의 생활의 공동체로서 구성원들에게 다양한 서비스를 제공하며, 같은 장소에 거주하고 공동으로 생활하는 운명공동체이기도 하다(정옥분, 2000 : 198).

〈표 16-1〉 학자별 가족의 정의

학자(연도)	가족의 정의
하트만과 라이드(Hartman & Laird, 1983)	둘 이상의 사람이 친숙한 한 가족이라고 여기고, 밀접한 감정적 유대와 가정이라는 생활공간, 그리고 생물학적·사회적·심리학적 요구의 충족에 필요한 역할과 과제를 공유할 때 가족이다.
슈왈츠와 스콧(Schwartz & Scott, 1994)	혈연, 결혼, 입양, 동거 등에 의하여 이루어진 관계로 다른 사회집단과 비교할 때 상대적으로 지속적인 관계를 유지하며, 구성원 간에 경제적 또는 정서적 지원을 제공하는 집단이다.
앤더슨과 사바텔리(Anderson & Sabatelli, 1999)	구성원이 역사를 공유하고 정서적 유대감을 경험하며, 구성원 개인과 집단 전체의 욕구를 충족시키기 위한 전략을 개발하는 상호 의존적 집단체계이다.
송정애·정해은(2007)	가족생활을 유지하기 위한 특정한 역할과 지위를 가지고 가족구성원간의 상호 성장·발달을 지지하는 집단이다.
유계숙·장혜경 외(2008)	둘 이상의 구성원이 혼인이나 혈연, 입양, 동거 등에 의하여 성 또는 세대관계를 구성하고, 정서와 자원을 지속적으로 공유하며, 상호 의존적으로 발달하는 집단체계이다.
정혜정·공미혜 외(2009)	가족은 매우 느슨한 형태로 우리가 일상에서 마주치는 일련의 대인관계 정도이다. 그러나 가족으로 규정된 대인관계는 몇 가지 조건을 충족시켜야 한다. 첫째는, 관계의 지속성이 있어야 하며, 둘째는, 경제적 지원과 공유성을 지니고 있어야 하며, 셋째는, 정서적 친밀감을 가지고 있어야 한다.

출처 : 최덕경·박주현(2012 : 18).

〈표 16-1〉에서와 같이 학자별 가족의 정의를 내렸으나 여전히 그 정의가 적절하지 않은 것 같다. 그래서 스테이시(Stacey, 1990)는 '가족에 대한 정의는 내릴 수 없다'라는 주장을 하였다.

이처럼 가족은 개념정의의 기준이나 개인의 관점에 따라 매우 다양하게 정의할 수 있다. 그러나 우리는 가족정책에서 가족을 정의해야 한다. 이럴 경우 가족정책의 다양한 목표를 놓고 볼 때, 모든 합당한 포괄적 정의를 내리는 것은 거의 불가능하다. 그러므로 가족정책형성자가 특정한 정책(예 다문화 가족, 한부모 가족, 저소득층 가족 등의 지원정책)에 따라 가족을 정의하는 것이 더 생산적이라 하겠다. 이때 가족정책형성자가 주의할 점은 특정한 가족이 정책대상에서 제외되거나 참여해야 할 정책과정에서 빠지지 않도록 하는 것이다(박현주 외, 2011; 최덕경 · 박주현, 2012).

2) 가족의 특성

사회체계적 관점에서 본 가족의 특성은 다음과 같다(이효선 · Detlef Garz, 2006; 이영철 외, 2007).

(1) 상호 의존성

가족체계는 체계의 원활한 가능을 위해 서로 연관되어 있으며, 서로에 대한 영향력이 크고 오랜 시간 그 관계가 지속된다. 따라서 가족체계는 상호 의존성이 높은 체계이다. 즉, 가족구성원의 행동이나 변화는 다른 구성원에게 영향을 미친다.

(2) 규칙의 지배

모든 가족은 각 가족만의 독특한 규칙이 있으며 이러한 규칙에 따라 가족구성원은 암묵적으로 지배를 받게 된다. 또한 규칙은 가족구성원 간의 반복적 상호작용을 통해 그 형태가 정착되기도 하고 유동적으로 변화하기도 한다. 잭슨(Jackson, 1965)은 가족의 규칙이 가족구성원 간의 행동을 유형화시키고 가족생활의 원리가 된다는 것을 언급했다. 특히 감정의 교환이나 고통을 일으키는 가족에는 자기 가정의 불문의 규칙을 알도록 해야 하는 것이 필요하다.

(3) 가족신화

가족신화란 가족구성원이 가족 내에서 지키는 신념이나 기대를 말한다. 가족구성원이 상호작용을 통해서 서로 의문을 제기하지 않으면서 이러한 신념이나 기대를 공동의 것으로 만들어 간다.

예 '부인은 절대로 차를 운전해서는 안 되고, 남편이 대신 운전해야 한다' 혹은 '남편은 원래 기계를 다루는 데에는 소질이 없는 사람이다' 등의 신념

(4) 하위체계와 경계

가족체계는 여러 하위체계, 즉 부부 하위체계, 부모 하위체계, 형제 하위체계 등으로 구성되어 있다. 이러한 하위체계는 가족의 역할수행을 위해 가족구성원 간의 상호작용으로 만들어진다. 각 하위체계는 각각의 고유한 규칙과 기능이 있고 하위체계 간에는 경계가 존재한다. 경계가 불분명해 하위체계 간에 심한 간섭이 발생하는 것을 밀착된 가족이라고 하고, 너무 경계가 경직되어 의사소통이 제대로 되지 않는 것을 유리된 가족이라 한다.

(5) 항상성

가족의 항상성이란 일관성을 유지하려는 체계의 성향으로, 가족의 내적 균형을 맞추는 것을 말한다. 즉, 가족체계가 외부의 자극으로 말미암아 평행상태를 벗어나려고 할 때 그것을 스스로 통제해 균형을 맞추는 것을 의미한다. 이러한 특징은 종종 사회복지실천현장에서 가족에게 서비스를 제공할 때 가족의 항상성을 유지하려는 특성 때문에 서비스 제공을 교묘한 방법으로 어렵게 만드는 일이 발생하는 것으로 나타난다.

3. 집 단

1) 집단의 개념

집단은 공통적인 목적이나 관심사를 가진 두 명 이상의 사람들이 모인 집합체이다. 이것은 일정한 목적을 달성하기 위해 구성원들 간에 상호작용을 하면서 일관된 행동을 하는 총체로서 소속감과 규범을 통해서 결속력을 가지고 활동하며, 구성원들 상호 간에 영향을 미치는 집합체인 것이다. 따라서 인간은 일

생 동안 집단을 떠나서는 생존해 나갈 수 없으며, 집단 생활을 통해 성장하고 발달해 나간다.

하트포트(Hartfort)는 "집단이란 적어도 2~3명 이상의 개인이 모였으면서 다음의 요소를 내포한다. 인지적·정서적·사회적 상호 교환과 같은 공동의 관심사나 목표가 있어야 하며, 서로 인상을 느낄 수 있을 만한 만남(1번 혹은 그 이상)이 있어야 한다. 또한 공동으로 기능을 하기 위한 규범이 있어야 하고, 공동활동을 위한 목적을 수립해야 한다. 또 집단구성원 간에 그리고 전체로서의 집단결속력이 있어야 한다"라고 하였다(Zastrow, 1995, 이준우 외, 2006 재인용).

전남련 등(2007)은 "집단이란 적어도 집단의 일부 구성원들이 서로 타인의 존재를 알고 있으면서 직접이든 간접이든 서로 영향을 미치고 상호작용하며, 구성원들이 같은 집단의 범주에 소속된다고 인식하는 두 사람 이상의 집합체"라고 하였다.

2) 집단의 특성

사회체계적 관점에서 본 집단의 특성 여섯 가지는 다음과 같다(Norlin & Chess, 1997 : 153).

(1) 일정규모

집단의 크기가 최대한 어느 정도인가에 대해서는 한정되어 있지 않지만 최소한 두 명 이상의 구성원으로 이루어진다. 집단은 구성원들 간의 상호작용에 의해 제한을 받으며 대부분 규모가 작은 편이다. 집단이 구원들 간에 직접적인 상호작용을 하지 않을 경우에는 더 이상 집단이라 할 수 없다.

(2) 공동목표

집단은 구성원들 간의 역할 차이가 최소화되어 있으며 직접적인 상호작용을 통해서 전체적인 성격에 따라 움직인다. 집단은 공통적인 목표를 가지고 있으며 목표는 명백하기보다는 오히려 암시적이다. 집단의 목표는 집단구성원들의 소속감이나 사랑과 같은 욕구로부터 나타나며 비공식적이고 개인적인 관계의 본질에서 유래한다.

(3) 정체성

집단의 구성원들은 공통의 집단 정체성을 공유하며 전체적으로 집단을 인식한다. 집단에 대한 정체성은 집단활동을 통해서 우리 의식이 나타날 때 더욱 명백해진다. 집단은 구성원으로서 소유하는 자기본위에 주요한 영향을 미친다. 집단의 구성원들이 상대적으로 구별되지 않으며 서로 인간적인 측면에 의해 관련되어 있기 때문에 집단이 유지되고 발달하며 자기본위 의식의 증진에 기여한다.

(4) 배타성

집단은 모든 사회체계 중에서 가장 배타적이다. 배타성의 관념은 집단구성원들의 자기본위 의식에 의해 나타난다. 집단구성원들의 관계가 개인적인 차원에서 이루어지며, 개인의 내부에서 우러나오는 감정에 의해 이루어지기 때문에 다른 체계에 대해 배타적이다. 배타성은 집단의 잠재적인 안정성과 구성원들의 사회화에 기여한다.

(5) 자기조직화

집단구성원들 사이의 관계와 효과적인 상호작용들의 내적이고 자연스러운 상황에 기인한다. 이러한 관점에서 집단은 스스로 조직된 것이며, 집단과 관련된 행동은 이성적 요소보다는 정서적 측면에 의해 나타난다. 집단의 관계는 어떤 다른 목적달성을 위한 도구나 수단이기보다는 그들 스스로의 목적달성을 위해 이루어진다.

(6) 개인행동에 대한 영향

집단은 구성원들에게 사회화와 사회통제의 기능을 수행한다. 모든 집단은 독특한 하위문화를 소유하며, 이것은 집단과 관련된 구성원들의 행동에 영향을 미치는 규범을 포함하고 있다. 이러한 집단규범은 부분적으로 구성원들에 의해 내면화의 형태로 채택되며 개인의 가치체계의 일부분이 된다.

4. 조 직

1) 조직의 개념

조직은 특정한 목적을 달성하기 위해서 의도적으로 설립한 체계로서 일정한 크기와 구조를 가지고, 구성원들이 업무에 의해서 상호 관련되어 있는 사회적 단위이다. 또한 조직은 계획적인 활동을 통해서 일정한 활동영역을 가지그 있는 관리구조인 것이다.

사전적인 의미로서 조직은 '두 명 이상의 인간이 모여 같은 목표를 달성하고자 어떤 일을 하여 그 성과나 업적을 이루는 것' 또는 '어떤 목표를 달성하기 위하여 일정한 지위나 역할을 지닌 사람이 모여서 질서 있는 하나의 집합체를 이룸'으로 정의한다.

조직은 일정한 형태를 가지고 있으며 구성원들의 분업적인 업무를 통해서 특정한 목적을 수행한다. 이러한 조직은 개인적인 노력으로 해결할 수 없는 기능수행이나 문제해결을 할 수 있도록 사람들을 결합시킨 사회체계이다(Norlin & Chess, 1997 : 263).

이처럼 조직이란 일정한 구조를 가지고 특정한 목적을 달성하기 위해서 의도적으로 설립한 사회체계이다. 이것은 업무분담 및 권력과 통제가 필요하며 적절한 지도력과 책임성이 부여되어 있어야 한다. 또한 조직은 구성원의 활동을 통해서 목적을 달성하며 구성원 각자의 행동에 영향을 미친다. 또한 조직구성원들이 조직을 통해서 자신의 욕구를 충족시키며, 다른 구성원의 조직행동에 영향을 미친다(이근홍, 2006 : 315).

2) 조직의 특성

조직은 단순히 사람들의 집단을 의미하는 것이 아니다. 집단이라는 단어는 너무 막연하고 혼란스럽기 때문에 조직에 대한 보다 적절한 표현을 하자면 오히려 사람들 간의 상호관계가 이루어지므로 조직을 상호작용의 체계로 이해하는 것이 더 적절한 표현일 것이다(이근홍, 2013 : 330-332).

(1) 특정 목적

조직은 구성원들 간에 명시적으로나 묵시적으로 합의된 공통의 목적을 달성하고자 노력하며, 이러한 목적은 조직이 실현하고자 하는 하나의 바람직한 상태인 것이다. 특히 조직은 특정한 목적을 명확하게 정해야 구체적인 활동에 대한 계획을 세울 수 있으며, 조직을 편성하거나 관리할 수 있게 된다. 조직에서 목표가 명확할수록 구성원들이 조직을 위해 행동할 수 있다(조석준, 1999 : 66).

(2) 분화

분화는 조직이 특정한 기능을 효율적으로 수행할 수 있도록 영역별로 나눈 형태를 말한다. 조직은 구성원들이 특정한 목적을 달성하기 위해서 노력하고 협동하는 체계이다. 조직이 목적을 달성하기 위해서는 구성원 간의 업무가 적절하게 분배되어 있어야 하며, 합리적인 조정이 있어야 한다. 조직은 구성원들에게 업무를 수행할 수 있는 권한이 적절히 위임되었을 때 그들에게 안정감과 만족감을 갖게 할 수 있다.

(3) 권력과 통제

권력은 힘을 사회적 상황에 도입시키는 능력으로서 조직의 질서를 유지하는 데 필요하다. 즉, 권력이 없으면 조직이 있을 수 없으며 질서도 있을 수 없다는 것이다. 조직이 다른 사회체계들과 다른 특성 중 하나는 권력을 명시한다는 것이다. 즉, 조직은 권력을 가시적으로 나타내고 제도화시킨다. 조직을 성공적으로 이끌기 위해서는 구성원들에 대한 통제가 유지되어야 한다. 조직은 다른 사회체계들보다 통제가 더욱 필요하며, 이것은 계획적이고 신중하게 이루어져야 한다. 통제에는 신체적 통제, 물질적 통제 및 상징적 통제가 있으며, 이러한 것들은 조직환경에 적절하게 활용되어야 한다(Anderson & Carter, 1986 : 148-149).

(4) 지도력

지도력은 조직의 목적을 달성하기 위해서 구성원들을 조정하여 활동하게 하는 기술이나 영향력을 말한다. 즉, 이것은 조직의 목표를 달성하고 수단을 효과적으로 활용하기 위해서 사용되는 권력과 통제를 포함하는 개념으로 조직의 목적을 달성하기 위해서 구성원들의 활동에 영향을 미치는 과정인 것이다. 지도력은 조직의 목적달성과 구성원들의 역할행동에 크게 변화를 가져올 수 있으므로 조직환경에 적절한 지도력을 발휘할 필요가 있다.

(5) 구조

조직은 특정한 목적을 달성하기 위해서 체계적인 구조를 가지고 있다. 조직이 업무를 기획하고 수행하며 통제하기 위해서는 일정한 구조가 있어야 한다. 구조는 조직을 체계적으로 운영할 수 있도록 하는 기반이며 구성원들에게 전문적으로 업무를 분화하고 조직의 질서를 유지하기 위해서 필요하다. 특히 조직이 전문적인 업무를 수행할 경우에는 일정한 구조가 있어야 한다

(6) 책임성

조직은 목적을 달성하기 위해서 구성원들에게 일정한 업무를 부여하며 담당하는 업무에 대해서 책임을 지도록 한다. 조직은 구성원들이 인간관계에 의해서보다는 오히려 업무관계를 통해서 책임성을 바탕으로 상호작용을 하는 곳이다. 책임성은 구성원들에게 그들이 조직을 위해서 무엇을 해야 하는가를 인식하도록 하며 조직의 발전에 기여할 수 있는 기초가 된다.

5. 지역사회

1) 지역사회의 정의

지역사회는 '공통의, 공공의'의 어원으로 공동체, 공동운명체의 뜻을 가진다. 지역사회의 개념을 지역적 의미만 강조하여 지역의 범위를 크게 잡으면 언어의 의사소통이 불가능해도 '지역사회'라 하지 않으면 안 된다. 우리나라는 지역의 '행정구역'을 말하자면 지역의 특수성은 상호작용이 빈번함을 말하기 때문에 행정구역과는 관계가 없다. 즉, 지역사회는 지리적 요건 구성과 구성원의 상호작용이 맞물려야 하는 것이다(표갑수, 2004).

한편 힐러리(Hillery, 1955)의 연구결과에 의하면 지역과 공동매개를 지역사회의 필수라고 보는 경우와 공통된 매개와 사회적 상호작용이 필수 요소라도 보는 이론가도 있다. 이와 같이 지역사회의 개념은 매우 모호하고 학자에 따라 다양하게 규정되고 있다.

사회학에서 자역사회 개념을 맥키버(Maclver)와 갈핀(Galpin)은 다음과 같이 정의하였다. 맥키버는 지역사회란 공동생활권이며 지역성과 지역사회의식에 기초한다고 하였다. 지역사회의식은 동료의식, 역할의식, 의존의식이 구성요소이며, 공동성이란 사회적 유사성, 공동된 관습, 공동 소속감, 공통된 규범, 언어, 풍속, 예의에서 나타난다고 하였다(Maclver, 1921 : 3).

갈핀은 지역사회란 교역권이라고 하며 지역사회 범위는 분산된 토지에 거주하는 농가가 교역 중심지의 주민과 상호작용하면서 교역관계를 맺고 있는 시장권을 의미한다고 하였다. 즉, 시골 농가에서는 필요한 물건을 읍이나 면에서 구매하고 생산한 물건 역시 그곳에서 판매하는 지역적 범위를 농촌사회라고 하였다(김영모, 1993 : 50).

이와 같이 사회학에서서는 지역사회 개념을 생활권이나 시장권으로 보고 있다.

사회복지에서는 지역사회를 지리적 조건으로 형성된 집단과 지배적 생활이 익으로 형성된 이익집단으로 보고 있으므로 가족, 동족, 종친회와 같은 혈연집단도 지역사회 형태로 간주할 수 있다. 사회복지이론에서는 지역사회 개념을 이익집단과 사회적 지역집단으로 보고 있다(김영모, 1993 : 7).

지역사회나 사회는 규모나 복잡성에서 가장 높은 사회구조이며 산업과 교통이 발달하여 세상이 좁아짐과 동시에 사회 전체가 관료조작화되고 있으므로 지역사회와 사회는 구분이 어려워지고 있다(이장현 외, 1983 : 133).

지역사회란 장소의 개념으로부터 나오며 상호작용을 통해 서로의 생활에 도움을 주고 같은 전통, 관습 및 규범 그리고 가치를 공유하는 것이다. 체계로서 지역사회의 특징은 다음과 같다.

첫째, 물리적 또는 지리적 장소에 근거한 하나의 사회적 조직이다.

둘째, 공통된 지역에 살거나 동일시된 사람들을 중심으로 지역사회가 추구하는 최상의 목적은 지역사회구성원들의 삶의 질을 향상시키는 것이다.

셋째, 공통된 욕구, 공통된 문제를 가지며 성장과 발전을 위하여 상호 의존하고 있다.

넷째, 지역사회는 사회와 개인 사이의 중간체계로 개인을 전체 사회에 연결하며 또한 전체 사회를 개인에게 연결하는 역할을 한다. 결과적으로 지역사회는 전체 사회의 하위체계이다(Chess & Norlin, 1988 : 324-325).

2) 지역사회의 개념

지역사회의 주요 개념은 다음과 같다(최옥채 외, 2014 : 333-334 재인용).

(1) 지역사회 욕구

개인처럼 모든 지역사회는 욕구를 지닌다. 개인이 스스로 안정을 유지하기 위해 욕구를 지니듯 지역사회 역시 안정상태에 관한 욕구를 갖는다. 이는 지역사회가 상호작용하는 주민의 결합체로 존재하기 때문이다. 지역사회는 유기체로서 존재한다. 따라서 지역사회 욕구는 지역사회 전체나 대부분의 지역사회 주민이 공동으로 지니는 욕구이다.

(2) 지역사회 문제

지역사회가 당면하고 있는 문제로서 이 문제가 해결되지 않으면 건강한 지역사회로 존재할 수 없다. 이 문제는 지역사회가 지니는 욕구를 적절한 시기에 합당한 방법으로 대처하지 못하면 발생한다. 이런 이치는 개인의 경우와 마찬가지로 평소의 욕구가 적절히 해결되지 않고 누적되면 그 지역사회의 상황이 악화되어 문제의 지역사회로 남는다. 이러한 문제상황을 결국 지역사회 주민들이 분담하여 겪는다. 따라서 지역사회 문제도 욕구와 같이 지역사회 주민에 의해 수렴된 공동문제이다.

(3) 지역사회 목표

지역사회 목표는 지역사회 주민이 공동으로 지니는 목표를 의미한다. 개인이 궁극적으로 자아실현과 같은 인생목표를 가지듯 지역사회도 '살기 좋은 지역사회'라는 궁극적이면서 포괄적인 목표를 지닌다. 구체적인 지역사회 목표는 그 지역사회의 지리적 여건, 문화와 역사적 특성, 자원의 현황, 경제적 여건 따위를 토대로 세운다. 물론 지역사회 목표를 모든 지역사회 주민이 스스로 인지하는 것은 아니다. 지역사회 안에서 교류가 활발하지 않거나 지역사회에 무관심한 주민에게 지역사회 목표를 고취시켜야 한다.

(4) 지역사회 자원

지역사회 목표를 달성하기 위해 구체적인 방법을 실천할 수 있는 제반능력을 일컫는다. 그래서 맷시치(Mattessich)와 먼시(Monsey)는 지역사회 자원을 "지역사회의 사회적 능력"(Mattessich & Monsey, 1997 : 8)으로 간주한다. 지역사회 목표달성은 지역사회가 지닌 욕구나 문제를 해결하는 것부터 시작하여 한층 이상적인 지역사회를 만드는 일이다. 이 과업을 수행하기 위해 다양한 유형과 수준의 인적·물적 자원이 필요하다. 이들 자원에는 해당 지역사회 내에 대체로 개인, 조직, 기관 따위에 의한 근로, 물품, 현금, 시설 등과 같은 눈에 보이는 자원과 심리적 지지와 같은 눈에 보이지 않는 자원이 있다. 한편 지역사회의 형편이

열악하여 필요한 자원이 절대적으로 부족할 경우 그 인근 지역사회 자원을 활용할 수 있다.

(5) 지역사회 문화

지역사회는 지리・역사・정치・경제적 맥락에서 고유의 특성을 갖는다. 지역사회가 위치하고 있는 자연환경과 주변 여건, 지역사회가 겪어온 시대적 상황, 지역사회와 지방・중앙정부의 관계성, 지역사회의 빈부정도 따위에 의하여 그 지역사회는 독특한 성향을 지닌다. 이 특성이 곧 지역사회 문화이다. 따라서 지역사회 문화는 그 지역사회를 포괄적으로 설명하는 근거가 된다. 한편 지역사회 문화는 지역사회 주민의 공통된 특성이나 성향을 반영한다.

6. 문 화

1) 문화의 개념

인간행동과 생활양식을 이해하기 위해서 문화와의 관계를 생각하지 않을 수 없다. 타일러(Tylor)에 의하면 문화는 지식, 신앙, 예술, 도덕, 법률, 관습 및 사회 성원으로서 인간에 의해 획득된 다른 모든 능력이나 습성들을 포함하는 복합 총체라는 것이다. 이와 같이 문화는 인간이 소유한 능력의 소산으로서 생활하는 관습의 전체이기도 하다(이광규, 1994 : 35).

문화는 특정한 인간집단이나 지역에서 특정적으로 나타나는 생활양식으로서 선천적으로 가지고 태어나는 것이라기보다는 후천적으로 특정한 사회에서 성장하는 과정 속에서 익히는 것이다. 이것은 인간의 생존을 위한 필수적인 요소이면서 거의 무의적으로 인간의 행동과 사고에 영향을 미친다(한상복 외, 1997 : 64). 또한 문화는 어떤 사회의 전체 생활양식으로서 특정한 민족이나 사회가 오랫동안 수많은 시행착오를 거듭하면서 이룩한 역사적 산물로서 생활의 지혜라는 것이다(이광규, 1994 : 36).

문화의 중요성을 인식하지 않고는 인간의 행동, 나아가 가족, 집단, 조직, 지역사회를 이해하기 어려우며, 문화는 개인을 비롯하여 가족, 집단, 조직, 지역사회에 영향을 미치기 때문에 사회복지실천에서도 중시되어야 한다.

2) 문화의 특성

문화는 일반적으로 사회구성들 간에 공유되며, 타고나기보다는 인간이 사회 속에서 성장하면서 학습을 통해 습득, 공유, 전달되는 행동양식과 생활양식의 전승이며, 모든 영역에 전반적으로 영향을 미치며, 정체적인 것이 아니라 계속적으로 변화한다. 이와 같은 문화는 다음과 같은 특성이 있다(이장현 외, 1983 : 73-75).

첫째, 문화는 공유된다.

개인의 특유한 생각이나 행동 유형은 개인적 습관이지 문화로 간주되지 않으며 이것들이 사회의 다른 성원들에 의해 공유되었을 때 문화라고 부른다.

둘째, 학습되는 것이다.

문화는 사회구성원들에게 공유된 특질이 후천적으로 학습된 것이어야 한다. 즉, 문화는 사회적 상호작용을 통하여 학습되는 것이다.

셋째, 문화는 축적이다.

문화란 한 세대에 의해서 학습, 공유되는 것이 아니고 한 세대에서 다음 세대로 전승되는 사회역사적 소산이다. 또한 문화의 내용은 그대로 전승되는 것이 아니라 새로운 지식과 생활양식이 축적되면서 문화는 이어져 간다. 그러므로 우리의 문화는 우리 조상들의 축적된 지혜의 결실이라 할 수 있다.

넷째, 문화는 초류기체(superorganism)적이다. 문화는 인간에 의해 창조된 것이지만 일단 형성된 문화는 인간으로부터 독립된 자치체계를 가진 독자성을 띠고 있다. 즉, 인간유기체는 문화를 창조, 사용, 전달하는 주체임에도 불구하고 문화는 유기체와 전혀 다른 종류의 현상이다.

다섯째, 문화는 통합되어 있다.

문화는 하나의 체계를 이루고 있으므로 문화의 각 부분들은 복잡하고 미묘한 방식으로 상호 관련되어 있다. 그러므로 어느 한 부분의 변화는 문화의 다른 부분의 변화를 수반하게 된다.

여섯째, 문화는 보편적이고 다양한 현상이다.

문화는 한 사회의 생활양식이므로 문화를 갖지 않는 사회는 없으며, 인간 사회에서 문화들은 서로 구조적 유사성을 보이지만 동시에 그 내용 면에는 다양성을 나타내고 있다.

7. 가상공간

1) 가상공간의 개념

가상공간(cyberspace)이라는 용어는 미래 도시에서 가상공간의 카우보이와 여자 경호원이 인공지능(artificial intelligence)을 추적하며 현실세계와 가상공간을 넘나드는 내용을 담고 있는 깁슨(Gibson)의 소설 『뉴로맨서(Neuromancer)』가 발간된 1984년 처음으로 사용되었다. 그리고 가상공간이란 용어는 가상현실, 인공현실, 가상세계, 인공환경 등의 용어와 혼용되고 있다(권중돈, 2014 : 125).

정진홍(2003)은 현실공간과 가상공간을 '아톰(atom)'과 '비트(bit)'에 비유하여 설명하고 있다. 현실공간은 물질을 구성하는 최소단위인 원자, 즉 아톰(atom)을 결합하여 분자를 만들고 그 분자들의 결합으로 눈에 보이고 실제로 만져지는 아날로그의 세계를 의미한다. 이에 반해 가상공간은 컴퓨터에서 사용되는 2진수인 0과 0의 최소단위를 일컫는 비트(bit, binary, digit)들이 조합을 통해 이루어지는 연산작용에 데이터가 더해지면서 만들어진 세계, 즉 디지털의 세계이다. 그러므로 가상공간은 우리가 살고있는 현실공간을 그대로 모사하는 영상, 소리, 그리고 수많은 이미지를 비트로 결합하여 만들어 낸 인공적인 공간이다.

이러한 가상공간은 컴퓨터나 스마트폰의 보급이 없이는 형성될 수 없고, 활동의 장도 마련될 수 없다. 가상공간은 컴퓨터라는 매체를 활용하여 지역공동체와 같이 동류의식, 우리 의식과 같은 집단성과 지리적 공간을 기반으로 하는 개념이 아닌 개인이 가진 이해, 관심, 취미 등의 유사성을 토대로 형성된다(루상렬, 2004). 그러므로 가상공간은 컴퓨터가 만들어 낸 생활공간이라고도 할 수 있다

2) 가상공간의 특성

컴퓨터와 네트워크를 통해 만들어진 눈에 보이지 않는 디지털세계인 가상공간은 현실공간과 비교하여 다음과 같은 특성을 지닌다(권중돈, 2014 : 126-127 재인용).

첫째, 가상공간은 물리적 제한이 없다.

가상공간은 특정한 곳에 존재하는 것이 아니며 어디서든지 동시에 존재하므로 손쉽게 접근할 수 있는 공간이다. 즉, 가상공간은 접근의 용이성, 즉시성, 편재성이라는 특성을 지닌 공간이다.

둘째, 가상공간은 끊임없이 제한을 받지 아니하며, 인간의 오감으로 직접 체험할 수 있다.

정보통신기술의 발전이 빠르게 이루어짐에 따라 평범하고 단순한 매체전달방법이 3차원적이고 상호작용적인 형태로 바뀌는 등 가상공간은 매우 빠르게 변화하고 있으며, 현실공간보다도 더 빠른 속도로 변화하고 있는 추세이다.

셋째, 가상공간은 현실적 제한을 받지 아니하며, 인간의 오감으로 직접 체험할 수 있다.

가상공간은 현실에 구애받지 않고 상상의 세계를 현실과 같이 만들어 내며 인체의 모든 감각기관이 가상으로 창조된 세계에 몰입됨으로써 마치 자기 앞에 존재하는 세계인 것으로 직접 체험할 수 있다.

넷째, 가상공간을 구성하는 모든 부분은 상호작용하는 생활공간이다.

가상공간은 컴퓨터 내부의 공간이 아니라 의사소통에 의해 형성되는 사회적 공간이며, 가상공간을 구성하는 모든 부분은 서로 정보를 교환하고 상호작용하며, 가상공간도 의사소통, 상거래, 성행위 등 만남과 관계, 접합과 결합, 공동체의 구성이 이루어지는 커뮤니케이션 공간이다. 그리고 경우에 따라서는 사용자가 자신의 의도대로 인위적으로 변경이 가능한 세계이다.

다섯째, 가상공간은 고도의 편집성과 조작성을 가진다.

가상공간은 다선적으로 연결되는 복합적·중층적 구조를 지니고 있을 뿐만 아니라 교류되는 정보의 내용을 사용자가 임의로 수정 · 삭제 · 창조할 수 있다는 점에서 편집성과 조작성이 매우 높다.

여섯째, 가상공간은 공동사회와 이익사회 모두 포괄하는 총체적 생활공간이다.

가상공간은 인간의 관계와 상호작용의 욕구를 충족해 줄 뿐만 아니라 개인이나 공공의 이익을 창출할 수 있는 공간이다.

Chapter 17 사회체계이론

1. 일반체계이론

1) 일반체계이론의 특성

일반체계이론은 베르탈란피(Ludwig von Bertalanffy, 1901~1972)가 제시한 이론이다. 일반체계이론은 전체성의 과학으로 비유되는 질서이론이다. 여기에서 체계는 상호 의존적이며 상호작용을 하는 부분들로 구성된 전체 또는 부분들 간에 관계를 맺고 있는 일련의 단위들이다. 체계의 구성요소들의 상호작용은 구성요소들과 다르거나 발견되지 않는 총체적인 특성을 포함하고 있다. 그러므로 구성요소들 간의 상호관계는 부분들의 집합 이상의 하나의 전체를 창조한다. 이와 관련된 개념은 홀론(holon)이며, 이것은 각각의 체계가 다른 체계의 한 부분이면서 동시에 하나의 전체 체계라는 것이다(Compton & Galaway, 1984: 112-113).

일반체계이론의 인간본성에 대한 또 다른 관점은 환경 속의 인간관이라 할 수 있다. 일반체계이론에서는 하나의 통합된 총체적인 인간은 외부체계와 끊임없이 상호작용하며 상호 의존하는 존재로 보고 있다. 즉, 인간은 자신의 요구에 맞게 환경을 수정할 수 있을 뿐만 아니라 환경의 요구에 맞게 자신의 행동을 수정할 수 있는 능력을 지니고 있다. 이와 같이 일반체계이론에서는 인간행동이 환경의 행동을 집단, 가족 또는 다른 사회적 단위를 포함하는 전체적인 사회적 상황의 결과로 본다(Shafer, 1969).

2) 일반체계이론의 주요 개념

(1) 경계

경계(boundary)란 체계의 내부와 외부를 구분하는 폐쇄된 테두리로서, 체계 내부로의 에너지의 흐름과 외부로의 에너지의 유출을 규제한다. 경계의 기능은 환경으로부터 체계를 구분하는 것이며, 기능수행을 방해할 환경의 영향력으로부터 체계의 부분을 보호하는 것이다. 체계의 경계는 환경 내에서 투입과 산출의 교환을 위해서 항상 투과성을 허락한다(Norlin & Chess, 1977).

(2) 개방체계와 폐쇄체계

개방체계(open system)란 반투과성 경계를 하고 있어 상대적으로 경계가 느슨하며, 체계 내 사람들이 환경 또는 다른 체계와 빈번한 상호작용을 함으로써 다른 체계와 에너지, 자원 등을 상호교류하는 체계이다. 한편 폐쇄체계(closed system)란 환경과의 교환이 없고 자신의 경계 안에서만 작용하는 체계로, 체계 안의 에너지, 정보, 자원 등이 외부로 나갈 수 없으며, 외부로부터 유입도 없어 환경으로부터 고립된 상태이다(Compton & Galaway, 1989). 그러나 현실에서는 완전한 개방 혹은 완전한 폐쇄체계는 존재하지 않고 연속선상에 존재한다. 사회체계가 성장하고 발달하면 상호작용하는 다른 체계들로부터 투입에 어느 정도 개방적이어야 한다.

(3) 엔트로피, 네겐트로피, 시너지

엔트로피(entropy)란 체계구성요소들 간의 상호작용이 감소함에 따라 유용한 에너지가 감소하는 상태로 체계가 서서히 무질서와 혼돈의 상태를 향해 나아가는 것 또는 체계 내의 유용하지 않은 에너지의 정도를 의미한다.

예 가정불화를 겪고 있는 부부의 상호작용이 감소된다.

네겐트로피(negentropy)란 체계를 유지하고, 발전을 도모하고, 생존하는 힘을 의미하며 엔트로피와 반대의 경향을 가지고 있다. 또한 네겐트로피란 체계 내에 질서, 형태, 분화가 있는 상태를 의미하며 체계 외부로부터 에너지를 유입함으로써 체계 내부에 유용하지 않은 에너지가 감소하는 것을 의미한다.

예 가정불화 상태인 부부에게 사회복지사가 개입하여 긴장관계가 감소된다.

시너지(synergy)란 체계 내부나 외부와의 상호작용이 증가함으로써 체계 내의 에너지 양이 증가하는 현상을 의미한다. 즉, 체계 내에 유용한 에너지의 증가에 의해 구성원 간의 상호작용을 촉진함으로써 체계 내에 나타나는 긍정적 변화들이다.

예 사회복지사의 개입으로 가족 전체의 분위기가 긍정적으로 바뀌고 예전에 없던 가족 모임이나 행사에 적극 참여하거나 자녀들이 더욱 성숙해지는 것이다.

(4) 위계

위계(hierarchy)란 체계, 하위체계 및 상위체계 사이의 관계를 말하며, 체계의 각 부분이 여러 가지 방식으로 서로 연결되어 있다. 모든 체계의 기본단위는 활동이나 에너지의 기능을 위해서 상위체계에 의존하며, 또 그것은 하위체계에 방향을 제시해 준다.

(5) 안정상태

안정상태(steady state)는 부분 간의 관계를 유지시키고, 쇠퇴해서 붕괴하지 않도록 에너지가 계속적으로 사용되는 상태를 의미한다. 안정상태란 환경과의 교류뿐만 아니라 환경에 적응하기 위해 체계의 구조를 변화시키는 상태로 개방체계에 존재한다. 안정상태란 체계가 건강한 상태 또는 안녕상태를 의미하며 고도의 조직성, 복잡성, 환경에 대한 개방성이 특징이다.

(6) 항상성

항상성(homeostasis)은 환경과 지속적 상호교환을 하는 체계, 즉 개방체계에 존재하며 체계가 균형을 잃어버렸을 때 일관성을 유지하는 기능을 의미한다. 이는 지속적 변화상태에 놓여 있으며 안정적이지만, 정적 균형이 아닌 역동적 균형을 유지하는 것을 말한다(Compton & Galaway, 1989).

예 갑자기 추운 곳에 나갔을 때 자동으로 턱이나 몸이 떨리는 것은 몸에 열을 냄으로써 정상체온을 유지하기 위한 작용인데 이를 항상성이라 한다.

3) 일반체계이론의 영향

일반체계이론은 인간행동을 이해하는 데 있어서 다양한 변인들 간의 상호작용을 이해할 수 있는 개념적 준거틀을 제시하고 있다. 개인의 행동에 대한 초점에서 벗어나 개인이 관계하는 체계의 성원들 간의 역동적 상호작용에 초점을 두어 인간을 보다 폭넓은 입장에서 이해하는 데 기여하였다. 특히 이것은 체계의 구성요소들 간의 상호 의존성과 상호작용 및 사회체계의 적응 또는 부적응에 강조점을 두고 있기 때문에 인간행동의 이해에 매우 유용하게 활용될 수 있다(권중돈 외, 2006 : 400).

2. 생태체계이론

1) 브론펜브레너의 생애

브론펜브레너(Urie Bronfenbrenner, 1917~2005)는 1917년 러시아의 모스크바에서 태어나서 6세 때 미국으로 이주하여, 1938년 음악과 심리학을 복수 전공하여 코넬대학에서 학사학위를 취득, 1942년 발달심리학으로 하버드대학교를 거쳐 미시간대학교에서 박사학위를 취득하였다. 1948년 코넬대학교에서 교수로 재직하였다. 발달이론과 그에 관한 연구가 실제로 적용되는 것에 많은 관심을 가졌고, 특히 헤드스타트 프로그램의 창시자 중 한 사람으로 미국과 여러 나라에서 발달 프로그램을 설계하는 데 실제적 역할을 담당하기도 했다. 브론펜브레너는 1979년에 세계적으로 유명한 저서인 『인간발달의 생태학』을 편찬하여 생태체계이론을 설명하였다. 1994년에는 한국을 방문하여 한국아동학회와 발달심리학회가 공동으로 개최한 국제학술심포지엄에서 기조연설을 하였다.

2) 생태체계이론의 개념

주요 개념은 인간의 속성과 관련된 것과 환경의 특성에 관한 것 그리고 인간과 환경 간의 상호교류와 관련된 것의 세 가지로 구분할 수 있다(김동배 외, 2006 : 570-577).

(1) 관계성, 유능성, 역할의 개념

■ 관계성은 인간관계를 형성하거나 타인과 연결될 수 있는 능력으로 애착·우정, 긍정적 친척관계, 지지적·사회적 네트워크를 형성하고자 하는 감정 등과 관련이 있다.

■ 유능성이란 어떤 과제를 수행하고 상호작용으로 인해 일어나는 결과를 통제할 수 있는 능력으로 환경과의 성공적 상호작용을 통해서 형성된다.

■ 역할(role)은 특정 사회적 지위를 갖고 있는 개인이 타인에게 어떻게 행동해야 하는지에 대한 기대뿐만 아니라 타인이 그 사람에게 어떻게 행동해야 하는지에 대한 기대까지 포함하는 것이다.

(2) 환경의 특성에 관한 것

인간의 성장과 발달을 촉진하는 물리적 환경과 사회적 환경을 들 수 있다.

■ 물리적 환경은 자연적 환경과 인위적 환경으로 구성되는데 자연적 환경은 기후, 지리적 조건, 계절의 변화 등이 있고, 인위적 환경은 건축물, 교통시설, 대중매체 등이 있다.

■ 사회적 환경은 인간을 둘러싼 조건, 상황, 대인적 상호작용 등을 포함하며 중요한 것으로 관료제 조직과 사회적 관계망을 들 수 있다.

■ 관료제 조직이란 조직의 목표를 법규에 따라 비정의적으로 처리하는 특정한 형태의 대규모 분업체제로 인간의 욕구를 효과적으로 충족시키기 위해 만들어졌다.

- 사회적 관계망은 가족, 친척, 친구, 이웃, 직장동료 등을 포함한 주요 타인 간의 관계체계로 개인의 행동에 영향을 미치는 일련의 관계상의 연결성이자 의사소통의 통로라고 할 수 있다.

(3) 개인과 환경 간의 적합성

적합성과 적응, 스트레스와 대처를 들 수 있다.

- 적합성이란 개인의 적응적 욕구와 환경의 질이 어느 정도 부합되는가와 관련된 것으로 인간의 경우에는 환경과 상호 교류를 통해서 적응적일 때 이루어지고 또 일생을 통하여 성취된다고 할 수 있다. 적응이란 상황에 대해 수동적으로 순응하는 것이 아니라 환경의 요청에 부응하기 위해 인간은 환경이 제공하는 기회를 활용하면서 변화하고, 환경은 사람들의 욕구·권리·목표에 보다 잘 부응하기 위해 환경을 변화시키기는 적극적인 관계를 말한다.
- 스트레스는 개인이 지각한 요구와 이러한 요구를 충족시킬 수 있는 자원을 활용할 수 있는 능력 사이에 불균형이 일어난 것으로 결과에 따라 긍정적·부정적 의미가 있다. 즉, 인간이 환경의 요청을 잘 해결하여 자존심이나 성취욕구가 충족되었다면 긍정적이지만 환경의 요청이 인간의 처리능력을 넘어설 때에는 위기감이나 불안·절망감 등을 불러일으키고 자존심을 저하시켜 부정적이라고 할 수 있다.
- 대처는 스트레스로 인해 발생되는 고통문제를 해결하기 위해 고안된 새롭고 특별한 행동으로 대처능력을 갖추기 위해서는 내적 자원과 외적 자원이 필요하다.

3) 생태체계이론의 체계의 구성

인간을 둘러싸고 있는 생태체계를 그 수준에 따라 미시체계, 중간체계, 외부체계, 거시체계, 시간체계의 다섯 가지 유형으로 구분하였다.

- 미시체계는 가족, 친구, 학교, 종교단체 등과 같이 개인에게 직접적인 영향을 미치는 가장 인접한 수준의 생태적 환경을 말한다.
- 중간체계는 가족생활, 종교생활 등과 같이 서로 상호작용하는 두 가지 이상의 미시체계의 관계망 혹은 특정한 시점에서 미시체계들 간의 상호작용을 의미한다. 즉, 중간체계는 성장하는 개인을 둘러싸고 있는 두 가지 이상의 미시체계 사이에서 일어나는 과정과 연결성을 말한다.
- 외부체계는 개인이 직접 참여하고 있지는 않지만 그 개인의 발달에 영향을 주는 사회적 구성요소인 환경체계로 개인의 발달에 간접적으로 영향을 미치는 사건이나 장면을 포함한다.
- 거시체계는 개인에게 직접 영향을 미치지 않지만 사회구조적 맥락 안에 개인에게 간접적 영향을 미치는 정치, 문화, 경제 등 광범위한 사회적 맥락을 의미한다. 미시체계, 중간체계, 외부체계에 포함된 모든 요소뿐만 아니라 개인이 살고있는 사회의 이념이나 제도의 일반적인 형태 및 문화적 환경까지 포함된다.
- 시간체계는 개인의 전 생애에 걸쳐 일어나는 변화와 역사적 환경을 포함하는 체계를 말하며, 인간이 성장하면서 경험하게 되는 생활사건이 특정 시점에 제한된 것이 아니라 사전기간, 진행시간, 사후기간이라는 상호 연결된 시간 속에서 발생한다는 것을 의미한다.

생태적 체계의 구성도표는 |그림 17-1|과 같다.

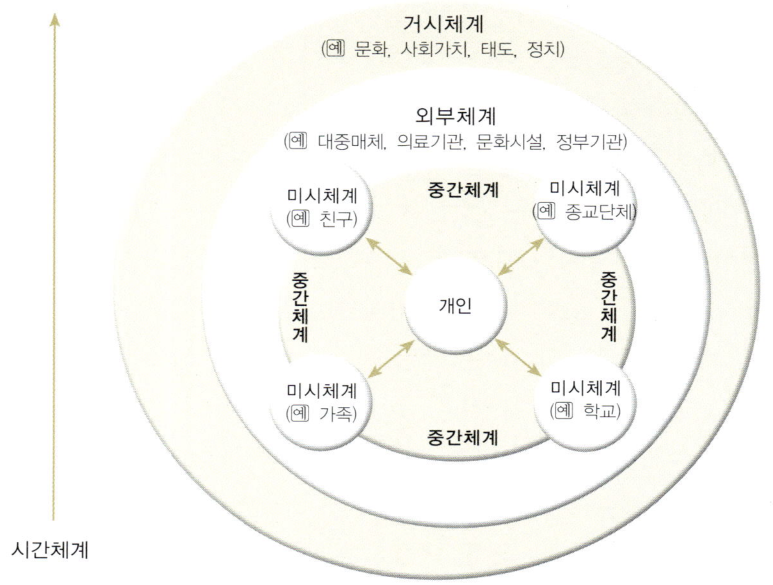

|그림 17-1| **생태적 체계의 구성**

4) 사회복지실천과의 연관성

생태체계이론이 억압과 빈곤, 실업, 그리고 환경오염과 같은 성장, 건강 그리고 사회적 기능을 저해하는 부정적 생활환경의 감소에 관심을 기울인다는 점에서 클라이언트가 사회복지실천가와의 상호작용과 긍정적 생활경험을 통하여 성장할 수 있으며, 원조과정은 곧 회복과 역량강화의 과정이라는 생태체계이론의 신념은 사회복지전문직이 추구하는 인본주의적 철학과 동일선상에 있다 (Pinderhughes, 1983).

사회복지전문직에서는 생태체계이론을 사회복지실천에 적용함으로써 클라이언트의 정신 내적 생활과 환경적 조건의 개선을 목적으로 실시하는 직접적인 서비스와 간접적인 서비스를 통합할 수 있는 방안을 모색할 수 있게 되었다 (Germain & Germain, 1976). 그뿐만 아니라 생태체계이론의 영향으로 인해 사회복지실천에서는 환경에 속해 있는 개인에게 긍정적인 영향을 미치는 복잡한 힘의 관계에 관심을 갖게 되었다.

사회복지실천에서는 생태체계이론의 도입을 통해 스트레스와 대처, 적합성과 적응 및 유능성 등의 개념을 적용하는 생활모델로 발전되어 인간의 적응과 부적응에 대한 관점을 새롭게 하고, 인간을 둘러싼 환경의 중요성을 다양한 수준에서 인식하는 계기를 마련하였다.

참고문헌

강기정 외(2009). 인간행동과 사회환경. 경기 : 공동체.

강기정 외(2013). 인간행동과 사회환경. 경기 : 공동체.

강인언・이한우・정정란(2009). 최신아동발달. 서울 : 학지사.

강현정(2009). 노년기 사회적 배제. 한서대학교 대학원 박사학위논문.

곽노의・김경철・김유미・박대근(2007). 영유아발달. 경기 : 양서원.

곽노의・김유미 역(2001). 유아의 두뇌발달. *Families and Work Institute, Rethinking the brain*(2nd ed.). 서울 : 양서원.

교육법전(2014). 학교폭력 예방 및 대책에 관한 법률. 교육법전.

구혜영(2010). 인간행동과 사회환경. 서울 : 신정.

권중돈・김동배(205). 인간행동과 사회행동. 서울 : 학지사.

권중돈(2010). 노인복지론. 서울 : 학지사.

______(2014). 인간행동과 사회환경(이론과 실천). 서울 : 학지사.

김미혜・신경림・강미선・강 인(2004). 한국노인의 성공적 노후에 대한 경험. 한국노년학.

김상아 외(2014). 인간행동과 사회환경. 경기 : 공동체.

김수영 외(2009). 노년사회학. 서울 : 학지사.

김영모(1993). 지역사회복지론. 서울 : 한국복지정책연구소출판부.

김용준 외(2012). 인간행동과 사회환경. 경기 : 정민사.

김윤정(2010). 알기 쉬운 인간행동과 사회환경. 서울 : 학지사.

김지현・전대성・김정숙 외(2008). 인간행동과 사회환경. 서울 : 창지사.

김태련 외(2004). 발달심리학. 서울 : 학지사.

노안영(2006). 상담심리학의 이론과 실제. 서울 : 학지사.

대학카운슬러연구협의회(1986). 상담의 이론과 실제. 서울 : 중앙적성출판사.

류상렬(2004). 지역사회복지론. 서울 : 형설출판사.

류종훈(2010). 사회복지실천기술론. 서울 : 유풍출판사.

류종훈 외(2002). 노인교육과 이론과 실제. 서울 : 학문사.

민경환(2004). 성격심리학. 서울 : 법문사.

박경애(1997). 인지 · 정서 · 행동치료. 서울 : 학지사.

박성연(2006). 아동발달. 서울 : 교문사.

박아청(2006). 성격발달심리의 이해. 서울 : 교육과학사.

박현주 외(2011). 다문화사회의 이해와 실천. 서울 : 창지사.

박형규(2008). 노인의 죽음에 대한 태도 결정요인에 관한 연구. 강남대학교 대학원 박사학위논문.

손광훈(2010). 인간행동과 사회환경. 경기 : 공동체.

손병덕 외(2014). 인간행동과 사회환경. 서울 : 학지사.

양옥경 · 김연수 · 권자영(2006). 탄력적 부모되기 프로그램의 효과성 연구. 한국사회복지학, 5(1).
오창순 · 신선인 · 장수미 · 김수정(2010). 인간행동과 사회환경. 서울 : 학지사.
유안진 · 김혜선(1996). 인간발달. 서울 : 한국방송대학교 출판부.
이광규(1994). 문화와 인성. 서울 : 일조각.
이근홍(2006). 인간행동과 사회환경. 경기 : 공동체.
______(2008). 인간행동과 사회환경. 경기 : 공동체.
______(2013). 인간행동과 사회환경. 경기 : 공동체.
이명자(2000). 청년기의 발달 특성. 발육발달, 8(1).
이무석(1995). 정신분석의 이해. 전남 : 전남대학교 출판부.
이부영(2005). 분석심리학. 서울 : 일조각.
이상로 · 이관용 역(1987). 성격의 이론. 서울 : 중앙적성출판사.
이영철 외(2007). 사회복지학(개정2판). 경기 : 양서원.
이옥형(1997). 아동발달. 서울 : 집문당.
______(2002). 아동 · 청년 발달. 서울 : 집문당.
이인정 · 최해경(2003). 인간행동과 사회환경. 서울 : 나남출판.
____________(2008). 인간행동과 사회환경. 서울 : 나남출판.
이장현 외(1983). 사회학의 이해. 서울 : 법문사.
이종복 · 전남련(2007). 인간행동과 사회환경. 경기 : 학현사.
이준우 외(2006). 사회복지 실천론. 서울 : 인간과 복지.
이효선 외(2012). 인간행동과 사회환경. 경기 : 정민사.
이효선 · D. Garz(2006). 사회복지실천을 위한 인간행동과 사회환경의 이해-인간발달과 사회구조-. 경기 : 공동체.
임은희(2005). 인간행동과 사회환경. 경기 : 양서원.
______(2010). 인간행동과 사회환경. 경기 : 양서원.
장세철 · 배창진 · 이용환(2008). 인간행동과 사회환경. 경기 : 교육과학사.
장수한 · 김현주 · 임 혁(2008). 인간행동과 사회환경. 경기 : 공동체.
장수한 외(2014). 인간행동과 사회환경. 경기 : 공동체.
장인협 · 최성재(2006). 노인복지학. 서울 : 서울대학교출판부.
정옥분(2000). 성인발달의 이해-성인 · 노인심리학-. 서울 : 학지사.
______(2004). 영유아발달의 이해. 서울 : 학지사.
______(2006). 아동발달의 이해. 서울 : 학지사.
______(2007). 발달심리학 : 전생애 인간발달. 서울 : 학지사.
정 은(2010). 인간행동과 사회환경. 서울 : 학지사.
정종현(2012). 노인의 성격특성과 사회적 지지가 삶의 만족도에 미치는 영향. 호서대학교 벤처전문대학원 박사학위논문.
정진홍(2003). 아톰@비트. 서울 : 푸른숲.
조석준(1999). 조직학개론. 서울 : 박영사.
조흥식 외(2010). 인간행동과 사회환경. 서울 : 학지사.

조홍식 · 김혜래 · 신은주 · 우국희 · 오승환 · 성정현 · 이지수(2010). 인간행동과 사회환경. 서울 : 학지사.

천덕희 외(2011). 인간행동과 사회환경. 서울 : 창지사.

최경덕 외(2013). 인간행동과 사회환경. 경기 : 양서원.

최경숙(2001). 발달심리학 : 아동 청소년기. 서울 : 교문사.

최덕경 · 박주현(2012). 가족정책론. 경기 : 양서원.

최덕경 외(2014). 인간행동과 사회환경. 경기 : 양서원.

최성재 · 최일섭(1995). 사회문제와 사회복지. 서울 : 나남출판.

최순남(1997). 인간행동과 사회환경. 경기 : 한신대학교출판부.

최옥채 · 박미은 · 서미경 · 전석균(2007). 인간행동과 사회환경. 경기 : 양서원.

____________________(2011). 인간행동과 사회환경. 경기 : 양서원.

최옥채 외(2011). 인간행동과 사회환경. 경기 : 양서원.

최옥채 외(2014). 인간행동과 사회환경. 경기 : 양서원.

표갑수(2003). 지역사회복지론. 서울 : 나남출판.

표갑수 외(2012). 인간행동과 사회환경. 서울 : 신정.

하정미 · 이윤수 · 설연욱 · 김미경(2009). 인간행동과 사회환경. 경기 : 공동체.

한국청소년학회(1999). : 328-329

한상복 외(1997). 문화인류학개론. 서울 : 서울대학교출판부.

현정환 · 김익균(2007). 인간행동과 사회환경. 서울 : 창지사.

현외성 외(2001). 노인복지학 강론. 서울 : 유풍출판사.

홍성흔(2002). 모-자녀관계 및 자아존중감과 청소년의 성취동기. 이화여자대학교 대학원 석사학위논문.

홍성흔 외(2002). 모-자녀관계 및 자아존중감과 청소년의 성취동기 간의 관계. 대한가정학회지, 40(12), 145-157.

홍승우(2012) 한국 노인소비자의 조부모역할 유형과 손자녀를 위한 소비행동. 이화여자대학교 대학원 박사학위논문.

Adler, A.(1927). *The Practice and Theory of Individual Psychology*. NY : Harcount, Brace, & World.

________(1931). *What Life Should Mean to You*. Boston : Little, Brown, and Company.

________(1939). *Social Interest : A Challenge of Mankind*. NY : Putnam.

________(1956). *The Individual Psychology of Alfred Adler : A Systematic Presentation in Selections from his Writings*, H. L. Ansbacher & R. R. Ansbacher(eds.). NY : Basic Books.

________(1964). *Superiority and Social Interest : A Collection of Later Writings*, H. L. Ansbacher & R. R. Ansbacher(eds.). Evaston, Ⅲ : Northwestern University Press.

Ainsworth, M.(1973). The development of infant mother attachment. In B. M. Caldwell & H. N. Ricciuti (eds.), *Review of child development research*(Vol. 3). Chicago : University of Chicago Press.

____________(1979). *Patterns of Attachment*. New York : Halsted Press.

Allen, B.(2003). *Personality Theories : Development, Growth and Diversity*(4th ed.). Boston : Allyn &

Bacon.

Allport, G.(1961). *Pattern and Growth in Personality*. New York : Holt, Rinehart and Winston.

Ansbacher, H. L., & Ansbacher, R.(1995). *Alfred Adler's Individual Psychology*. Ernst Reinhardt Verlag Muenchen Basel.

Bandura, A.(1977). *Social learning theory*. Englewood Cliffs, NJ : Prentice-Hall.

_________(1982). Self-efficacy Mechanism in Human Agency. *America Psychologist, 37*.

_________(2004). 변화하는 사회 속에서의 자기효능감. 윤운성 · 정정옥 · 가경신(공역). 서울 : 학지사. (1995년 원저 발간)

Bandura, A., & Walters, R.(1963). *Social Learning and Personality Development*. NY : Holt, Rinehart and Winston.

Bauerfeld, S. L., & Lachenmeyer, J. R.(1992). Prenatal nutritional status and intellectual development : Critical review and evaluation. In B. B. Lahey & A. E. Kazdin(eds.), *Advances in clinical child psychology*(Vol. 14). New York : Plenum.

Beck, A. T.(1976). *Cognitive Therapy and the Emotional Disorders*. NY : Intermation Universities Press.

Berk, L. E.(1996). *Infants, children, and adolescents*(2nd ed.). Needham Heights, MA : Allyn & Bacon.

Berne, E.(1961). *Transactional analysis in psychotherapy*. New York : Grove Press.

Buhrmester, D., & Furman, W.(1987). The development of companionship and intimacy. *Child Development, 58*, 1101-1113.

Bukowski, W. M., & Kramer, T. L.(1986). Judgments of the features of friendship among early adolescent boys and girls. *The Journal of Early Adolescence, 6*, 331-338.

Carver, C. S., & Scheier, M. F.(2000). *Perspectives on Personality*(4th ed.). Boston : Allyn & Bacon.

Compton, B., & Galaway, B.(1989). *Social Work Practices*. Chicago : Doesey Press.

Cornelius, M., Taylor, P., Geve, D., & Day, N.(1995). Prenatal tobacco exposure and marijuana use among adolescents : Effects on offspring gestational age, growth, and morphology. *Pediatrics, 95*, 738-743.

Craig, W. L.(1992). The Origin and Creation of the Universe : A Reply to Adolf Grunbaum. *British Journal for the Philosophy of science, 43*, 233-240.

Crain, W. C.(1983). 발달의 이론. 서봉연 역(2007). 서울 : 중앙적성출판사.

Dinkmeyer, D., & Sperry, L.(1999). Brief adlerian family therapy. *Individual Psychology, 45*, 148-153.

Ellis, A.(1962). *Reason and Emotion in Psychotherapy*. NY : Lyle Stuart.

_______(1979). The Issue of Force and Energy in Behavioral Change. *Journal of Contemporary Psychotherapy, 10*(2), 83-97.

_______(1984). The essence of REBT-1984. *Journal of Rational-Emotive Therapy, 2*(1), 19-25.

Engler, B.(1991). *Personality Theories*(3rd ed.). Boston : Houghton Mifflin Company.

Erikson, E. H.(1964). *Insight and Responsibility*. Toronto : George J. McLeod.

___________(1968). *Identity : Youth and Crisis*. NY : Norton.

Fleming. R. C.(1981). Cognition and Social Work Practice : Some Implication of Attribution and Concept Attainment Theories. In A. N. Maluccio(ed.), *Promoting Competence in Clients*. NY : Free Press.

Freud, A.(1965). *Normality and pathology in childhood*. New York : International University Press.

Freud, S.(1960). *The Ego and the Id*. NY : Norton.

_______(1964). Why War?. In J. Strachey(ed.), *Standard Edition of the Complete Psychological Works of Sigmund Freud*(Vol. 22). London : Hogarth Press.

Germain, C. B., & Germain, A.(1976). Social Work Practice : A Life Model. *Social Serrvice Review, 50*(4), 1-3.

Goulding, R., & Goulding, M.(1976). Injunction, decisions, and redecision. *Transactional Analysis Journal, 6*(1), 41-48.

Greene, R. R.(1999). *Human Behavior Theory and Social Work Practice*. N.Y : Walter de Gruyterr Inc.

Greene, R. R., & Ephross, P. H.(1991). *Human Behavior Theory and Social Work Practice*. NY : Aldine de Gruyter.

Hall, C. S., & Nordby, V. J.(1973). *A Primer of Jungian Psychology*. NY : A Meridian Book.

Havighurst, R. J.(1972). *Developmental tasks and education*. New York : David McKay.

Hepworth, D. H., Rooney, R. H., & Larsen, J. A.(1997). *Direct Social Work Practice : Theory and Skills*(9th ed.). Thonson Learning Inc.

Hillery, G. A.(1955). Definitions of Community : Areas of Agreement. *Rural Sociology, 20*.

Hjelle, L. A., & Ziegler, D. J.(1976). *Personality Theories*. London : McGraw-Hill, Inc.

____________________(1981a). *Personality Theories : Basic Assumption, Research and Application* (2nd ed.). NY : McGraw-Hill Book Co.

____________________(1981b). *Personality Theories*. McGraw-Hill International Book Company.

Johnson, L. C., & Yanca, S. J.(2001). *Social Work Practice : A Generalist Approach*(7th ed.). Boston : Allyn & Bacon.

Jung, C.(1968). *Analytical Psychology-Its Theory and Practice*. London : Routledge & Kegan Paul.

Kagan, J.(1984). *The Nature of the Child*. NY : Basic Books.

Lamb, M. E.(1988). Social and emotional development in infancy. In M. Bornstein & M. E. Lamb(eds.), *Social, emotional and personality development*(pp. 359-411). Hillsdale, NJ : Erlbaum.

Ludemann, P. M.(1991). Generalized discrimination of positive facial expressions by seven-and ten-month-old infants. *Child Development, 62*, 55-67.

Ludemann, P. M., & Nelson, C. A.(1988). Categorical representation of facial expressions by 7-month-old infants. *Developmental Psychology, 24*, 492-501.

Maclver, R. M.(1921). *The Elements of Social Science*. The Macmillan Press.

Marcia, J.(1966). Development and validation of ego-identity status. *Journal of Personality and Social Psychology, 3*, 551-558.

Maslow, A. H.(1970). *Motivation and Personality*(2nd ed.). NY : Harper & Low.

Meichenbaum, D.(1985). Cognitive–behavioral Therapies. In S. J. Lyn, & J. P. Garske(eds.), *Contemporary Psychotherapies*. Columbus : Charles E. Merrill, 261-286.

Miller, K. E.(1990). Adolescents' same–sex and opposite sex peer relations : Sex differences in popularity, perceived social competence, and social cognitive skills. *Journal of Adolescent Research, 5*, 222-241.

Moore G. A., Cohn J. F., & Campbell, S. B.(2001). Infant affective responses to mother's still face at 6 months differentially predict externalizing and internalizing behaviors at 18 months. *Developmental Psychology, 37*, 706-714.

Norlin, J. M., & Chess, W. A.(1977). Human Behavior and the Social Environment : Social System Theory. Boston : Allyn & Bacon.

Nye, R. D.(1975). *Three views of man : Perspectives from Freud, Skinner and Rogers*. Belmont, CA : Brooks/ Cole.

_________(1981). *Three Psychologies : Perspectives from Freud, Skinner, Rogers*(2nd ed.). Monterey, CA : Brooks/ Cole Publishing Co. 이영만 · 유병관 역(1991). 프로이드 · 스키너 · 로져스. 서울 : 중앙적성출판사.

Omer, H., & Everly, G. S.(1988). The role of audition in infant babbling. *Child Development, 59*, 441-449.

Parrish, M.(2010). *Social Work Perspectives on Human Behavior*. England : Open University Press.

Pervin, L., Cervone, D., & John, O.(2005). *Personality : Theory and Research*. Hoboken, NJ : John Wiley & Sons.

Pervin, L. A.(1996). *The science of personality*. New York : Wiley.

Piaget, J.(1963). *The Origins of Intelligence in Children*. NY : Noton.

Piaget, J., & Inhelder, B.(1969). *The Psychology of the Child*. NY : Basic Books.

Pinderhughes, E.(1983). Empowerment for Our Client and for Ourselves. *Social Casework, 64*(6), 331-338.

Rogers, C. R.(1951). *Client-Centered Therapy*. Boston : Houghton Mifflin.

__________(1957). The Necessary and Sufficient Conditions of Therapeutic Personality Change. *Journal of Counseling Psychology, 21*, 95-103.

__________(1961). *On Becoming a person*. Boston : Houghton Mifflin.

__________(1977). *Carl Rogers on Personal Power : Inner Strength and Its Revolutionary Impact*. NY : Delacote.

__________(1980). *A Way of Being*. Boston : Houghton Mifflin Co.

Schultz, D., & Schultz, S. E.(1994). *Theories of Personality*(5th ed.). Pacific Grove, CA : Brooks/ Cole Publishing Company.

Seligman, L.(2001). *Systems, strategies, and skills of counseling and Psychotherapy*. Upper Saddle River, NJ : Merrill Prentice–Hall.

Shafer, C. M.(1969). Teaching social work practice in an integrated course : A general systems apprroach. In G. Hearn(ed.), The general systems approach : *Contributions toward a holistic conception of social work*(pp. 26-32). New York : Council on Social Work Education.

Sharf, R. S.(2000). *Theories of Psychotherapy and counseling : Concepts and cases*(2nd ed.). Pacific Grove : Brooks/ Cole Publishing Company.

Shilling, L. E.(1984). *Perspectives on counseling theories*. Englewood Cliffs, NJ : Prentice-Hall.

Skinner, B. F.(1938). *The Behavior of Organisms*. NY : Appleton-Century-Crofts.

__________(1953). *Science and Human Behavior*. NY : Macmillan Company.

__________(1971). *Beyond Freedom and Dignity*. NY : Hackett Publishing Company.

__________(1974). *About Behaviorism*. NY : Alfred A. Knopf.

__________(1990). *Beyond Freedom and Dignity*. NY : Bantam book.

Tanner, J. M.(1990). *Fetus into man : physical growth from conception to maturity*(2nd ed.). Cambridge, MA : Harvard University Press.

Thorne, B.(2002). *The mystical power of person-centred therapy : Hope beyond despair*. London : Whurr Publishers.

Zastrow, C., & Kirst-Ashman, K. K.(2001). *Understanding Human Behavior and the Social Environment*. Belmont : Wadsworth/ Thomson Learning.

구글. http://www.google.co.kr
네이버 사전. http://dic.naver.com
다음. http://dic.daum.net
위키백과 사전. http://ko.wikipedia.org
통계청. 2015 장래인구추계. http://www.kostat.go.kr

저/자/약/력

- **허정철**
  광주여자대학교 사회복지학과 교수
- **김 병**
  진주보건대학교 사회복지과 교수
- **류동수**
  청암대학교 사회복지과 교수
- **정정란**
  진주보건대학교 사회복지과 교수
- **황동섭**
  선린대학교 사회복지심리상담학부 교수

인간행동과 사회환경

|공저자| 허정철 · 김 병 · 류동수 · 정정란 · 황동섭

|1판 1쇄| 발행 2017년 2월 20일
|1판 2쇄| 발행 2021년 2월 5일
|1판 3쇄| 발행 2022년 1월 25일

|발행인| 김동훈
|발행처| 공동체

|주소| 경기도 고양시 일산동구 호수로 358-39, 동문타워 I 905호(백석동)
|전화| 031)814-3000(대표)
|팩스| 031)814-3100
|홈페이지| http://www.compub.co.kr
|전자우편| compub@naver.com
|출판등록| 2005년 10월 6일
|등록번호| 제396-2005-36호

|ISBN| 979-11-6105-015-7
정가 17,000원